古代歷史文化^{研究}^{輯刊}

六 編

王 明 蓀 主編

第 **11** 冊

肝 膽 楚 越
——蒙元晚期的政爭（1333-1368）

洪 麗 珠 著

國家圖書館出版品預行編目資料

肝膽楚越——蒙元晚期的政爭（1333-1368）／洪麗珠 著—初
版—新北市：花木蘭文化出版社，2011〔民100〕
目 2+188 面：19×26 公分
（古代歷史文化研究輯刊 六編：第 11 冊）
ISBN：978-986-254-605-5（精裝）
1. 政治鬥爭　2. 元史
618　　　　　　　　　　　　　　　　　　100015459

ISBN-978-986-254-605-5

9 789862 546055

古代歷史文化研究輯刊
六 編 第十一冊　　　　　　ISBN：978-986-254-605-5

肝膽楚越——蒙元晚期的政爭（1333-1368）

作　者	洪麗珠
主　編	王明蓀
總 編 輯	杜潔祥
出　版	花木蘭文化出版社
發 行 所	花木蘭文化出版社
發 行 人	高小娟
聯絡地址	新北市永和區中正路五九五號七樓
	電話：02-2923-1455／傳眞：02-2923-1452
網　址	http://www.huamulan.tw 信箱 sut81518@gmail.com
印　刷	普羅文化出版廣告事業
初　版	2011 年 9 月
定　價	六編 25 冊（精裝）新台幣 40,000 元

肝膽楚越
——蒙元晚期的政爭（1333-1368）

洪麗珠　著

作者簡介

　　洪麗珠，1974 年生於高雄市。2011 年於清華大學歷史研究所取得博士學位。攻讀清華大學碩士學位時期曾任文獻會日據時代總督府檔案彙整人員、國科會「夢溪筆談與宋代筆記」研究助理、參與製作「神奇的夢溪世界」網頁，並獲得教育部歷史類網頁內容建置比賽優等獎、蕭啟慶院士主持之國科會「元朝進士錄重建計劃」研究助理。2002 年任教育部大學學術追求卓越計劃專任助理。2002 年至 2009 年為新竹國立科學園區實驗中學高中部 國中部歷史科兼任教師。

　　碩士、博士皆跟隨中央研究院院士、清華大學歷史所專任教授蕭啟慶先生從事蒙元史研究，專長領域為蒙元史、政治制度史、宋遼金元史。

　　著作目錄

　　1.〈元朝晚期的政爭——權力爭或意識型態衝突〉，（國立清華大學歷史研究所碩士論文，2001）。

　　2.〈蒙古原有政治文化與元季權臣政治——以伯顏、脫脫為例〉，（第四屆國際青年學者漢學會議：多元族群下的漢學研究，2005）

　　3.〈元代鎮江路官員族群分析——江南統治文化的一個樣本〉，（南京：元史論叢第 10 輯，2006），頁 251 ～ 277。

　　4.〈回顧 1990 年以來台灣的中國政治制度史研究〉，〔日〕《中國史學》，第 18 卷（2008 年12 月）。

　　5.〈從捕盜官到牧民官〉，收入《中國傳統文化與元代文獻國際學術研討會會議論文集》（北京：中華書局，2009），頁 780 ～ 804。

　　6.〈元代縣級官員群體研究〉，（國立清華大學歷史研究所博士論文，2011）。

提　要

　　朝代的興起往往比衰亡受到重視，第一個全面入主中國的征服王朝也不例外。元朝晚期佔整個元代三分之一強，政府的腐敗導致地方叛亂或所謂階級鬥爭加劇的印象深植人心，但是此一過於簡化的理由卻不是元朝滅亡的深層答案，為了解蒙元末代朝廷究竟遭遇了何種政治難題，以致坐視南方叛亂日益擴大，終致不可收拾的地步，就必須針對順帝朝政治上的變化進行考述。

　　元朝的政治與漢族王朝大體上出現了一些類似的現象，例如派系鬥爭、權臣秉政，但是類似的現象背後卻蘊含不一樣的政治意義。元代晚期由於背負著末代的罪惡，上有政治紛擾，下有民眾反叛，所以將原本值得重視的議題掩蓋。要而言之，本文試圖去探究不合理的施政背後的合理原因。這並不純粹是歷史的同情感作祟，而是元朝統治本身所透露出的獨特訊息吸引人去了解它統治失敗的原因，其中牽涉到深刻的文化問題，而文化的接觸、融合、衝突等過程，實為歷史研究中最吸引人的一環。Dardess 教授曾對元朝晚期的政治文化問題，提出了引人注目卻頗受爭議的論旨，無形中也提供了此一課題進一步探討的空間。

　　本文的重點在於探討元統元年（1333）到至正廿八年（1368）之間主要政爭的性質，以及因政爭所衍生的問題，從而顯現政治紛亂的根本原因。政爭的問題在中國傳統王朝中並不罕見，原因不外意識型態的對立或者權力的爭奪，但是在征服王朝的統治下，爭議內涵較漢族王朝複雜許多。漢族王朝立國施政皆以廣義的儒家政治思想為基準，但是征服王朝除了受到漢地政治文化影響之外，更受到自身固有政治文化的牽制，因而使其政治問題蒙上族群色彩。

至正十四年脫脫正式下臺是元晚期政爭史的分界點。在此之前，政爭的主軸圍繞著意識型態而進行，牽涉到漢法與蒙古法的對立，雖然其中又夾雜理財爭議，但是理財問題其實只是漢法與蒙古法之爭的延伸，並不構成政爭的主幹。關於元朝的儒化問題，在脫脫主政下，確實有一連串的強化儒治政策，其中尤其是三史的修撰更是一個重要的里程碑，它宣告了元朝與漢族王朝歷史鎖鏈的連接。因此 Dardess 教授認為脫脫主政以後，儒家思想成為政府施政的最高準則，意即其政權性質已經儒化。

　　就蒙元本身的政治發展來說，針對至正元年到十四年這一段被視為儒治大盛的時期，以中書省用人的族群背景來說，大致上與張帆教授所統計的整個元朝中書省用人比例相近，漢人、南人大多維持在三成上下，而且南人幾乎無法進入中書省任職。中書省雖然不能完全代表蒙元朝廷官員族群背景的概況，但是職權之要卻足以成為指標，顯示漢人、南人在元代政治上層的影響力並沒有明顯增長。另外科舉出身是培養儒臣的最主要管道之一，但是即使是脫脫更化，也只是恢復了科舉，而非擴大了科舉。總之，脫脫的更化在元朝儒治史上具有重要意義，但是卻不足以對元朝的政權本質產生根本性的影響，Dardess 教授實高估了元晚期的儒化程度。

　　至正十四年以後，政爭的議題主要為軍閥干政與皇位爭奪，此兩大政爭使至正後期的政治局勢更為嚴苛，它主要牽涉到政治權力的糾葛。值得一提的是，在至正十年到廿年之間，在軍事上依靠著幾位傑出的將領，一度頗有軍事中興的氣象，但是隨著皇位爭奪與軍閥利益交疊，軍事中興的成果也隨之煙消雲散。元朝軍事不振的關鍵在於察罕帖木兒的早逝，使蒙元失去兼具軍事實力及政治聲望的支柱。察罕帖木兒具備高明的政治手腕，能自免於中央局勢的紛擾，專力應付地方叛亂，察罕之後的將領，則因為捲入中央政爭，以及搶奪利益的互鬥，因而只能坐視地方叛亂坐大。

　　綜觀全文，可以對蒙元滅亡的原因作出以下的結論，意識型態的紛爭是元朝國祚不永的遠因，而權力爭奪則促成晚期政治的癱瘓，這並非是征服王朝的宿命，因為同樣的紛爭也會發生在漢族王朝身上，但是征服王朝的特質卻促使政爭局勢更為嚴苛而難解。

　　最後要強調的是，關於「農民起義」的原因，一直是元史界的爭論焦點。早期皆認為是族群問題，元史前輩蒙思明教授則提出以經濟為主軸的階級鬥爭才是引發農民起義的真正原因。從元代晚期政爭的本質來看，亂源在於文化差異，而文化差異難以弭平是因為族群猜忌，當時人陶宗儀、葉子奇等也指出元朝滅亡的根本原因在於族群區隔。因此嚴格說來，民眾當然是因為生計艱困才會鋌而走險，但是促使叛亂情勢難以收拾，主要在於朝廷陷於政爭，無法騰手妥善處理地方叛亂，政爭則導因於族群文化對立問題。故就中央的角度來看，族群問題雖非農民起義的導火線，卻是導致叛亂無法收拾的根本原因。

謝　辭

　　碩士論文的撰寫過程是一種特殊的體驗，這可算是第一篇一窺學術殿堂的敲門磚，也是個人試驗自我在碩士班學習成果的最明顯指標。每一個人寫作論文期間的勞累與煎熬都大同小異，因此不必多加強調。文字的華麗流暢或者徵引資料的繁密廣博，或許是一篇好論文的眾多條件之一，但是更重要的是論文是否具備基本的創見性與深廣的思考性。本篇論或許沒有達到上述的標準，卻朝著此一方向努力。

　　有論文寫作期間，除了自己研讀資料，思考內容鋪陳方式以外，旁人的建議與意見交流，更是文章能夠發展深度的主因。故在此首先深深感謝幾年來給予筆者許多啟沃的蕭啟慶教授，身為蕭教授的指導學生，可以感受到他對於指引晚輩學子的用心，以及對於元史研究的熱誠。蕭老師不是一位叮囑不休的指導教授，他著重於對學生想法上的引導，往往用最精簡而寓意深遠的意見，給學生保留寬廣的思考空間，故與蕭師每一次的談話，都可以得到不同的思想衝擊。本篇論文的順利完成絕大部分要歸功於蕭教授的啟發。

　　中研院史語所的洪金富教授，秉持著對元史研究後進的提攜心情，在論文初稿陸續完成期間，就幫忙閱讀審定，並且給予許多文字上、內容上的指正。洪教授百忙之中的鼎力相助，令筆者深感於心。交通大學丁崑健教授在口試前詳細審閱本文，並提出許多值得思考的問題，也在校訂上給予很多的寶貴意見。

　　另外，同學先進之間的砥礪，助益頗多。本所博士班的學長姐對於筆者的論文寫作，時常給予建議與幫助。感謝許守泯學姊（現為國立成功大學歷史系副教授）借與許多重要參考資料，並且根據其多年對元史研究的心得提供寶貴的意見，啟發筆者撰寫的靈感。陳昭揚（現為國立臺灣師範大學歷史系助理教授）與鄭銘德學長（現為中央大學人文中心博士後研究）一向在資料收集與見解上有獨到之處，不僅在資料尋找上有許多指引，更常常提供思索方向上的指導，在此一併致上誠摯的謝意。

目

次

第一章　導　論

　　政治史的研究在元史的範疇中無疑爲主要的焦點之一，但是在課題上卻有明顯的失衡現象。就政治分期來說，元代可分爲初、中、晚三期。元初期爲忽必烈統治時期（1260～1294）；中期則爲成宗至文宗時期（1294～1333）；晚期則爲順帝即位至元亡（1333～1368）。〔註 1〕在研究上偏重忽必烈時期而忽視中、後期的政治發展。目前爲止，關於元中期的系統性作品僅見蕭啓慶教授的〈元中期政治〉。〔註 2〕此文以成宗到寧宗（1294～1333）期間的君位繼承與文化取向爲敘述主軸，認爲元中期政治的變化從未使元朝政權的本質產生根本性的轉變。它以宏觀的角度仔細地考述了元朝中期政治變遷的主要原因與影響，彌補了元朝中期政治史研究上的不足。在晚期政治的研究上，雖然有爲數頗豐的成果，但是重點大多置於農民起義的角度來看待蒙元的中央政治，因此往往得出「統治階層的腐朽」之概括性結論。例如韓儒林先生等前輩即強調統治集團的腐敗，導致階級矛盾尖銳化，最終遂有農民起義推翻了黑暗的統治。〔註 3〕元朝晚期政治確實紊亂，但是順帝一朝長達三十餘年，佔整個元代的三分之一強，很少有如此長命的末代朝廷。基於以上原因，本文希望藉由不同的角度與深入的觀察，了解元朝衰亡的關鍵。

　　元朝晚期最重要也最有系統的著作之一爲約翰・竇德士（John W. Dardess）教授的《征服者與儒士——中國元末政治轉變面面觀》（*Conquerors and Confucians—Aspects of Political Change in Late Yuan China*）。其主要的論點有

〔註 1〕　此一分期係根據蕭啓慶師〈元中期政治〉，收入傅海波（Herbert Franke）、崔瑞德（Denis Twitchett）編《劍橋中國遼西夏金元史》（北京：中國社會科學出版社，1998），頁 563。
〔註 2〕　收入傅海波（Herbert Franke）、崔瑞德（Denis Twitchett）編《劍橋中國遼西夏金元史》，頁 563～641。
〔註 3〕　韓儒林主編《元朝史》（北京：人民出版社，1986）下冊，頁 38～60。

二：第一，伯顏以後儒家的政治理念成為主控元朝政府的最高力量；第二，順帝時期的政爭純屬儒治派內部的路線之爭，頻繁的政爭導致政治的動盪，元朝遂無法解決困境而於軍閥割據下告終。〔註4〕此一專著對元朝晚期中央政治的變遷提出了重要而新穎的論旨，也迥異於以農民起義的角度討論元朝晚期政治史的觀點，但是關於元朝儒化程度的認知卻有待商確。蒙元自有其傳統政治意識型態，對於儒家政治思想的接納有先天的侷限性，元朝初期與中期即有因意識型態衝突而導致政治紛爭的情形，例如「儒治派」與理財派的衝突，以及「漢法派」與「傳統派」（或「蒙古法派」、「草原派」）的政爭。〔註5〕這些問題並沒有徹底解決過，意識型態的差異更是難以在一時之間獲得統合，因此 Dardess 教授似乎對元朝儒化的程度過於高估，並且也低估了征服王朝特質對於蒙元政治的影響力。基於意識型態對元朝晚期政治的影響之好奇，故決定從政爭的性質著手，進一步探討 Dardess 教授所導引出的討論空間。

　　探討晚期政治難免觸及元朝的衰亡問題。後人對元朝不及百年而亡的原因有過許多討論，大致上可以歸納為汗位繼承的紛爭，政治的紛亂，經濟的不振，文化的停滯，軍事的廢弛，社會階級的對立，宗教政策的失誤，天災的流行等幾個因素。〔註6〕雖然包羅廣泛，但是卻失於概括。嚴格說來這些原因皆為表面現象，重要的是探討這些政治亂象為何在元朝晚期出現或惡化。蒙古勃興於大漠，震撼歐亞，其在中國的統治時期卻不及百年，兩者之間的落差實為重要的歷史問題，但卻一向被認為是游牧政權錯誤統治的結果，這種簡化的觀點忽略了蒙元政治質素的多樣化與特殊性，對於此一最早統治全中國的征服王朝來說，此種忽視甚不恰當。因此，在探討元朝晚期政爭的性質之餘，對於政爭與政權延續之間的關係也必須加以注意，以提供對元朝衰亡史的另一種觀察角度。

　　本文的時間斷限是從伯顏掌權至元代滅亡為止，即為順帝在位的（1333～1368）「元代晚期」為範疇。由於元朝先天的政權特質導致其採用以往漢族

〔註4〕 John W. Dardess, *Conquerors and Confucians: Aspects of Political Change in Late Yuan China*（New York: Columbia University Press, 1973）。

〔註5〕 在本文中「漢法派」與「儒治派」幾乎可以互通，但是在確切的定義上，「儒治派」指的是以儒家經典為施政依據者，「漢法派」則泛指贊同採用傳統漢族王朝的政治制度與思想者，儒治實為漢法之一環，因此除了特殊需要以外，本文皆使用「漢法」一辭，而不用「儒治」。

〔註6〕 王靖華〈元代興亡原因的探討〉（文化大學政治研究所碩士論文，1981）。

王朝未有的統治策略，而在這些特殊政策之下，遂產生朝廷中派系林立，政見分歧的亂象，這對於政治發展的影響甚大，元朝晚期的政爭當然也無法跳脫這些背景而獨立發展。因此在進入正文之前，必須先就元朝統治的特質以及政治體制等加以說明，並且簡略介紹在晚期以前發生在朝廷中的政爭。

本文的研究方式將從主要政治人物的施政著手，考述影響其政策的主要原因，以重新界定元末政爭的性質，究竟是否受到意識型態的支配，還是在於政治權力的爭奪。或許有人認為政治的本質原本不外爭權奪利，事實上意識型態衝突與權力爭奪有所差別，前者具有較明確的理念，相信變革將帶來好處，並反應在實質的政策上，後者則沒有明顯的政治目標，影響其政治作為的原因往往容易產生改變，很大部分是以個人的好惡及集團的利益為依據。故政爭的性質界定端視在政爭中爭議的焦點為何，以及主導政爭進行的重點何在。但是僅討論政爭性質意義不大，重要的是要了解為何政爭會在晚期轉趨劇烈，並且導致政治環境嚴苛，以致政治運作癱瘓，亦即政爭與蒙元衰亡的互動關係，這樣才能使政爭性質的討論與蒙元政治發展史的脈絡結合。

總之，本文的討論主題有二：第一、元末政爭的性質；第二、政爭與元朝衰亡之間的關係。除此之外，因為政爭所衍生的權臣問題亦將被探討，這與元朝政治體制與特質有直接的關係，也是政爭劇烈之下所產生的現象。

關於關鍵詞的定義，廣義的「權力」（power）包括社會、政治、經濟、思想、外交等，其中政治、經濟等層面常常被納入社會權力之中。美國政治社會學家丹尼斯‧朗（Dennis H. Wrong）對「權力」採用了所謂修改的羅素式定義，謂：「權力就是一部份人在另一部份人身上產生預期的和預料的效果的那種能力」，〔註7〕在此一定義中，「權力」幾乎等同於「具有強制性的影響力」之意涵。此外，並將權力分為武力、操縱、說服及權威幾種表現形式，〔註8〕本文所論及的「權力」屬於政治層面，指的是操縱、改變或影響政府政策、政治局勢、乃至國家興衰的力量，故基本上包含於丹尼斯‧朗所定義的權力意涵，不過在範圍上較為狹窄。另外，關於政治權力的取得，主要是由皇帝正式或非正式賦予，所謂正式的賦予指的是職位的授任，當其位故有其權。非正式的則為因接近權力中心，代行某些職務，或因受到當權人物的信任，而得到超過其職

〔註7〕　丹尼斯‧朗（Dennis H. Wrong）著，高湘澤、高全余譯《權力：它的形式、基礎和作用》（台北：桂冠圖書公司，1994），頁3。

〔註8〕　高湘澤、高全余譯《權力：它的形式、基礎和作用》，頁35～99。

位的政治影響力。值得注意的是在蒙元的政治中，政治權力的來源具有雙重性，除了職位本身所賦予的職權，還有家產制下皇帝對家臣的權力授與。〔註9〕

　　關於「意識型態」（ideology）的定義一向分歧，政治學者里昂・巴洛德（Leon P. Baradat）歸納了近代以來政治學者的意見，提出了集大成的看法，其認為意識型態大致涵蓋五種定義。第一，除非有特定的用法，否則皆應賦予意識型態一種政治的意義；第二，意識型態對現在及可預期的未來提出了一種解釋，並且預見的未來遠景在實質上必然勝過現狀，而且得以在一生中實現；第三，達成該目標的步驟；第四，對群眾有所作用；第五，以刺激性的詞句來作陳述和表達。〔註10〕上述的定義顯然是針對近代如民族主義、社會主義等意識型態，要全然適用於元朝政治實有所窒礙。本文將採用第一到第三項之意涵。當政治人物對於現狀感到不滿，希望藉由改革的手段達到某種理想，並且也提出了具體的步驟或方法，期望達到比現狀更好的目標時，就可以賦予其意識型態的意義，而當此一改革引起政治紛爭時，就可以視為以意識型態為主導的衝突。這是本文界定元朝晚期政爭性質之依循標準。

第一節　統治特質

　　由於蒙元的政治發展深受政權特質之影響，所以有必要就元朝最顯著的三大特質加以闡釋，即征服王朝、少數統治及族群等級制。

一、征服王朝

　　中國歷史上由非漢族所建立的王朝為數不少，為了凸顯其政權的特性，日本學界在1944年出版的系統性著作《異民族の支那統治史》，以「異民族」通稱中國非漢族王朝。1949年史學家魏復古（Karl A. Wittfogel）與馮家昇合著的《遼代社會史》（History of Chinese Society: Liao），提出「征服王朝」（dynasties of conquest）之理論，指的是不同民族之間征服與被征服的關係，元朝即被認為是典型的征服王朝。此論引起了學界廣泛的討論，贊成的一派認為「征服王朝」比「異民族王朝」更能顯示出統治的性格，但是大陸學者

〔註 9〕姚大力〈論蒙元皇朝的皇權〉，王元化主編《學術集林》（上海：遠東出版社，1999），頁317～319。

〔註10〕里昂・巴洛德（Leon P. Baradat）著，陳坤森，廖揆祥譯《政治意識型態與近代思潮》（台北：韋伯文化事業出版社，1998），頁12。

多無法認同，所持理由是北方民族爲中國多民族國家的一部份，其建國與漢族王朝之建國無異，屬於「兄弟民族輪流作莊」的情形，故不能視爲「征服」。

無論如何，目前學界大致上皆同意，不同文化接觸時，其間所發生的文化變遷與其說是單向的同化，還不如說是雙向的「涵化」（acculturation）較爲合理，「征服王朝」的理論正是建立於涵化的觀點之上，在此一理論中，兩種文化的完全聚合（merging），即單方面同化的情形僅僅是許多歷史可能性的一種，但是兩個社會完全混合（amalgamation）或融合（fusion）卻有實際上的困難。〔註11〕

本文採用「征服王朝」的看法，理由有二，首先在名稱的合理性上，征服王朝比異民族王朝更能直接凸顯元朝政權的特性，並且是將觀察的角度從漢族本位移轉至蒙元政權本身的第一步，再者，「涵化」的概念較爲符合蒙古人與漢人文化接觸的實際情況。另外元朝具備了征服王朝最大的特徵——異質性。元朝的君臣關係、政治與軍事組織包擁了中原與蒙古兩個傳統。

二、族群等級制

族群等級制是元朝特殊統治策略的依據。其制定之目的在於永保以貴族爲中心的蒙古民族之統治地位。「蒙古人居首，色目人次之，漢人又次之，而南人最劣」，〔註12〕屬於法律地位上的不平等。從律令中常可以明顯發現不同族群的差別待遇，〔註13〕另外更設置大宗正府處理蒙古、色目人「犯奸盜詐僞」者，〔註14〕並且「凡議重刑，必決於蒙古大臣」，〔註15〕皆有變相保護犯罪之蒙古人的作用。

另外還有一些針對漢、南人的限制。首先是「禁民間私藏軍器」，〔註16〕雖爲普遍性的禁令，但是主要是針對漢人（當時南宋還未亡）。至元十六年（1279）闍里帖木兒再次提議禁「漢兒人」持有弓箭。〔註17〕對於漢人集結

〔註11〕 王承禮主編《遼金契丹女眞史譯文集》（長春：吉林文史出版社，1990），頁8～9。
〔註12〕 蒙思明《元代社會階級制度》（北京：中華書局，1962），頁37。
〔註13〕 《元史》卷87，頁2187，〈百官志三〉。
〔註14〕 《元史》卷102，頁2610，〈刑法志一〉。
〔註15〕 《元史》卷205，頁4578，〈鐵木迭兒傳〉。
〔註16〕 《元史》卷5，頁83，〈世祖本紀二〉。
〔註17〕 《大元聖政國朝典章》（國立故宮博物院景印元本）卷35，頁2下，〈禁斷軍器弓箭〉條。（以下引用此文本簡稱《元典章》）

圍獵的行為，政府更是無法容忍，至元二十七年（1290），下令「嚴漢人田獵之禁」，[註18] 成宗亦詔諭「漢兒人」不得聚二十人以上，執弓箭圍獵；甚至因水旱災而無法從事農作之百姓，同樣被禁止圍獵行為。[註19] 仁宗時則全面禁止了漢人的畋獵活動，並且下令「敕漢人、南人、高麗人宿衛，分司上都，勿給弓矢」。[註20] 皆是使漢、南人不習武事，保持文弱化為主要考量，並且無論君主是否有儒治傾向，對於族群之間的猜忌都呈現同樣的態度。總之族群區別制是因應征服王朝統治的實際需要而設，目的在於保障蒙古、色目族群在法律地位上的優越性，並且配合以若干對漢人、南人歧視性的禁令，從而達到消極的預防與積極的保障作用。

三、少數統治

元朝是一個標準的少數統治王朝，根據蕭啓慶教授的估計，西元十三世紀初，蒙古人口不足百萬，移居中原者不逾幾十萬，漢族保守估計則多達六千萬，實際甚至可能近億，兩者相差極為懸殊。[註21] 統治階層在人數上無法取得優勢，為了確保蒙古族群永久掌控統治地位，故採取了相應的政策，主要表現在任官上的限制。中央的重要官職以蒙古、色目人優先，某些職位與漢、南人是幾乎是絕緣的，例如中書左右丞相、御史大夫等，有元一代唯有史天澤曾經擔任右丞相；[註22] 擁有漢人血統但被視為蒙古人的太平則曾任左丞相及非國姓不授的御史大夫，但是兩人皆為特例。此外，根據蒙思明教授的考述，舉凡各級官署之長官、一般高級行政人員、管轄軍政與武器之官吏等職位皆對漢人，尤其是南人限制頗多，甚至有完全排除的情形，例如有元一代沒有任何漢人、南人曾知樞密院事；地方上的達魯花赤原則上亦僅限於蒙古人及少數色目人。[註23]

漢人、南人在入仕的途徑上更是狹隘。元代入仕的途徑大體有四種：怯薛、科舉、承蔭、吏員。蒙思明先生認為漢人、南人完全被摒除於怯薛途徑

〔註18〕《元史》卷16，頁339，〈世祖本紀十三〉。
〔註19〕《元典章》卷3，頁15下～16上，〈賑飢貧〉。
〔註20〕《元史》卷24，頁548，558，〈仁宗本紀一〉。
〔註21〕見蕭啓慶師〈內北國而外中國〉，收入氏著《元朝史新論》，頁45。
〔註22〕《元史》卷155，頁3661，〈史天澤傳〉。
〔註23〕蒙思明《元代社會階級制度》，頁37～46。

之外。〔註24〕事實上此一說法有誤，例如世居上都留守重職的陝西賀氏，即
爲漢人，其中賀仁傑、賀勝父子皆爲世祖宿衛出身。〔註25〕另外，在崖山之
役中戰功彪炳的漢軍將領張弘範早年亦在其父張柔的庇蔭下入直宿衛。故嚴
格說來，怯薛與承蔭皆屬於「根腳家庭」出身者的入仕途徑。側身「根腳家
族」者除了早期幫助忽必烈建國有功的漢軍世家以外，大多以蒙古、色目人
爲主，這些家族出身的子弟，佔據中央到地方的重要職位，葉子奇曾形容道：

> 仕途自木華黎王等四怯薛大根腳出身，分任省、臺外，其餘多是吏
> 員，至於科目取士，只是萬分之一耳，殆不過粉飾太平之具。〔註26〕

葉子奇出身南人，從其敘述中不難嗅出些許憤懣之意，其言或許有誇大之處，
但是卻反映出根腳家族在仕宦上的優越性。漢族士人入仕的途徑主要是吏和
科舉，但是科舉出身的機會在元代並不穩定，進士出身者也很少身登極品大
臣，保舉則端賴貴人援引，胥吏的前程更是有限。〔註27〕總之，在蒙古統治
者刻意設限之下，漢人、南人的任官機會被大量剝奪，尤其重要官職更是很
少任用蒙古、色目以外族群，這種特殊的統治策略正是導源於蒙元少數統治
的先天特質。

綜上所述，由於蒙元具備征服王朝的特質，因而造成政權本質上的二元
甚至多元性。再者，蒙古少數統治的局面，使其以防範被征服族群的策略爲
統治基調，並落實爲族群等級制，以法定地位來凸顯蒙古人之優越性，並壓
制其他各族群，以保持其既得利益。第三則是爲了維持少數統治，積極限制
漢人、南人族群的任官權力，以免危及蒙古人之政治地位。此三項特質環環
相扣，深刻地影響元朝立國的精神與體制。這些特殊的質素潛藏於政權的政
治文化當中，成爲政治紛爭的深層原因。

第二節　政治體制

元朝的政治體制與漢族王朝也有所不同，原因在於受到蒙古傳統與漢地

〔註24〕蒙思明《元代社會階級制度》，頁46～47。此一說法目前學界已有所修正，事
　　　　實上達魯花赤由色目人出任非常普遍。
〔註25〕《元史》卷169，頁3967；卷179，頁4149。
〔註26〕葉子奇《草木子》（北京：中華書局，1997）卷4下，頁82，〈雜俎篇〉。
〔註27〕蕭啓慶師〈元代科舉與菁英流動——以元統元年進士爲中心〉，收入氏著《元
　　　　朝史新論》，頁157～159。

政治制度的雙重影響，其中最重要的就是蒙古家產制與中原中央集權官僚制。在雙重體制之下產生了一些政治問題。元朝體制究竟為中央集權或地方分權，學界的看法並不一致，西方學者傾向於地方分權，而東方學者多持中央集權的看法。另外，因為忽必烈採行中央集權官僚制，導致蒙元中期以後權臣政治的發展，與蒙古原有政治傳統大相逕庭，這些問題都需要一一說明。

一、雙重政體

蒙古有兩大政治傳統，即「家產制」（patrimonialism）與「氏族公產制」，其中諸王的分封源於公產制，即「黃金氏族」的成員皆有權分封，從而發展為投下制度。〔註28〕諸王對政治的主要影響在於選君時，但是隨著忽里台大會制度在元朝的式微，諸王在政治上的影響力也隨之衰弱。家產制係指政府為皇室機構之延伸，大臣多具備皇室家臣身分，與皇帝具有私屬性的主從關係，皇帝對大臣擁有絕對的權威，而大臣必須對皇帝絕對效忠。

在漢地原有的官僚制（bureaucracy）下，官員主要經由科舉制度而產生，源於儒家經典中選賢與能的觀念，官員輔助皇帝治理天下，並非皇帝的奴僕，君臣關係屬於「公」的性質，與「家產制」可謂南轅北轍。但是在蒙元政治中，這兩種精神截然不同的制度，卻被硬生生的鑲嵌在一起，成為特殊的「官僚家產制」（bureaucratic-patrimonialism）。在此一制度之下，蒙元的大臣在政治上的身分往往兼備官僚制與家產制的質素，一方面是政府機構的公務人員，一方面又是皇帝親貴的家臣。這種奇異的身分組合，深刻地影響到元朝主政大臣在政治權力上的擴張與發展，也成為官僚制無法真正發達的主因。

此一雙重政體與征服王朝的特性互相吻合，在統治者來說，這是以漢法治漢地之餘維護蒙古傳統制度的雙贏作法。但是在君臣關係方面，由於大臣與皇家的私屬關係，使得大臣無法只藉由職權相對獨立地推行政務，而必須在皇帝的授權與信任之下，才能遂行其政治理念。即使因為掌權日久，黨羽遍佈朝廷，也無法保證政治權力的堅固，一旦皇帝有所猜忌，大臣隨即不安於位。故雙重政體雖有鞏固皇權的作用，但是卻也干擾了官僚制正常的運作模式。

雙重政體作為一項根本性的政治體制，自然會影響到蒙元的政治運作，在晚期的政治中，政務的推動依賴的是官僚體系，但是官僚系統的主要大臣，

〔註28〕洪金富〈從投下分封制度看元朝政權的性質〉，《中央研究院歷史語言研究所集刊》第 58 期（1987），頁 483～907。

即使能力卓越，卻還是必須受限於家產制中私屬身份的限制，無法像漢族王朝的宰相一樣，憑藉職權所賦予的權力以及官僚體系的力量為後盾，盡可能克服皇權不合理的干預，順利推動有益於政府的改革，因此當在政爭發生時，執政大臣如果無法得到皇帝的信任，往往會因為政爭而下台，政治改革也隨之中斷，間接導致政治的不穩定。

二、權臣政治

　　忽必烈行漢法的重頭戲為中央集權，皇帝居於最高，下有中書省「典領百官，會決庶務」，〔註29〕史學前輩錢賓四先生曾謂：

> 若論政治制度方面，宋、元、明、清四代，依舊遵照漢、唐舊規模。
> 惟因最先激於唐代末年之軍閥割據，而開始屬行中央集權；又因元、
> 清兩代以部族政權的私意識來霸持，因此在中央集權之上還加上一
> 種君權日漲，相權日消的傾向。這兩層都是近千年來的中國政治所
> 不如漢、唐的。〔註30〕

元朝君相之間的互動是否是君權日漲、相權日消，這必須觀察元朝實際的政治情況，才能夠有初步的結論。元朝行漢法主要表現在各種制度的建立，其中的重頭戲就是以君主集權取代蒙古傳統的貴族合議制。君主權力的提高打擊了蒙古以忽里勒台為中心的群議式政治，削弱了諸王與勳臣乃至后妃的參政權力，他們所留下的權力真空由新興的高級官僚填補，主要以中書省、御史台等中央最高政府機構為主。

　　君主專制與中央集權官僚制的施行，使元朝也出現了權臣政治。而權臣興起的近因則是元朝中期以後皇位紛爭頻繁。大陸學者蕭功秦先生認為元代的政治是以自上而下的中央集權之皇權及官僚體制來實現，但是由於蒙古舊傳統的力量、蒙古貴族維持特權的需要以及忽必烈行漢法的不徹底，使得其傳統成為「祖制」滯留於蒙元的政治生活中，在外在形式上，表現為貴族朝會、擁戴君主的蒙古式禮儀、宴享和賞賜等；在內在意義上，「祖制」成為有心人士在官僚制中奪取特殊權力的有力工具。〔註31〕因此中央官僚首長得以

〔註29〕《元史》卷85，頁2120，〈百官一〉。
〔註30〕錢穆《中國文化史導論》（錢賓四先生全集，台北：聯經出版社，1997）。
〔註31〕蕭功秦〈論元代皇位繼承問題〉（元史及北方民族史研究集刊）第七輯，
　　　　（1983），頁36。

藉由皇位更迭之際取得政治利益，進而掌控政治主導權。

　　元代的權臣與歷代漢族王朝之權臣具有不同的背景身份，權力主要來自皇帝、太后、皇后乃至皇太子等皇室成員的賦予，其中後宮的勢力顯得特別強大，這與蒙古舊有傳統中后妃參政的習慣有關。事實上權臣可以說是中央集權官僚制的產物，蒙古傳統政治文化根本不適合權臣的發展，雖然漢族王朝的權臣往往也是因為皇帝的信任而取得逾越職位的權力，但是他們威脅皇權的力量是來自於龐大的官僚機制所給予的支撐，這是與元代權臣最大的不同之處。蒙元雖然也實行官僚制，但是並不夠徹底，因此元朝的權臣是一種二元體制下所產生的特殊政治現象，權臣的出現代表官僚制的發展已經具備某種成熟度，但是權臣所顯現的相對脆弱性，卻是無法擺脫與皇室之間私屬身份之束縛的反映。周良霄教授甚至直指元代的君臣關係為「君主臣奴」，而不僅止於「君尊臣卑」。〔註32〕

　　因此所謂「君權日漲，相權日消」的說法，確實可以應用在蒙元的政治中，而最根本的因素即為雙重政體的影響，元朝大臣的雙重身份對於這種趨勢有推波助瀾的功效，故在元朝晚期的政爭中，可以發現權臣無法因為掌控政權而在政爭中為所欲為。蒙古家產制無形中助長了近世以來君權強化的大趨勢。

　　總之，權臣政治不僅助長了政爭的興起，權臣的脆弱性更使政爭趨於激烈。反對勢力只要能夠使皇帝不再信任當政者，無論當政大臣權力如何高漲，也無法安於其位。故整個順帝朝執政大臣更迭頻繁，黨派傾軋劇烈。

三、中央集權與地方分權

　　在蒙古氏族公產的傳統中，由於實行分封，故在政體上似乎趨向地方分權，事實不然。元朝的分封與漢族王朝的分封並不完全相同，蒙古諸王除了選君以外，並不參與治國。再加上忽必烈實行中央集權官僚制，中央集權態勢似乎很明顯，但是西方學者並不這樣認為。

　　Robert Hartwell 曾經提出，從中唐到明初中國漸漸趨向地方分權，宋代的中央集權傾向則是一個特例，〔註33〕言下之意元朝亦是地方分權的時代。近

〔註32〕周良霄〈元代的皇權和相權〉，蕭啟慶師主編《蒙元的歷史與文化──蒙元史學術研討會論文集》上冊（台北：學生書局，2001），頁 373。

〔註33〕Robert Hartwell, "Demographic, Political, and Social Transformations of China, 750～1550," *Harvard Journal of Asiatic Studies* 42.2: 365～442（December 1982）。

期 Elizabeth Endicott-West 的研究亦認爲，中央集權在中國歷史上的意義是迷思大於實際，因爲交通與通訊的落後，使得中央難以確實掌控地方的事務，所以就合理性來說，地方分權的制度不僅實行的可能性較大，也較符合實際的狀況，而蒙古議會式的決策傳統，更使得元朝難以順利發展獨裁統治，例如投下地區即是處於半自治的狀態。﹝註34﹞

Robert Hartwell 是以歷史發展的軌跡加以推論，論證過於籠統。Elizabeth Endicott-West 則是提出了蒙古傳統習慣的影響，以及達魯花赤在地方負有實際的重要職務，加上中央與投下主在任官權的爭奪中，中央政府往往無法堅持到底等諸例，顯示元朝中央政府權力被地方所侵奪的現象。但是實際上，要看出中央與地方權力結構的關鍵在於中央政府與地方大員之間的權力關係，達魯花赤並不是一個適當的切入層級，地方的最高層級實際上是行中書省，從行省與中央的互動談起才能直接觸及問題的核心。大陸學者李治安在其〈元代行省制的特點與作用〉中初步地討論到元朝行省制度的兩重性，主要的工作是代替中央控馭地方，作爲中央集權的樞紐；另一方面也爲地方保留了部分權力。﹝註35﹞簡言之，李治安先生以行省所扮演的角色來突顯蒙元爲宋、明、清之間走向高度中央集權的過渡，並且已經呈現出集權爲主，分權爲輔的情況。

要釐清行省的角色，軍權也是一個必須加以討論的焦點，蕭啓慶教授最近發表的〈元朝的區域軍事分權與政軍合一〉一文即從軍權的角度對行省的權力問題進行檢視，其結論爲「從軍權的分配看來，元朝政府實際是透過區域分權來達到控制地方之目的，亦即看似分權，實則集權。」﹝註36﹞也就是說，元朝基本上還是以集權爲統治基調。因此就目前的研究成果來說，東方學者傾向於中央集權的看法，而西方學者則認爲地方分權比較符合客觀環境的情況。

從制度面來說，秦漢以來歷代政府主要都是以中央集權爲創制目標，即使是西漢與西晉的分封，其目的也是在於拱衛中央而非分治地方，因此，如

﹝註34﹞ Endicott-West, Elizabeth., *Mongolian Rule in China: Local Administration in the Yuan Dynasty*, p126。

﹝註35﹞ 李治安〈元代行省制的特點與歷史作用〉，《歷史研究》（1997 年第 5 期），頁 82～99。

﹝註36﹞ 蕭啓慶師〈元朝的區域軍事分權與政軍合一———以行院與行省爲中心〉，發表於中國史專題第五屆「國史上中央與地方的關係」討論會，1999，頁 22～24。

果說中央集權為中國的政治傳統實不為過。西方學者認為古代的交通落後，中國幅員廣大，所以中央的權力不可能及於所有的統治區域內，因此地方政府的權力難免為因應實際情形而擴大，這種說法當然有其客觀性，但這種情形並不一定代表中央權力的衰落，透過嚴密的分級控制，依然可以達成集權的效果。

中央集權雖然是一種常態性的制度，但是也會因為政治情勢而有所波動，元朝晚期政爭不斷，導致政務運作受阻，國勢日頹，地方軍事勢力興起，中央政府必須仰賴地方的援助，因而失去政治上的主導權，故中央集權的態勢也難以維持。

總之，元代晚期的政爭牽涉到元朝中央權力的旁落，給予地方勢力直接干預中央政治的機會，進而使政爭的情勢更為嚴苛，對於元朝的滅亡有關鍵性的影響。

第三節　歷朝政爭

在討論晚期的政爭性質之前，對於元朝前、中期的政爭必須先有所了解。影響晚期政爭的因子根植於先天的問題，從元朝創立以來，大規模的政治爭議就不斷發生，並且經過元代中期皇位更迭頻繁，激化各派人馬的衝突，成為征服王朝宿命性的內憂。

蕭啓慶師曾評論道：「終元一代，『漢法』與『蒙古法』兩種意識型態的鬥爭不斷。元廷不僅不能贏取漢族的真正認同，即在蒙古、色目族群中，意識型態亦無法統一。」〔註37〕從實際的例子來看，蒙元政爭的主軸一直不脫「漢法派」與「傳統派」（蒙古法派）之間的對抗，其間雖有「理財派」與儒士之間的衝突，卻是因為蒙元的政治策略而導致，色目人只是蒙古人用來對抗漢人的棋子，前者並無意於與漢法派人士的意識型態相抗衡。

一、「理財派」與「儒治派」之爭

元朝曾經有過數次大規模的理財行動，並且皆引起儒臣的反彈。在忽必烈時大致有二次理財爭議，一次在中統至元間（1262～1282），主其事者為回

〔註37〕蕭啓慶師〈元朝的統一與統合〉，收入氏著《元朝史新論》（台北：允晨出版社，1999），頁31。

回人阿合馬；另一次在至元後期（約 1283～1291）由西藏人桑哥與漢人盧世榮所主導。元中期則在武宗時重新建立尙書省作爲理財機構，而以海山在北方的舊臣脫虎脫、三寶奴等爲主要理財大臣，引起儒臣的大力抗議，並且在仁宗即位後被全面推翻。〔註38〕

　　理財的的方法與目的主要透過稅務及貨幣改革，以增加政府的收入。但是在儒家的政治理念中，一向反對財政改革，學者稱之爲「反功利思想」。〔註39〕儒臣們認爲理財形同斂財，所謂「君子喻於義，小人喻於利」，〔註40〕理學思想更強化了以「義理」、「德行」來判斷政治是非的「修身治國論」〔註41〕

　　儒治派所秉持的是治國當以「藏富於民」爲準則，以人民之利爲國家之利，最忌「與民爭利」與「橫征暴斂」，認爲違反了聖人治國的正道，並且可能因此動搖國本。但是忽必烈所重用的理財大臣，卻剛好反其道而行，以政府的財政情況爲重，爲了充裕國家的支出，以增加人民的賦稅爲手段，雖然舒緩了政府捉襟見肘的窘境，卻也大大侵擾了人民生計。

　　忽必烈雖然認爲儒臣治國的理念對治理中原有正面的幫助，但是對於迫在眉睫的財政問題卻有遠水救不了近火之焦慮，再加上李璮之亂的推波助瀾，所以元初頗受壓抑的西域人一句「回回雖時盜國財物，未若秀才敢爲反逆」，〔註42〕使元朝的政策有了急遽的轉變。蕭啓慶師曾將西域人在蒙元政府中較受青睞的原因歸納成三點：第一、西域人在種族與文化上與蒙古族相近；第二、西域各國降服較早，對於重視歸降先後順序的蒙古統治者來說，優待西域人理所當然，因爲在蒙元建國之初西域人的貢獻最大，並且是廣及於整個大蒙古國；第三、西域人相較於民族優越感強烈的漢人士大夫，不僅樂於臣事蒙古人，而且沒有明顯的反抗意識，再者儒家的民貴君輕、敦本抑末、藏富於民等政治原則，實難引起征服王朝的共鳴，西域人精明幹練，能大刀闊斧廣開財源，比孔孟思想要實際的多。因此，蕭教授認爲「西域人的專寵

〔註38〕莫里斯・羅沙比（Morris Rossabi）〈忽必烈汗的統治〉，收入傅海波（Herbert Franke）、崔瑞德（Denis Twitchett）編《劍橋中國遼西夏金元史》，頁 544～551。蕭啓慶師〈元中期政治〉，頁 580～591。

〔註39〕蕭功秦〈元代儒臣的反功利思潮〉，《上海師範大學學報》第 1 期（1994），頁 68～77。

〔註40〕許衡〈代擬理財疏〉，《全元文》卷 69，頁 443。

〔註41〕蕭功秦〈元代儒臣的反功利思潮〉，頁 68～69。

〔註42〕修曉波〈大蒙古國及元初政壇上的西域商人〉，《社會科學戰線》第 1 期（1996），頁 140。

與漢人的受歧視」是元代國祚不永的主因之一。〔註43〕

　　雖然在理財爭議中，西域人與儒臣是政治上對立的兩大派系，但是實際上所謂的「理財派」只是蒙古統治者的替罪羔羊，充其量不過是蒙古人委託的「辦事者」，一方面用其才能充裕政府經濟，一方面則分漢臣之權。因此，表面上是「理財派」與「儒治派」之爭，其實還是源於「蒙古法」與「漢法」的抗衡。

　　「理財派」與「儒治派」並不以族屬為區分標準，有些西域人的作風與儒臣並無二致，如畏兀兒人廉希憲和康里人不忽木即為著名的儒臣，甚受漢地士大夫的擁戴。〔註44〕而著名的理財大臣盧世榮即為漢人，因屬行理財政策，被明代儒臣將之與阿合馬、桑哥等同視為姦臣而立傳。〔註45〕

　　總之，「儒治派」和「理財派」之間因為政治作風的歧異，尤其是財政政策的相悖，導致其衝突不斷，並且也強化了儒臣對「言財利事」的反感，元朝前中期尚書省幾度廢立，皆在儒臣的激烈反對中發生，所以一旦涉及財政的改革，就不免被貼上聚斂擾民的標籤，順帝朝脫脫的改革即引發了另一次紛爭，可以說是元朝前中期政治爭議的延續。

　　在元中期的理財爭議中有一個重要意義，來自漠北的元武宗，授權其老侍從脫虎脫建立尚書省，以增加稅收，應付龐大的財政支出，引發了儒臣反彈，並且在仁宗繼位以後發生了清洗理財派人士的政變。〔註46〕武宗贊成理財因於對漢地官僚制的不了解與漠視，所以才能同意臣下的聚斂，因此在此一爭議過程中，「傳統派」與「理財派」產生了重疊。也因為此一重疊，使儒士對於「理財」顯的更為敏感，以致晚期的財政改革被視為「理財復辟」而遭到反對。

　　總之，元代前、中期主要的政爭多由理財所引起，在儒治派一方是以儒家政治思想作為反對的根據。在理財派一方則主要為搏取統治者歡心，以保持權位為真正目的，故在理財爭議中，儒臣以政敵違反己方所信仰之意識型態而反對，理財大臣則是無法認同儒家教條，而以爭取政治利益為主要目標，因此理財爭議實為意識型態與權力爭奪交疊之過程，但主導政爭進行的議題

〔註43〕蕭啟慶師《西域人與元初政治》，頁113～117。

〔註44〕蕭啟慶師《西域人與元初政治》，頁97。

〔註45〕《元史》卷205，頁4564～4570，〈盧世榮傳〉。

〔註46〕蕭啟慶師〈元中期政治〉，收入傅海波（Herbert Franke）、崔瑞德（Denis Twitchett）編《劍橋中國遼西夏金元史》，頁580～591。

則圍繞在儒家經典，因此意識型態衝突的色彩較爲明顯。

二、「傳統派」與「漢法派」之爭

　　另一個重要的爭議點即是政治體制的走向，可以區分爲「漢法派」與「傳統派」，後者又稱「蒙古法派」或「草原派」。「草原」含有地理意涵，但是與「漢法派」對立的人並非全來自草原地區，而泛指反對進一步實行漢地的政治制度者。簡單地說，在元朝建立以前，是蒙古家產制與漢族官僚制的衝突，在忽必烈行漢法以後，蒙元的立國規模大致定型，對於以漢人儒士爲主的「漢法派」來說，漢法實行的程度並不令人滿意，例如科舉制度一直無法取代根腳取士，成爲主要的入仕途徑。〔註47〕在忽必烈之後，「漢法派」與「傳統派」的爭論主軸有了某種程度的改變，前者希望在原有的建制上進一步推行漢制，以使得蒙元政府在本質上徹底地轉變，後者則開始堅守忽必烈朝所建立的政治標準，反對可能改變現狀的政治改革，認爲是對「成憲」的破壞，甚至希望蒙古質素能夠在政府中強化，維持現狀則是「傳統派」的底限。

　　兩派的成員亦不以族屬爲絕對指標，傳統派雖然幾乎全爲蒙古族人，亦有色目人參予其中，但是漢法派則不限於廣義的漢人，也有漢化的蒙古、色目人加入。雙方角力的舞台主要在於皇位交替之際，新皇帝的政治取向對於其政策推動有關鍵性的作用，尤其是「漢法派」人士，往往在法定繼承人身上下工夫，希望藉由勸說與教育，使其即位後能任用漢法派人士，推動進一步的政治改革，但是當新皇帝草原背景較濃厚時，不僅無法在事前進行勸說，在其即位後更是難以插手決策，甚至會有倒退性的舉措，此時「漢法派」人士反過來以捍衞「成憲」爲名，〔註48〕攻擊政敵，形成十分弔詭的狀況。

　　「漢法派」與「儒治派」的成員幾乎是同一批人，擁有共同的背景與意識型態，「理財派」雖然不等同於「傳統派」，但是卻同樣受到儒士的攻擊，因爲有共同的對手，並且兩者在元中期以後產生結合，因此整個元朝的意識型態上的對立又回歸到「漢法派」與「傳統派」的衝突。導火線往往是政策的推動，但是遠因卻是因爲蒙元所具有的征服王朝、少數統制以及族群等級

〔註47〕　蕭啓慶師〈元代科舉與菁英流動——以元統元年進士爲中心〉，《宋史研究集》（第 26 輯），頁 445～446。

〔註48〕　《元史》卷 23，頁 523，〈武宗本紀二〉；卷 138，頁 3338，〈伯顏傳〉；另外，元朝諸帝在即位詔書中皆強調遵從「成憲」，在此不一一列舉。

制等特質，這些特殊性一日不消失，政治意識就難以統合。行蒙古法在漢地形同倒行逆施，蒙古統治者對漢人的心防又無法解除，因此有元一代不斷上演漢法派和傳統派（蒙古法）在意識型態上的爭鬥。

　　總之，元朝意識型態上的爭議多源於族群文化的差異，但是文化的彌合除了需要當政者的努力，更需要充足的時間，但是這兩大條件都不存在元朝的政府中，蒙古統治者一開始即無意於文化的統合，再加上元朝國祚過短，遂難以消彌意識型態上的爭議，兩者實互爲因果。

第二章　伯顏反漢法

　　至順三年（1332）年僅廿九歲的文宗（圖帖睦爾 1304～1332，1328～1329、1329～1332 兩度在位）在上都召集了卜答失里皇后、太子燕帖古思及大臣燕鐵木兒（？～1333），據說留下了這樣的遺言：

> 昔者晃忽叉之事，爲朕平生大錯，朕常中夜思之，悔之無及。燕帖古思雖爲朕子，朕故愛之，然今大位乃明宗之大位也。汝輩如愛朕，願召明宗子妥懽帖木兒來登茲大位，如是，朕雖見明宗于地下，亦可以有所措詞而塞責耳！〔註1〕

明宗（和世瓎 1300～1329，1329 在位）暴卒之事經過歷代史籍的披露，以及史家的考證，幾乎可以確定是文宗與燕鐵木兒主導的政變，〔註2〕因此文宗以極盡酬庸的方式賦予燕鐵木兒政治上的權力，開啓了元朝權臣政治的新頁。

　　在《元史》的記載中，文宗並沒有指定由何人繼位，僅囑咐「傳位於明宗之子」，〔註3〕其傳姪不傳子有兩個可能性，即心有愧疚或是仿武宗（1281～1311，1308～1311 在位）、仁宗（1285～1320，1311～1320 在位）兄終弟及、叔姪相繼的舊例，但是當年武宗是挾著強大兵力問鼎大都皇位，仁宗不得已而「讓賢」，並且後來仁宗也沒有遵守約定傳位予海山後人，所以文宗無論是在制度上或實際的情形下，似乎都沒有必要堅持由明宗後人繼統，因此，補償明宗後人的解釋似乎較爲合理。

　　身爲明宗長子，妥懽貼睦爾（1320～1370，1333～1367 在位）並沒有因此而順利地登上皇帝的寶座，在尊重文宗遺詔和現實政治的考量下，卜答失

〔註1〕 權衡原著、任崇岳校注《庚申外史箋證》（鄭州：中州古籍出版社，1991）卷上，頁7～8。

〔註2〕《元史》卷36，頁806，〈文宗本紀六〉，記載順帝指責圖帖睦爾害死明宗；趙翼《廿二史箚記》卷29，頁413～414，〈元史迴護處〉條則直指文宗與燕鐵木兒爲弒逆的兇手。

〔註3〕《元史》卷37，頁809，〈寧宗本紀〉。

里和燕鐵木兒以年僅七歲的懿璘質班（1326～1332，1332 在位）繼位，沒想到其在位竟不足二個月即過世，燕帖木兒雖然想再次促使卜答失里后立她自己的兒子為帝，但是沒想到文宗后對於此事相當堅持，再加上皇位虛懸多時，「內外頗以為言」，〔註 4〕迎立順帝遂成勢在必行之舉。燕鐵木兒為了向新皇帝示好，具鹵簿至良鄉郊迎，但是妥懽貼睦爾對此卻「無一言以答之」，〔註 5〕這使得燕鐵木兒對新繼位者感到不放心，並且朝廷中的太史亦言「立（妥懽帖睦爾）則天下亂」，〔註 6〕皇位遂虛懸達數月之久，巧合的是，燕鐵木兒因為耽於酒色而忽然死亡，妥懽帖睦爾終於得以即位，成為蒙元王朝的末代皇帝。

伯顏在燕鐵木兒死後，成為朝廷第一大臣，不僅接收燕鐵木兒原有的政治權力，更因為扶立妥懽帖睦爾而權勢薰天。伯顏在文宗與順帝朝的政治生涯可以分為三大階段，即沉潛時期（1328～1333）、奪權時期（1333～1335）以及獨裁時期（1335～1340）。沉潛時期主要是擔任燕鐵木兒的政治副手，在權力上無法與後者相比擬。燕鐵木兒死後，伯顏為取得專權，在順帝即位之初就發動了一次流血政變，順利將燕鐵木兒的殘餘勢力清除殆盡，是為奪權時期。獨裁時期他有計劃地實行反漢法的措施，加強對於漢人、南人的歧視政策，並且廢除科舉考試，中斷儒士重要的入仕管道。伯顏在政治上獨斷獨行，並且侵奪皇帝的權力，因此被視為元朝晚期最典型的權臣，最後被成年後的順帝聯合伯顏從子脫脫所發動的政變驅逐，死於流放途中。

本章將就伯顏主政時期朝廷中的政爭進行討論。伯顏作為蒙元晚期的典型權臣，在政治史上有重要的指標性，觀察伯顏與順帝之間的權力互動，可以體現漢族王朝的產物移植於征服王朝時所產生的變化。

第一節　輔秦應已如商鞅——剗除舊勢力

一、伯顏的形象與背景

《草木子》載：

〔註 4〕　《庚申外史箋證》卷上，頁 9。
〔註 5〕　《庚申外史箋證》卷上，頁 10。
〔註 6〕　《元史》卷 38，頁 816，〈順帝紀一〉。

　　庚申帝初年，秦王伯顏爲政，變亂舊章。〔註7〕

《南村輟耕錄》則更爲嚴厲地指責：

　　重紀至元間，太師丞相伯顏專權蠹政，貪惡無比……。〔註8〕

除此以外，更以伯顏（？～1340）長達二百四十六字的官銜諷刺其擅權的程度。〔註9〕元順帝的潛邸侍臣錢塘人楊瑀，曾經參與了反伯顏的密謀，他對於伯顏當然不會有好感，其舉例說道：

　　伯顏太師擅權，諂佞者填門，……有一王爵者驛奏：薛禪兩字，往日人皆可爲名，自世祖皇帝尊號之後，遂不敢稱。今伯顏太師功德隆重，可以與薛禪名字。……曹操之僭，故不容誅，薛禪之說，又過於九錫多矣。〔註10〕

楊瑀將伯顏拿來與曹操相比，甚至認爲伯顏僭越之罪過於曹氏，這樣的比喻或許高估伯顏的實力。曹操是可爲而不爲，但是伯顏覬覦皇位的野心與實力頗值得懷疑。在現有的資料中所顯示的伯顏，是一個專權亂法，貪污腐敗的蒙古宰相，而提出這些批評的人多是南人，所指責的「變亂舊章」主要針對伯顏的反漢法政策，尤其是強化對南人的不平等待遇，所以當伯顏死於龍興路（今江西省南昌市）的驛舍後，〔註11〕有人作了一首頗爲苛刻的詩，其中有句曰：「虎視南人如草芥，天叫遺臭在南荒。」〔註12〕可見南人對伯顏的觀感之惡。但是關於伯顏究竟如何變亂舊章，以及爲何要實行一些令人詬病的族群政策，都需要進一步探討。

　　在南人與漢人的著作中，伯顏的形象幾乎毫無可取，但是事實上在伯顏擅權之前，曾經有一段時間的政治形象相當正面，不僅表現稱職，更在關鍵時刻展現其超人的政治遠見，穩定了動盪不安的政局，所以伯顏曾被用以跟商鞅的功業相比，〔註13〕這樣的比喻或許不完全恰當，不過也反映出伯顏的政治才能，筆者無意幫伯顏作翻案文章，但是全面的呈現伯顏的政治生涯以

〔註7〕　《草木子》卷3上，頁49，〈克謹篇〉。

〔註8〕　陶宗儀《南村輟耕錄》（北京：中華書局，1997）卷27，頁341，〈譏伯顏太師〉。

〔註9〕　《南村輟耕錄》卷2，頁29，〈權臣擅政〉。

〔註10〕　楊瑀《山居新語》（知不足齋叢書），頁18下～19上。

〔註11〕　《元史》卷138，頁3339，〈伯顏傳〉。

〔註12〕　《草木子》卷4上，頁73，〈談藪篇〉。

〔註13〕　《草木子》卷4上，頁73，在作者不詳的伯顏的身後詩中有句云：「輔秦應已如商鞅，辭漢終難及子房」。

及表現有助於了解其在後至元時期反漢法的背景以及所導致的政治結果。

　　據《元史》的記載，伯顏的出身並不顯赫，其父祖一直擔任皇室的宿衛，在十五歲時「奉成宗命侍武宗于藩邸」，自此成爲武宗海山的家臣，並於蒙元對海都的戰爭中「功爲諸將先」，因而被賜號「伯顏拔都兒」。伯顏在朔漠度過了其少年以及一部份的青年時期後，在至大元年（1308）隨著海山來到大都，開始了其在漢地的官僚生活。〔註14〕

　　從伯顏早期的背景看來，他無疑是一個出色的北地戰士，草原的生活對於其人格特質的養成也必定有關鍵性的影響，伯顏在北地的角色是幫助漢地的蒙元政府對抗北方叛王，其效忠的對象則是武宗海山。武宗一即位，即任命他爲吏部尚書，但是當仁宗即位以後，卻將伯顏外調江南出任行臺御史中丞、御史大夫，〔註15〕職位雖重要，但是卻遠離了權力中心。我們無從得知伯顏對於這樣的安排究竟作何感想，但是從他抓緊機會，爲迎立武宗之子圖帖睦爾之事貢獻心力，似乎可以看出一些端倪。

　　伯顏有這樣的機會，主要因爲元朝的皇位繼承法一直沒有眞正建立，雖然忽必烈採用了嫡長制度，很早即冊立太子眞金，但是皇太子在潛邸時期就開始預聞朝政，再加上忽必烈在位時間頗久，朝廷中政治派系林立，漢人影響力不如以往等因素，所以現任皇帝與皇太子之間自然會出現各擁其主的情況，尤其是在現任皇帝身上無法申其志者，往往轉而將賭注放在儲君身上。忽必烈晚年多病，繼任皇后南必「頗預政，相臣常不得見帝」，〔註16〕對於眞金一方來說，由於南必非其親生母親，再加上後宮干政一向犯了漢人政治觀念的大忌，所以引發了皇太子一派的不滿，遂有南臺御史倡言禪位與世祖震怒，導致眞金憂懼而死的悲劇。〔註17〕這個事件宣告了嫡長制度的挫敗以及儒臣勢力的衰落，更重要的是對於往後蒙元的皇位過渡也產生了不利的影響。

　　之前曾經提過，蕭功秦先生認爲元代舊有的選君制度雖然已經失去了原來的意義，卻成爲有心人干預皇位繼承的工具，選君變質爲權臣導演廢立的利器——「擁戴」。〔註18〕伯顏的崛起正是由於適時地利用了其有利的外在條件，參與了文宗的迎立，也由於擁戴之功，開始了其在中央舉足輕重的政治

〔註14〕《元史》卷138，頁3335，〈伯顏傳〉。
〔註15〕《元史》卷138，頁3335，〈伯顏傳〉。
〔註16〕《元史》卷114，頁2873，〈后妃傳一〉。
〔註17〕《元史》卷115，頁2893，〈裕宗紀〉。
〔註18〕蕭功秦〈論元代皇位繼承問題〉，頁36。

角色。但是伯顏一開始卻只是稱職地扮演著燕鐵木兒的副手，蕭啓慶教授認為這是一種權臣歷史上的新模式，伯顏的妥協是因為與燕鐵木兒從侍武宗潛邸時期所建立的默契，〔註 19〕不過此一特殊情況在燕鐵木兒死去以後就很難維持下去了。

二、掃除燕鐵木兒餘黨

伯顏在從河南回到大都以後，依照其政治作風大致可以分為三個時期：即沉潛時期、奪權時期與獨裁時期，其中沉潛時期是相對於後兩時期的強烈政治作風而言，約從致和、天順元年（1328）到元統元年（1333）；奪權時期較短，集中於元統元年到至元元年（1335），即是燕鐵木兒死後，伯顏開始剷除燕鐵木兒家族的勢力；獨裁時期則與後至元時期相始終（1335～1340）。

沉潛時期：伯顏以翊戴文宗有功，官拜中書左丞相，並尚宗室女卜顏的斤，封浚寧王，凡燕飲視諸宗王禮，領忠翊侍衛親軍。文宗崩後奉太皇太后命，立明宗子懿璘質班（1332 在位）。〔註 20〕這一段時間，伯顏在政治上的尊榮雖然僅次於燕鐵木兒，但是在實際的權力上卻無法與燕鐵木兒分庭抗禮，例如曾經有御史上言伯顏功大，應該與燕鐵木兒一體行賞，但文宗只能以「伯顏之功，朕心知之」一語帶過。〔註 21〕

奪權時期：1333 年燕鐵木兒暴崩，妥懽帖睦爾即位，伯顏再次「翊戴」有功，正位為中書右丞相，〔註 22〕此時，對於順帝及伯顏來說，皆是一個重要的契機，順帝受燕鐵木兒挾制，以致遲遲無法即位，生活在惶懼之中，燕鐵木兒雖然已經死亡，但其家族黨人嚐盡權力的滋味，對順帝構成威脅。伯顏再次幫助了武宗後人登極，雖然獨攬朝綱，卻必須面對燕鐵木兒家族黨人的挑戰，至此，順帝與伯顏有了共同的敵人，自然站在同一陣線。一開始伯顏或許不打算趕盡殺絕，因此有許多拉攏的動作，例如讓燕鐵木兒子唐其勢（？～1335）襲封太平王、賜田等，並先後任命其為御史大夫，中書左丞相等要職，頗有重建權力分享模式的意味，只是主次換了位置，唐其勢顯然不領情，拒絕出任左丞相，伯顏於是故意向順帝上言願意將右丞相之位讓與唐

〔註 19〕 蕭啓慶師〈元中期政治〉，頁 628。
〔註 20〕 《元史》卷 138，頁 3337，〈伯顏傳〉。
〔註 21〕 《元史》卷 32，頁 722，〈文宗紀一〉。
〔註 22〕 《元史》卷 138，頁 3337，〈伯顏傳〉。

其勢，順帝當然不允，〔註23〕唐其勢因而恣言：「天下本我家天下也，伯顏何人而位居吾上！」，〔註24〕至此雙方對決勢所難免。史家屠寄認為，唐其勢謀廢順帝之事為伯顏所刻意捏造，只是為了借順帝之手誅除異己，〔註25〕大陸學者任崇岳亦認同此說。〔註26〕

　　依筆者看，順帝皇后伯牙吾氏為唐其勢姊妹，順帝似乎也無意報復燕鐵木兒家人，伯顏雖居最高宰執，但還是賦予唐其勢與其叔撒敦（？～1335）御史大夫與左丞相之要職，其家族在政壇上依然尊榮，似乎沒有必要鋌而走險。在猜測之外，有一些有趣的線索應該被重視，被歸為唐其勢黨人者較重要的有宗王晃火帖木兒、答里（燕鐵木兒幼弟，撒敦此時已死）、塔剌海（唐其勢弟）、怯薛官阿察赤及剌剌（燕鐵木兒舊屬）等，成員除了出身燕鐵木兒家族以外，還有北方宗王、將領等，其中阿察赤背景不明，其被殺的理由是「預唐其勢之謀，欲殺伯顏」，〔註27〕由於阿察赤為怯薛官，側身順帝之傍，如果有廢立之意，應該是從順帝身上下手，捨近求遠謀刺伯顏，似乎有些於理不合。

　　晃火帖木兒的背景也很有趣，其父為河平王昔里吉，其兄兀魯思不花因為兵權被奪心懷怨恨，遂參與了逆弒英宗的南陂之變，後來被泰定帝流放海南島而死。晃火帖木兒沒有受到波及，依然安穩居其金印獸紐的一字王，只是從嘉王變成并王，嘉王的稱號轉賜其弟火兒忽，〔註28〕這當然是泰定帝得位不正，賞罰兼施的調和政策所致。〔註29〕晃火帖木兒在謀逆事件中被控覬覦帝位，後來事敗自殺，子孫皆流放戍邊，直到至正二年（1342）其子徹里帖木兒被赦歸，降封撫寧王。〔註30〕晃火帖木兒一直在北方，對於大都政治幾乎很少介入，在諸王中聲望也平平，實在缺乏問鼎帝位的條件。不過晃火帖木兒手上握有兵力，其家族也有介入皇位紛爭的歷史，再加上與燕鐵木兒家族關係匪淺，如果唐其勢欲行廢立，晃火帖木兒確實是可考慮的人選，但是師出無名，主角號召力又過於薄弱。再者，這件「陰謀」是郯王徹徹禿所

〔註23〕　《元史》卷38，頁818～819、821～822、823、827，〈順帝紀一〉。
〔註24〕　《元史》卷138，頁3334，〈燕鐵木兒傳〉。
〔註25〕　屠寄《蒙兀兒史記》（新校本）卷16，頁1上，〈妥懽帖睦爾可汗本紀〉。
〔註26〕　《庚申外史箋證》卷上，頁15。
〔註27〕　《元史》卷138，頁3334，〈燕鐵木兒傳〉。
〔註28〕　屠寄《蒙兀兒史記》卷74，頁17，〈阿里不哥海都列傳〉。
〔註29〕　蕭啓慶師〈元中期政治〉，頁613～620。
〔註30〕　屠寄《蒙兀兒史記》卷74，頁17下，〈阿里不哥海都列傳〉。

首先舉發，伯顏出身郯王家奴，兩者關係密切，皆爲啓人疑竇的巧合。

表 2-1：唐其勢謀反事件參與雙方與地點

	大都及大都東郊	上都及北方
伯顏方面「討逆」主要人物	M 徹徹禿（郯王） M 伯顏 M 完者帖木兒（淇陽王） S 定住 M 闊里吉思	M 搠思監 M 火兒灰（宗王） ○哈剌那海 ○孛羅 ○晃火兒不花 M 阿魯渾察（宗王）
唐其勢方面「謀逆」主要人物	S 唐其勢 S 塔剌海 ○阿察赤	M 晃火帖木兒（并王） S 答里（伯牙吾氏） ○剌剌

1. 資料來源：《元史》。

2. 【M】表示蒙古，【S】表示色目，【○】表示族屬不詳，疑似蒙古、色目族群。

從表中可以看到事件的主要參與者皆爲蒙古、色目人，其中徹徹禿、完者帖木兒、火兒灰、阿魯渾察、晃火帖木兒皆爲蒙古宗王，在伯顏與燕鐵木兒餘黨的紛爭中，諸王選擇了自己的利益所屬，並且在事後勝利的一方也得到了好處，例如郯王就接收了燕鐵木兒在太平路的食邑。〔註31〕

三、政爭的性質

從儒臣的反應來看，此事屬於權力爭奪的性質又更爲濃厚，除了罪名模糊以外，在元朝歷次的皇位紛爭當中，儒臣通常不會保持沉默，更何況如果事關廢立，觸及國家綱常大忌，當時儒臣許有壬（1287～1364）、王結（1275～1336）、耿煥三人皆在中書省任職，但是對於此事的反應卻異常平靜，即使在伯顏宣佈了唐其勢等謀逆之罪後，「非仁義之言不談」的王結與後來曾爲廢科舉之事與伯顏當面辯論的許有壬，〔註32〕乃至「亮直清彊、董正憲綱」的耿煥皆默不作聲。〔註33〕顯然不願也沒有理由介入蒙古色目族群爭奪政治領

〔註31〕《元史》卷 39，頁 834，〈順帝紀二〉。

〔註32〕《元史》卷 178，頁 4146，〈王結傳〉：卷 182，頁 3404～3405，〈徹里帖木兒傳〉。

〔註33〕劉岳申《申齋劉先生文集》（元代珍本文集彙刊）卷 15，頁 3 下，〈中書參知政事耿公德政誦〉。

導權的鬥爭。雖然當時事係敏感而致事實不明，但是事過境遷以後，還是有訊息透露，至正元年（1341）伯顏倒臺以後，監察御史王思誠上言：

> 嘗聞一婦銜冤，三年大旱，往歲伯顏專擅威福，讎殺不辜，郯王之獄，燕鐵木兒宗黨死者，不可勝屬，非直一婦之冤而已，豈不感傷和氣耶！宜雪其罪。〔註34〕

王思誠不僅沒有提到唐其勢等有謀逆的行爲，並且將當時被殺的人稱爲「燕鐵木兒宗黨」，認爲他們的死是有冤屈的，如果唐其勢等人眞有違背君臣大義的作爲，王思誠作爲監察御史，不可能要求平反其冤，另外多年以後監察御史張楨亦指責伯顏「賊殺宗室嘉王」，〔註35〕雖然儒臣對於伯顏沒有好感，但是如果嘉王等曾經從事謀反，這些儒臣也很難顛倒事實來詆毀伯顏，顯然此一事件是伯顏爲自己私心奪權尋求理由。

　　在此次的政爭中，伯顏將燕鐵木兒餘黨連根拔起，其出發點看不到族群爭議或政治理念衝突，而是由於伯顏獨攬大權時遇到舊勢力的反彈，所以產生了這一次的流血事件。伯顏身後唯一較正面的評價是「輔秦應已如商鞅」，所指涉的應該是兩度扶立新君，並且迅速清除了順帝朝初期舊勢力的殘留，對於政局有穩定的貢獻，所以上官伯圭曾經歌誦道：

> 今帶麒麟第一功，勳王師相秦錫封，作爲霖雨三農望，旋轉乾坤萬國宗，龍虎臺前春盎盎，鳳皇池上日溶溶，異裾舊是王門客，又侍金鑾入九重。〔註36〕

不過伯顏縱有「輔秦」之功，其質樸草原本色使其無法韜光養晦，觸怒年紀漸長的順帝，終於難以善終。

　　學者 Dardess 認爲，伯顏與燕鐵木兒雖然先後成爲元朝著名的權臣，但是政治目標並不相同。燕鐵木兒對於延續武宗一系的繼承有著堅定的使命感，但是伯顏卻顯然較爲看重自我權勢的追求。基於一種政治上的不安全感，伯顏所推行的政治改革目的主要在於鞏固得來不易的權位。〔註37〕此一說法有某種程度的正確性，但是卻過於簡化伯顏的政治理念。清掃燕鐵木兒殘餘勢

〔註34〕《元史》卷183，頁4211，〈王思誠傳〉。

〔註35〕《元史》卷186，頁4266，〈張楨傳〉。

〔註36〕孫存吾編《皇元風雅後集》（四部叢刊）卷1，頁8上，〈上秦王伯顏太師右丞相〉。

〔註37〕John W. Dardess, *Conquerors and Confucians; Aspects of Political Change in Late Yuan China*, pp. 53～59。

力確實基於權力的爭奪，但是接下來的一連串的反漢法政策卻不僅止於個人權位的鞏固，更包含深刻的意識型態。

第二節　肝膽實有楚越之間——推行反漢法

一、扭轉政治走向

伯顏獨攬大權時期與「後至元時期」相始終，在這一段時間中伯顏「擅爵人，赦死罪，任奸佞，殺無辜，諸衛精兵收為己用，府庫錢帛聽其出納」，〔註38〕只差沒有皇帝之名，成為名副其實的權臣。伯顏在後至元時期的種種作為，如果一概以變亂朝章、違法亂政視之，未免過於簡化，也難以得知何謂「反漢法」，所以在此就政策方面來談，以了解伯顏政策走向的背景與影響。

後至元時期的變革主軸是「祖述」，目的在重現世祖至元時期「天人協和」的政局，〔註39〕這一點從年號的更改即可見一斑，不過忽必烈除了「祖述」之外，還有以行漢法為主的「變通」部分，但是伯顏顯然不認同「變通」。伯顏推動變革的口號是「遵舊章」，所謂的「舊章」涵義一向很模糊，會隨著使用者而產生不同的解讀，在此之前，「舊章」是儒臣用來責指理財派人士的主要依據，並且常與「祖宗成憲」重疊，最初的意義指的是忽必烈所立下的體制，如君主專制、中央集權官僚制等，以及以漢法治漢地的基本施政原則，但事實上即使是忽必烈，也沒有真正做到，甚至有時是反其道而行，不過至少這樣的立國規模與走向是被蒙元朝廷所普遍認同。因此，當現有體制受到破壞，或者儒臣勢力受到阻抑，「變亂舊章」便成為當時主政者的罪名。〔註40〕反過來說，當朝廷實施一些加強漢法的變革，也同樣地會被認為是破壞「成憲」的行為而遭到反對。顯然「成憲」與「舊章」都是朝廷政治派系之間角力的中線，任何一方跨越的舉動都會使另外一方感到威脅。

在任何的爭議當中牽涉的都是朝廷勢力的均衡問題，由於忽必烈採用互相制衡的用人政策，以及蒙古法、漢法並行的原則，激化了朝廷中不同政治

〔註38〕《元史》卷138，頁3341，〈脫脫傳〉。
〔註39〕《元史》卷38，頁830，〈順帝紀一〉。
〔註40〕《元史》卷24，頁537，〈仁宗紀一〉。

勢力的競爭，在角力的過程中，「舊章」、「成憲」、「祖制」等就成爲攻訐或施政的憑藉，並且被賦予不同的解釋。伯顏的改革也是這樣，他以「遵舊章」爲口號，其義涵是希望回復以蒙古法爲施政主軸的情況，最引人注目的就是廢科舉，以及訂立一連串歧視漢、南人的律法。不過在伯顏開始其反漢法行動前，他實施了一些休養生息、體現仁政精神的措施，例如停海內土木營造四年，息彰德、萊蕪冶鐵一年，減免賦稅鹽課，賑濟沙漠貧民與南方饑民，並且主持經筵，與講官討論啓沃之道，提倡儉約等，甚至以私錢賑濟怯憐口站戶。〔註41〕這些舉措不僅不是亂政，而且還展現了一派賢相之氣度。但是這些作爲卻被批評爲「邀譽於天下」，主要的原因還是在於其同時進行的廢科舉，這牽涉到儒治的根本，所以伯顏的善政被認爲是「權臣竊命」的表面功夫。〔註42〕抑漢法確實是伯顏的初衷，但是其抑漢法並不爲擾亂政局，在他的認知中，漢法才是亂政之源，「遵舊章」才能將政府導向他所認爲的正確方向，所以伯顏主政的中心即爲降低漢法的影響，把政府扭轉向原來的本質，也就是以蒙古法作爲主導政治的原則。

如同蕭啓慶教授所論，儒家思想一向爲中原正統王朝統一後的統合工具，但是因爲蒙元征服王朝的性格，其原本自有草原傳統下所孕育的政治意識型態，忽必烈兼行「祖述」與「變通」立下元朝蒙、漢法並行的政治基調，但是由於兩法可謂南轅北轍，所以元朝始終難以彌合蒙、漢法之間的鴻溝，也導致兩種意識型態在元朝鬥爭不斷。〔註43〕蕭教授的看法在伯顏反漢法與後來脫脫的「更化」上，可以清楚地被印證。

二、廢除科舉

在一般政務上，伯顏以穩定政局爲先，但是關於牽涉到政治基本走向的用人政策上，他就相當的堅持。政府官員的來源與素質對於政府本質會產生根本性的影響，科舉制度是依據儒家經典中選賢與能的觀念而生，但是蒙古人用人講究私屬關係與世襲權利，〔註44〕前者源於「公」的概念，後者卻重視「私」的身分，兩者完全沒有交集，因此在並行中必定會產生扞格，所以

〔註41〕《元史》卷138，頁3338，〈伯顏傳〉；《草木子》卷3下，頁59，〈雜制篇〉。
〔註42〕《草木子》卷3下，頁59，〈雜制篇〉。
〔註43〕蕭啓慶師〈元朝的統一與統合〉，頁30～31（按：爲行文方便，筆者引文保留原文意義，在文字上做了部分修改）。
〔註44〕蕭啓慶師〈元朝的統一與統合〉，頁31。

科舉制度在蒙元實行起來遭遇前所未有的困難，以致幾度廢立，並且在名額上相對較保障蒙古、色目人。伯顏甚至認爲科舉制度已經影響到蒙古原有的選法，並且質疑科舉出身者的品德與才能，所以他採取了廢科舉的措施。

徹里帖木兒是首倡罷科舉之人，有必要了解其背景，他出身西域大族，早年曾經以對抗鐵木迭兒擅權而聞名。在外任官上表現出色，無論是財政、民政、軍政皆頗有政聲，處理政務果決並知變通，可謂能吏幹臣。〔註45〕《元史》中記載了他厭惡科舉的原因，當他在江浙任官時，正好遇到鄉試，當地在驛請考官時過於鋪張，引起徹里帖木兒的不滿，也導致他對科舉產生反感。〔註46〕此一理由雖然可以解釋得通，但是卻過於單薄，根據許有壬的說法，伯顏是因爲徹里帖木兒大力宣揚科舉當廢，所以才能入中書省，〔註47〕在此之前，徹里帖木兒即因建議以供給學校開支的貢士莊田租移作怯薛的衣糧，得到伯顏的注意，接著被引薦入中書省，〔註48〕因此徹里帖木兒倡議廢科舉的原因除了對科場陋習的不滿外，最重要的是這樣的建議成爲他快速進入權力中心的最佳工具，所以倡廢科舉可以說是徹里帖木兒與伯顏的利益交換。就徹里帖木兒來說，並沒有強烈的意識型態主導其對儒治的反感，但是在儒臣一方來說，因爲他的主張牽涉了儒治的根本，再加上徹里帖木兒充其量只是一個能吏而非眞儒，所以他們對徹理帖木兒的攻擊也集中於品德方面。大陸學者任崇岳先生認爲徹理帖木兒提議廢科舉是在伯顏的授意下進行，但是卻沒有多做闡釋，依據上述的資料，徹理帖木兒才是主動的一方，因爲切中伯顏的心意，所以達到利益的交集。

伯顏爲什麼反對科舉？據說是因爲連他的馬夫都去應試科舉，他「不想科舉都是這等人得了」，〔註49〕這個故事眞實性如何無從得知，不過還有一個更清楚的線索，就是伯顏和許有壬爲科舉存廢的一場辯論。許有壬護衛科舉的立場不用多作強調，重點在於伯顏所舉出的理由，我們可以從中了解伯顏對科舉的觀點，說法如下：

> 舉子多以贓敗，又有假蒙古、色目名者。……科舉雖罷，士之欲求
> 美衣美食者，皆能自向學，豈有不至大官者邪？……今科舉取人，

〔註45〕《元史》卷142，頁3403～3404，〈徹里帖木兒傳〉。

〔註46〕《元史》卷142，頁3406，〈徹里帖木兒傳〉。

〔註47〕《元史》卷142，頁3404，〈徹里帖木兒傳〉。

〔註48〕《元史》卷38，頁829，〈順帝紀一〉；卷142，頁3406，〈徹里帖木兒傳〉。

〔註49〕《庚申外史箋証》卷上，頁17。

　　實妨選法。〔註50〕

綜合以上說法，重點有二，一是科舉出身者皆以求取名利爲目的，故導致官員素質不佳；一是科舉妨礙了其他的選法。蒙古用人選官最重根腳（ijaghur），布衣入仕途徑主要由科舉和吏，〔註51〕伯顏在此所指的「實妨選法」指的是科舉取士阻礙了吏員的仕進，爲此許有壬反駁道：

　　今通事等天下凡三千三百二十五名，歲餘四百五十六人。玉典赤、

　　太醫、控鶴，皆入流品。又路吏及任子其途非一。今歲自四月至九

　　月，白身補官受宣者七十二人，而科舉一歲僅三十餘人。〔註52〕

根據蕭啓慶教授多年來重建元代科舉進士錄的成果顯示，雖然蒙元御試後原則上四大族群各取廿五名，共百人，但是事實上除了元統元年一科外，所取名額皆不足百名。以至順元年一科爲例，左右榜共錄取了九十七人，〔註53〕許有壬所說的「一歲僅三十餘人」指的是科舉三年一試，因此就每年來說平均錄取人數爲三十餘人。換句話說科舉幾乎無損於吏員的仕進，吏與進士入仕與遷轉的考核標準不盡相同，互相競爭的問題不明顯，而貪污舞弊在任何出身的官員身上都有可能發生，儒臣甚至認爲蒙古、色目人官貪吏污，「不知廉恥之爲何物」，〔註54〕因此上述反科舉的理由顯然過於牽強。從廢科舉的同時太廟的祭祀也被建議改「四祭爲一祭」看來，〔註55〕伯顏廢科舉的想法，是從厭惡政府儒化的角度出發，他對於科舉出身的儒士，存在著很深的偏見，認爲他們都是爲了錦衣美食才應試，不相信儒家教化可以培育優良官員。在儒士一片「壞天下國家者，吏人之罪也」的口誅筆伐中，〔註56〕伯顏反而寧願多用吏員，並且對於漢人、南人冒用蒙古、色目名以求在政治上發展的情形反感，表現出蒙古人重實際的傳統；對漢、南人大量加入政府感到威脅，以及無法欣賞儒家教義的態度。

〔註50〕《元史》卷142，頁3404，〈徹理帖木兒〉。

〔註51〕蕭啓慶師〈元代科舉與菁英流動──以元統元年進士爲中心〉，頁157。

〔註52〕《元史》卷142，頁3404，〈徹理帖木兒〉。

〔註53〕蕭啓慶師〈元至順元年進士輯錄〉，《台大文史哲學報》第52期（2000），頁179～180。

〔註54〕《草木子》卷4下，頁81，〈雜俎篇〉。

〔註55〕《元史》卷142，頁3404，〈徹理帖木兒傳〉。

〔註56〕孔克齊《至正直記》（點校本，上海：上海古籍出版社，1987）卷3，頁99，〈世祖一統〉條。

葉子奇批評蒙元統治者「視官爵爲己私物」，〔註57〕主要基於儒家惟才是任、惟賢是使的「爵祿至公」觀念，但是對於視國家爲皇室家產之延伸，官員爲皇室家臣的蒙古統治者來說，要了解這種想法，除非接受儒家教育，才有可能產生認同，伯顏卻毫無這樣的背景，所以與儒治無法產生交集。

三、族群歧視政策

除了廢科舉以外，伯顏更表達出對漢、南人的敵意，所以有一連串族群歧視的禁令：

1、（至元元年十一月）敕以所在儒學貢士莊田租給宿衛衣糧。〔註58〕

2、（至元三年四月）禁漢人、南人、高麗人，不得執持軍器，凡有馬者拘入官。

3、（至元三年四月）省、院、臺、部、宣慰司、廉訪司及郡府幕官之長，並用蒙古、色目人。

4、（至元三年四月）禁漢人、南人不得習學蒙古、色目文字。〔註59〕

5、（至元三年四月）帝敕漢、南、高麗人不得虛藏軍器，執把弓箭，除官員留存馬匹外，其餘盡行拘刷。〔註60〕

6、（至元三年）禁江南農家用鐵禾叉，犯者杖一百七十，以防南人造反之意。民間止用木叉挑取禾稻。〔註61〕

7、出令北人毆打南人不許還報。〔註62〕

上述禁令有些具有重疊性，因爲史源不同，用語亦不盡相同，不過大致上是防止漢、南人持有武裝，以及在某些職位上保障蒙古、色目人的特權、在法律地位上保持優越。事實上這些禁令並不是從伯顏開始的，蒙元歷任皇帝在位幾乎都曾頒佈類似禁令，尤其是關於武器的管制。其中有些是因爲時代背景的需要，例如對外征服，但是對漢人、南人的防備還是主要的原因。其中第四項則是伯顏時首度被明確提出，目的在於減少漢、南人從事通事、譯史等工作，根據現

〔註57〕《草木子》卷4下，頁81，〈雜俎篇〉。

〔註58〕《元史》卷38，頁829，〈順帝紀一〉。

〔註59〕《元史》卷39，頁839，〈順帝紀二〉。

〔註60〕鄭麟趾《高麗史》（台北：文史哲出版社，1972）卷35，頁550上，〈忠肅王世家二〉。

〔註61〕長谷眞逸《農田餘話》（百部叢書集成），卷上，頁9。

〔註62〕《草木子》卷4上，頁73，〈談藪篇〉。

有研究成果顯示，元朝譯職人員的地位較漢族王朝崇高許多，並且在仕進前途上頗爲不惡，蕭啓慶教授統計「以譯職出身而昇至中品及上品者比例逾四成」。〔註63〕最重要的是蕭教授破除以往學者認爲譯職係由色目人壟斷的看法，證明漢、南人才是從事譯職最主要的族群，比例超過六成。〔註64〕如此一來，就可以解釋伯顏爲何想禁止漢、南人學習蒙古、色目文字，事實上漢、南人確實威脅到蒙古、色目人從吏出仕的機會，也顯見譯職人員在元朝政府中的重要性，不過這項禁令卻沒有眞正執行過，在廷議當中即被許有壬強力的諫止了。〔註65〕此外，葉子奇將第七項禁令歸爲伯顏的暴政，可是在正史中並沒有這樣的記載，類似的禁令是在忽必烈時所規定的，正確的內容是「禁漢人聚眾與蒙古人鬥毆」，〔註66〕並且法律審判也有不同標準，伯顏主政時期，有可能重申或強化這一類的禁令，而葉子奇則誇大了內容。

　　事實上，伯顏在當時提出這些歧視的禁令並非無端生事，因爲至元三年（1337）正月廣州發生朱光卿、石昆山、鍾大明等僞稱大金國號反，〔註67〕同年二月河南汝寧發生棒胡起事，四月大足縣民韓法師反、惠州聶秀卿、譚景山與朱光卿相結爲亂等大小亂事接連而來，〔註68〕使得當時的朝廷籠罩在一片族群敏感的氣氛當中，雖然當時亂事的主要人物不是以宗教惑眾，就是僞稱金國、南宋名號，並沒有完整或清晰的族群訴求，但是主政者卻將這些亂事定位爲漢族的反叛，並且一有機會就強調，使得朝中漢族頗有動輒得咎之態勢，所以有這樣一紙詔書：

> 汝寧棒胡，廣東朱光卿、聶秀卿等，皆係漢人。漢人有官於省、臺、院及翰林、集賢者，可講求誅捕之法以聞。〔註69〕

如果說廢科舉是反漢法的開端，那麼接下來發生的叛亂更開啓了反漢的高峰。許有壬作爲當時朝中漢人最高官，自然首當其衝，於是有人故意拿棒胡反叛的旗幟、宣敕等質問許有壬「此欲何爲耶？」希望許有壬會忌諱議論漢人造反之事，而入其於罪。不料許有壬直言棒胡的行爲就是反叛，「尚何言！」

〔註63〕蕭啓慶師〈元代的通事與譯史〉，收入氏著《元朝史新論》，頁382～383。
〔註64〕蕭啓慶師〈元代的通事與譯史〉，頁383。
〔註65〕《元史》卷182，頁4202，〈許有壬傳〉。
〔註66〕《元史》卷7，頁141，〈世祖紀四〉。
〔註67〕《元史》卷39，頁838，〈順帝紀二〉。
〔註68〕《元史》卷39，頁839，〈順帝紀二〉。
〔註69〕《元史》卷39，頁840，〈順帝紀二〉。

直接堵住了有心人之嘴，雖然暫時平息了風波，可是對於族群對立的惡劣局勢卻沒有多大助益。伯顏一方甚至提出恢復肉刑，重新成立行樞密院，以恫嚇反叛分子並快速在軍事上解決叛亂。〔註70〕

　　這種態度顯然是對待殖民地亂事的對策，首先想到的就是以殺止亂，以往漢族王朝對待民眾叛亂在譴責之餘總是會檢討原因所在，並且對於亂民抱持某種程度的同情，尤其是因災從亂者，往往將之視為上天對國家氣運的警示，並且以撫為主以剿為輔。但是伯顏等當政者不僅從未考慮亂起之由，並且以「誅捕」的強硬手段處理，更強調作亂者的族群身分，以武力解決亂事無可厚非，但是強化族群問題卻失於偏頗，有元一代一直無法達成族群的真正融合，關鍵即在於族群等級制的實施，為蒙元政權的體質種下病因，伯顏等偏偏故意挑起此一隱疾，前有廢科舉、後有歧視禁令，再加上有意的借題刁難，朝中漢人的心情如何可想而知，對於元末政局的發展皆為不利的影響。

　　伯顏在至元時期種種反漢法的作為與之前和燕鐵木兒餘黨之間的政爭在性質上完全不同，後者顯然是因為權力分享難以達到共識，所以引發奪權政變，在那次的政爭中我們完全看不到有任何明顯的議題。意識型態對抗的出現往往是憑藉特定的政治議題，而且其議題必須是關係到政治走向或民生大計等政策，一個沒有經過爭論、決議、執行等過程的政爭，我們就可以將之定義為純粹的權力爭奪，伯顏誅滅燕鐵木兒家族的過程即是典型的代表。

　　至元時期伯顏權傾朝野，「起居玉食勝天上，生殺貴賤操主威」，〔註71〕沒有什麼政治勢力可與之抗衡，但是他有計劃地廢科舉、嚴申漢、南人武器之禁、企圖限制漢、南人在吏職上的昇遷、以及禁止學習蒙古、色目文字等，皆是為了在仕進路途上設置障礙，一面保障少數統治的優勢，一方面降低儒學對政府的影響。並且利用地方的小型叛亂來強化族群之間的猜忌，一連串的舉措完全是為達到同一個目標，即製造有利於推動所謂的「本土化」或「蒙古化」的氛圍，而這一本土化是以蒙古舊傳統為主軸，即鞏固少數統治、強化族群區別、保持征服王朝的特質。所以至元時期的爭議，在儒臣一方來說，產生了漢法中輟的危機感，視伯顏的種種施政為倒行逆施，伯顏一方則有意識地想要將日漸儒化的政府導回他所認為正確的方向上，表現出征服王朝殖

〔註70〕《元史》卷182，頁4202，〈許有壬傳〉。
〔註71〕胡助《純白齋類稿》（據金華叢書本排印，北京：中華書局，1985）卷6，頁50，〈哀太師〉。

民式統治的心態，並且用一連串的政策來落實，雙方的意識型態非常鮮明的對立著，顯見至元時期朝廷中確實上演著一場意識型態的衝突，衝突的中心則是「漢法」與「蒙古法」兩種政治思想的拉鋸，其影響比單純的權力爭奪要來得深遠，因為每一次的意識型態對抗，就代表政府在某些方面會產生一些基本改變，而不僅僅是檯面上人物的流動而已，政治改革或許有利有弊，但是一個政府如果在政局已經不太穩固的情形下，還在短短的三十年間不斷發生意識型態對抗或權力爭奪的動盪，那麼其前景就不可能太樂觀，元朝晚期的政治情勢就是如此。

第三節　辭漢終難及子房——權臣末路

一、侵犯皇權與整肅宗王

　　伯顏的大權在握，使得他在至元時期的反漢法雖然遭到反對，卻仍然可以被執行，在政治上的呼風喚雨讓他迷失了自我，並且開始產生一些為人臣子最被忌諱的脫序行為，畢竟順帝才是蒙元王朝在法理上真正的主人，伯顏雖然掌握軍政大權，並且得到文宗后卜答失里的奧援，[註72]再加上順帝年幼，一時之間權勢凌駕人主之上，但是元朝政府中派系林立，無論是針對伯顏個人行為或是不滿政策走向者，皆隨時等待反撲的機會，並且因為目標一致而逐漸凝聚，加上漸漸年長的順帝不甘淪為政治傀儡，一股反伯顏的勢力隱然成形。

　　《元史》對於伯顏的專擅有這樣的形容：

> 伯顏自領諸衛精兵，以燕者不花為憑蔽，導從之盛，填溢街衢。而帝
> 側儀衛反落落如晨星。勢焰薰灼，天下之人惟知有伯顏而已。[註73]

當時朝廷官員趨炎附勢的情形更是令人側目，據說有這樣一件事，至元四年（1338）伯顏稱壽，百官為了祝賀蜂湧而至，當時年邁的御史中丞耿煥走避不及，跌倒在地，以至被人「踏傷其脅」，[註74]可以想見伯顏氣焰之盛。儒臣們本已因漢法不行而對伯顏懷恨在心，但是政策上的對抗關乎政治實力，

[註72]　《庚申外史箋証》卷上，頁21，陶宗儀在原文中記載伯顏與太后有染之傳言，任氏則推測當時年僅二十餘歲的文宗后依賴伯顏是合情理之事，然之。
[註73]　《元史》卷138，頁3338，〈伯顏傳〉。
[註74]　《山居新話》，頁8上。

所以即使心有不滿，也只能坐視施行，當時敢公開與伯顏對抗者，除了許有壬、瞻思以及監察御史呂思誠等人以外，其餘要不噤若寒蟬，要不就公然唱和，反對派的領袖許有壬，甚至被指派爲廢科舉詔書的宣讀者，可謂極盡折辱之能事，而呂思誠等人則因彈劾徹里帖木兒而去職。〔註75〕所以在政策面儒臣幾乎毫無還擊能力，但是當伯顏有逾越人臣之禮，擅殺跋扈等問題出現時，就給予儒臣新的攻擊標的。

伯顏所爲中最爲人詬病的是殺郯王徹徹禿一事，郯王是憲宗蒙哥三子玉龍答失大王之孫，〔註76〕這一支宗室從玉龍答失以來，即效忠於蒙元朝廷，當年玉龍答失從阿里不哥處強取了蒙哥汗的玉璽，來到上都向忽必烈輸誠，對忽必烈即位的正當性幫助頗大。郯王更爲元朝鎮守北疆多年，「歷仕五朝，恭謹無過，朝廷倚爲屏藩」，〔註77〕可以說是漠北諸王中與朝廷關係最爲密切者。再者，伯顏先世爲蒙哥家奴，故按照蒙古舊制應尊郯王爲使長，但是伯顏卻矯詔殺郯王。

關於郯王招忌於伯顏的原因，陶宗儀認爲是伯顏位高權重，「豈容猶有使長」，但是這應該只是原因之一。〔註78〕危素則對於此事有較詳細的說明：

> 伯顏執國枋，忌（郯）王之賢。至元四年王來朝，伯顏以子求婚，而王不從，迺與從子婿知樞密院事者延不花謀構禍於王。明年陰使人說昌王實藍朵兒只告郯王將爲變，時王既奉藩和林，徵下樞密院獄，鞫其家奴無一驗者。十二月□□殺郯王光熙門外。〔註79〕

從這一段敘述中，可以肯定郯王主要是因爲不黨附伯顏而遭殃，謀反之事只是捏造的理由，至於「忌王之賢」所指爲何有一些跡象可循，首先郯王是朝廷相當倚重的宗王，其幕賓奉元人李思齊曾說道：

> 王肺腑近親，受重托領兵鎮北邊，北諸侯王來朝及貢獻者必見之，王計其當行與否而進退之，其合給道里費，飲食賜予之節，一委之王之屬，所謂磐石之宗也。〔註80〕

從這一段敘述可以發現，郯王是北方諸侯王與大都朝廷之間的聯繫者，更重

〔註75〕《元史》卷38，頁829，〈順帝紀一〉；卷142，頁3405，〈徹里帖木兒傳〉。
〔註76〕《元史》卷107，頁2723，〈宗室世系表〉。
〔註77〕屠寄《蒙兀兒史記》卷37，頁10上～11上，〈漠北三大汗諸子列傳〉。
〔註78〕《庚申外史箋証》卷上，頁17～18。
〔註79〕危素《危太樸文續集》（元人文集珍本叢刊）卷8，頁8下，〈夏侯尚玄傳〉。
〔註80〕傅若金《傅與礪文集》（嘉業堂叢書）卷4，頁3下～4上，〈送李思齊詩序〉。

要的是郊王可以決定北方諸王是否至大都朝見，為政府所倚重自是不言而喻。再者，郊王與儒士往來密切，並且雅好儒學，郊王府中常置四名說書，其中之一是曾為仁宗朝東宮說書夏侯尚玄，〔註81〕另外還有上述的李思齊，李思齊其人背景不詳，只知「能文辭」。王府說書的職責是「日誦古聖賢之訓，祖宗之成法，談說禮樂，規諫道義，陳古今興衰之由，忠邪得失之蹟」，朝夕處於王側，〔註82〕可見說書者必須是儒士出身，也顯示郊王尊儒禮士的傾向。這樣的作風自然與伯顏反儒反漢的想法不合，再加上兩者之間身分上的尊卑，引發伯顏的疑忌，所以求婚之舉可以說是試探郊王動向的風向球，以使伯顏能夠決定該如何處置郊王。

郊王無端被殺，順帝自然無法坐視，不僅是因為郊王對朝廷的貢獻，最重要的是伯顏悍然不顧順帝的反對，逕行傳旨行刑，赤裸裸地侵犯皇帝的尊嚴，在漢人觀念中是毫無人臣之禮，在蒙古傳統觀念中殺郊王之舉也是以卑犯尊，使得順帝開始考慮與伯顏之間的關係，儒臣也取得結合順帝打倒伯顏的契機。

在郊王事件之後，伯顏食髓知味，又不請旨就擅自奏貶宣讓王帖木兒不花（1286～1368）、威順王寬徹普化。宣讓王是世祖之孫，鎮南王脫歡之子，其族世鎮揚州，帖木兒不花原本以年長嗣鎮南王爵，後來又請以其位復還其兄子孛羅不花，因而得到朝廷獎以「宣讓」之名，移鎮廬州。〔註83〕帖木兒不花對於文宗即位有擁戴之功，並為蒙元鎮守南疆，朝廷一向褒寵有加，卻忽然無故被貶，自然引起爭議。威順王為帖木兒不花之兄，鎮守湖廣，與其弟同樣擁戴文宗有功，也是朝廷倚為股肱的宗王，因為湖廣地接戎夷，當地土著叛服無常，深深困擾大都朝廷，威順王鎮守當地對維持湖廣地區的穩定功不可沒。〔註84〕但是因為寬徹普化個性寬和，伯顏以其放縱所屬怯薛侵擾百姓，引發民怨為由，矯詔貶之。〔註85〕伯顏貶謫此二王的目的，並不在於上述莫需有的罪名，郊王、宣讓王、威順王分鎮北南，為蒙元柱石，在沒有犯什麼大錯的情形下，竟然被嚴屬的處置，實為伯顏殺雞儆猴的立威之舉。〔註86〕

〔註81〕危素《危太樸文續集》卷8，頁8，〈夏侯尚玄傳〉。
〔註82〕傅若金《傅與礪文集》卷4，頁4上，〈送李思齊詩序〉。
〔註83〕《元史》卷117，頁2912，〈帖木兒不花傳〉。
〔註84〕《蒙兀兒史記》卷105，頁1上～2上，〈威順淮梁三王列傳〉。
〔註85〕《元史》卷117，頁2910，〈寬徹普化傳〉。
〔註86〕《元史》卷138，頁3338，〈伯顏傳〉。

　　從中央與地方權力的觀點來看，伯顏身爲官僚體系中的首腦，其權力的
擴張同時也是中央的集權，因此在與地方鎮戍諸王之間的關係上必然產生矛
盾。蒙古宗王在傳統上基於「氏族公產制」，有分封的權力，但不參與治國，
唯有在選君時才能發揮較大的政治影響力，元朝建立以後忽里台大會選君制
度雖然名存實亡，但是諸王大臣還是得以藉選君的觀念在關鍵時刻干預大都
政治，有軍權的近支宗王更可以由外而內發動政變，奪取政權，例如泰定帝
（1323～1328）也孫鐵木兒即以漠北宗王入主大都。另外在順帝即位之初，
陽翟王阿魯輝帖木兒建議「天下事重，宜委宰相決之，庶可責其成功；若躬
自聽斷，則必負惡名。」順帝聽從其議而「深居宮中」，〔註87〕使得伯顏有專
攬大權的機會。至正廿年（1360）陽翟王反叛時則派遣使者責問順帝：「祖宗
以天下付汝，汝何故失其太半？」，〔註88〕顯示出蒙古宗王在必要時刻所發揮
的政治影響力。

　　出鎮宗王不僅掌控軍事權，並且與行省互相監督，在地位上高於行省，
有時甚至兼有行政權，例如元朝中期鐵木迭兒當權，就曾經因剝奪分封諸王
任官權而引發爭議。〔註89〕行省或行院首長與鎮王分權而治，秉承中央政府
的意志行事，可以說是中央政府權力的延伸，〔註90〕削弱宗王形同強化行省
或行院的權力，更是中央政權的擴張，故伯顏對郯王、宣讓王及威順王的「迫
害」，如果就中央與地方關係角度來看，展現的是至元時期中央政府集權的一
環。

二、激化族群衝突

　　不僅是處置諸王招致不滿，對於地方叛亂的處理態度，更是令人非議。至
元時期地方上的叛亂層出不窮，除了棒胡、朱光卿等，最駭人聽聞的就屬河南
范孟之亂。此一亂事歷時不過數日，波及範圍也僅限於汴梁路開封地區，但是

〔註87〕《元史》卷38，頁817，〈順帝紀一〉。
〔註88〕《元史》卷206，頁4597，〈叛臣傳〉。
〔註89〕Elizabeth Endicott-West, *Mongolian Rule in China: Local Administration in the Yuan Dynasty*, p. 126。
〔註90〕李治安主編《唐宋元明清中央與地方關係研究》（天津：南開大學出版社，1996），頁220～221；蕭啓慶師〈元朝的區域軍事分權與政軍合一──以行院與行省爲中心〉，頁23～24，李治安教授稱元朝中央與行省之間的權力關係爲「分工性的分權」，而非「分割性的分權」。蕭教授進一步闡釋道：「所謂分工性分權是中央機構將部分權力委付地方機構，中央握有最終的決定權」。

問題是此區為河南江北行省的首善之區，更為東南常賦的必經之地，當初伯顏即是因為任職河南行省平章，扼守入京畿的要道，才能以地理上的優勢進而取得政治上的利益，〔註91〕但是就在此地發生了震驚朝野的叛亂。一個名叫范孟的小掾詐稱使者，持中書省公牘，矯殺平章月魯帖木兒、左丞劫烈、廉訪使完者不花、總管撒里麻等重官，並且擅授官爵，調駐軍守衛沿河關隘。〔註92〕由於事起肘腋，伯顏「倉卒莫知其故」，以致「京師震恐」。〔註93〕

此一事件在《庚申外史》中有詳細的記載，起因於杞縣人范孟因為抑鬱不得志，以及與省台官之間的宿憾，引發其生事的動機。後來經由一位名叫馮二舍者察覺事有蹊蹺，遂密告都鎮撫，內外策應擒殺范孟，平息了這一場近乎鬧劇般的亂事。〔註94〕整個事件中最為時人所詬病者有二，一是一個「貧無資，寡交游」的小吏員竟然能夠假扮朝廷天使，誅殺地方大員，視省台重地如無人之境，而中央對肘腋之區所發生的重大事件也後知後覺，以致驚慌失措。再者，當地省台官以及鎮戍將領的遲鈍也令人詫異，或許官員一開始皆惑於范孟的使者身分，但是當范孟以偷襲方式殺官員，稱元帥，並以名器利誘富民小吏之時，其偽應該就很容易察覺了，但是通省上下，號令竟然通行無阻，由此可見元朝官員在素質與心態上的問題。

關於朝廷措手不及之事，蘇天爵解釋道：

> 邇者河南范孟之徒偽造中書之奏目，矯為行省之文符，路下之州，
> 州行之縣，詐稱朝廷之使者，未嘗明言其謀叛。一言之出，其事急
> 于星火；數日之內，何暇辨其偽真。〔註95〕

這樣的說法大致上還可以解釋得通，可是河南地方官員除了被殺者，其餘頗有失職之處，例如曾受平章月魯帖木兒恩惠的漢人張楨，身為掾官，在上司被殺城中大亂時，所作的就是趁夜幕縋城逃離。〔註96〕張楨以進士出身，面臨叛亂卻毫無積極作為，儘管如此他並沒有受到非議，因為相較之下，留在

〔註91〕《元史》卷138，頁3336，〈伯顏傳〉。

〔註92〕楊訥、陳高華《元代農民戰爭史料彙編》（北京：中華書局，1985）上編，頁205～208。《元史》卷40，頁853，〈順帝紀三〉；卷139，頁3354，〈朵兒只傳〉；卷186，頁4269，〈歸暘傳〉。

〔註93〕危素《危太樸文集》卷8，頁15上，〈送歸憲使赴河西詩序〉。

〔註94〕《庚申外史箋證》卷上，頁25。

〔註95〕蘇天爵《滋溪文稿》（點校本，北京：中華書局，1997）卷27，頁461，〈論河南脅從註誤〉。

〔註96〕《元史》卷186，頁4265，〈張楨傳〉。

城中的大小官員行止更爲不堪，他們不僅沒有反抗，並且接受范孟所授之官爵，毫無氣節可言，元朝官吏素質之低落由此可見一斑。在這樣見風轉舵的氣氛中，唯有歸暘（1305～1367）寧死不屈，歸暘是汴梁人，至順進士出身，范孟命其北守黃河口，歸暘以報國自許，罵「賊」而下獄，險遭殺害，不久范孟事敗，他因而名震天下。〔註97〕

　　此一事件之後，伯顏採用大興獄案的嚴厲手段，處置叛亂首從，被牽連在內者約有七百人，後來在伯顏下臺以後，順帝馬上下詔特赦，不再追究脅從者之罪，〔註98〕但是這件事卻沒有就此終結，屢屢被用來生事擾民，最大的原因即是這件單純的叛亂被伯顏賦予族群問題的色彩。起因於范孟之亂牽連到漢人廉訪使段輔，伯顏想藉此個案，禁止漢人擔任廉訪使一職，此事因伯顏下台而未果，〔註99〕但是族群意識已經再度被激化，也就是說河南的亂事被伯顏有意識地貼上漢人叛亂的標籤，所以雖然順帝下詔不再株連，但是有心人卻屢興大獄，其中有一次高達三百餘人被判處族斬、流放等重刑，〔註100〕可見儘管事過境遷，當政者的猜忌卻從未消除，這可以說是任意挑起族群問題的遺禍。

　　正因爲伯顏在族群問題上的偏激，所以除了朝中儒臣不滿，民間也漸漸感染到敏感的氣氛，以致流言四起。至元三年（1337），先有謠傳朝廷將「拘刷童男童女」，以致「一時嫁娶殆盡」，〔註101〕後有伯顏建議「殺五姓漢人」的說法。〔註102〕《南村輟耕錄》中記載了刷童男童女訛言之經過，並對於一個謠言所引起的影響直呼「此亦天下之大變，從古未之聞也」。〔註103〕民間的恐慌性反應並非無的放矢，蒙古原本就有「選秀女」的制度，〔註104〕也常有拘刷民間財物之舉，所以如果說朝廷忽然要「采天下童男童女」，也不無可能，因此百姓才會聞風而惴惴不安，視兒女婚姻如兒戲，以致造成悲劇。再者，當時主政者伯顏對漢人敵意甚爲明顯，經過其反對者的特意宣揚，暴虐形象

〔註97〕危素《危太樸文集》卷8，頁15，〈送歸憲使赴河西詩序〉；《元史》卷186，頁4269～4270，〈歸暘傳〉。

〔註98〕蘇天爵《滋溪文稿》卷27，頁460～461，〈論河南脅從註誤〉。

〔註99〕《元史》卷138，頁3342，〈脫脫傳〉。

〔註100〕劉基《誠意伯文集》（四部叢刊）卷6，頁166上，〈前江淮都轉運鹽使宋公政績記〉。

〔註101〕《元史》卷39，頁840，〈順帝紀二〉。

〔註102〕《元史》卷39，頁843，〈順帝紀二〉。

〔註103〕《南村輟耕錄》卷9，頁112～113，〈謠言〉。

〔註104〕《庚申外史箋證》卷上，頁20。

深植人心，也增加了人民對此一謠言的相信度。至於殺五姓漢人的提議在正史中明言記載，可信性較高，但是也不應排除儒士因為對伯顏的反感而特意誇大，總之這些流言反映當時民間對於一個蒙古本位者當政的不安。

伯顏反漢法由於牴觸了儒家思想，在儒士的口誅筆伐當中，至元時期的種種舉措被窄化成倒行逆施的暴政，但是應該注意的是，伯顏的施政在跳脫出儒家本位的觀點後，無非也是一種「改革」，他企圖扭轉日漸漢化的朝廷，就如同儒士致力於使蒙元更加漢化一般，伯顏想使政府回歸「本土化」或「蒙古化」，雖然看來有些逆勢操作，但是其本意卻是認為如此才能鞏固蒙元少數統治的基礎，也就是說，伯顏是對於政權日漸被人數居於優勢的漢族群所侵蝕而感到焦慮，這與他提倡儉約，賑濟貧民的的作為並沒有根本上的矛盾，終極目標都是為了達成政權的穩固，只是其認知從結果論來看似乎造成了反效果，也成為導致伯顏失敗的主因之一。

三、反伯顏勢力成形

隨著順帝漸漸年長，對伯顏擅殺跋扈的作為越來越不能忍受，再加上心懷大志的脫脫，以及一群久靜思動的儒臣，各方反對勢力躍躍欲試，朝局暗地裡開始波濤洶湧。順帝與脫脫的結合並非巧合，妥懽帖睦爾早年因為政治因素遠貶南服，即位之初又接連遭到燕鐵木兒與伯顏兩大權臣的箝制，可說飽經憂患，因此其政治性格顯得猜疑而多變。〔註105〕順帝並非昏庸之輩，從他在關鍵時刻的表現看來，自有其政治智慧，例如他隱忍燕鐵木兒的咄咄逼人，直到即位之後再藉助伯顏之力進行報復。後來伯顏開始獨攬大權，順帝又面臨威脅，但是由於勢單力薄，所以他採取獨善其身的方式，先積蓄自己的人望。他重經筵、善納諫言、儉約、宣揚孝道、倫理等，聽從臣下的勸阻罷畋獵，停止往高麗采秀女，以王結、許有壬主持經筵，裁汰冗官，對進諫之臣大加賞賚，同意有年長父母的官員就近銓注，以盡孝養等。〔註106〕

順帝對儒治的善意，除了自身在南方所受到的影響以外，一方面也達到了拉攏儒治派人士的作用，使自己在伯顏黨羽籠罩的朝廷中不至陷於孤立無援。順帝在進行反伯顏的計劃時，左右唯有世傑班、阿魯兩人為腹心。世傑

〔註105〕邱樹森〈論妥懽貼睦爾〉，氏著《賀蘭集》（南京：江蘇古籍出版社，1997），頁104。
〔註106〕《元史》卷38，頁825，826，828；卷39，頁838，843。

班與阿魯的背景不詳，根據黃溍的記載，世傑班在至正七年曾任同知樞密院事之職。〔註107〕順帝潛邸舊人儒士楊瑀因職務之便，得以出入禁中，亦得到順帝的信任參與機密，這是以順帝為中心的反伯顏勢力。另一方面，在伯顏的肘腋之下也正有一股反對勢力形成，主其事者為伯顏之姪脫脫，力促其事者則為浦江儒士吳直方（1275～1356）。脫脫先是與世傑班、阿魯兩人「深相結納」，因而與順帝之間取得聯繫，但是無論是順帝還是脫脫，對於反伯顏都因心存疑懼而遲疑不決，吳直方對脫脫曉以「大義滅親」之理，再加上伯顏因范孟之亂，不惜從制度上排擠入仕漢人的任官權，吳直方更力促脫脫與順帝直接討論，避免「祖宗法度」被廢，順帝的態度轉趨強硬，堅持以脫脫之意見行事，伯顏怒不可抑地指責脫脫「專佑漢人，必當治之」。〔註108〕

此後，伯顏的態度更是囂張跋扈，顯然他被順帝忽然間的強硬作法所激怒，悍然不顧順帝的顏面，公然自行下詔處置諸王，順帝「不勝其忿，決意逐之」。順帝積極尋求脫脫的協助，脫脫則問計於吳直方，顯然在此一政變中，吳直方是首席智囊，他與脫脫有這樣一段對話：

> 丞相（脫脫）時為御史大夫，（順帝）乃召之問計，丞相以謀於家為對，公曰：「大夫失言，幾事不密則害成矣！」丞相驚曰：「謀將安出？」公曰：「宜亟黜之以謝天下。」〔註109〕

在延攬直方之初，脫脫之父馬札兒台（1285～1347）就以諸葛孔明譽之，事實證明吳直方提出的「迅速」與「保密」原則確實是反伯顏最重要的關鍵，脫脫和順帝的猶疑不決，使得待伯顏入朝擒之的策略宣告失敗，正是因為違反了「迅速」的原則，幸而「保密」部分還算嚴實，所以雖然第一次的行動胎死腹中，但是卻沒有導致伯顏反撲的嚴重後果，不過伯顏也察覺到情況有異，遂「增兵自衛」，因此失去了在朝中下手的機會。翌年二月，伯顏挾太子燕帖古思至柳林出獵，反伯顏集團又開始了第二次的行動。

不知是伯顏太有自信，或者是對於順帝太過輕忽，即使在朝局詭譎的情況下，他還是繼續柳林畋獵的行程，伯顏所佔的優勢有幾個，第一是他帶著太子燕帖古思，第二是領有諸衛親兵隨行，第三長期執政的權威顯赫，這樣

〔註107〕黃溍《黃文獻集》（叢書集成初編）卷10上，頁78下，〈翰林侍講學士揭公神道碑〉。

〔註108〕《元史》卷138，頁3342，〈脫脫〉。

〔註109〕宋濂《宋文憲公全集》（四部備要）卷41，頁6下，〈故集賢大學士吳公行狀〉。

的情勢乍看之下似乎萬無一失，況且柳林就位於京師近郊，〔註110〕有事不至於鞭長莫及，但是伯顏最大的錯誤是低估了順帝與脫脫的能力，以及高估了所領諸衛衛兵、朝中黨羽對自己的忠誠度。伯顏原本欲請順帝一同畋獵，但是順帝托疾不往，他才退而求其次要太子同行，但是太子卻不足以爲護身符，等到伯顏一出城，在外有脫脫與順帝心腹世傑班、阿魯以親信封閉城門。在內則當天夜裡順帝召集南人儒士楊瑀與范匯起草詔書：

> 朕踐位以來，命伯顏爲太師、秦王、中書大丞相，而伯顏不能安分，專權自恣，欺朕年幼，輕視太皇太后及朕弟燕帖古思，變亂祖宗成憲，虐害天下。加以極刑，允合輿論。朕念先朝之故，尚存憫恤，今命伯顏出爲河南行省左丞相。所有元領諸衛親軍并怯薛丹人等，詔書到時，即許散還。〔註111〕

楊瑀事後提到此事，以此一詔書原文本爲「詔書到日」，沒想到順帝卻說：「自早至暮皆一日也」，爲防夜長夢多，遂將「日」更爲「時」，〔註112〕可見順帝並非愚憒之輩，在反伯顏的過程中積極性比起脫脫來說有過之而無不及。關於後續伯顏遣人至城下質問，以及諸衛兵散去，他孑然一身南行，病死於龍興路驛站之過程不贅述。值得討論的重點在於爲什麼權傾朝野的伯顏，在一紙詔書之下一敗塗地。

在表面上的原因是伯顏反漢法，招致儒士的怨恨；黨附者多爲貪圖富貴之輩，有事則見風轉舵；過度跋扈以致招順帝之忌等，這些理由並不足以說明，如果從較深層的政治文化來看，才能觸及伯顏作爲元代最顯赫的權臣，卻輕易倒台所顯現的意義。前面曾經提過蒙古合議制的傳統不利於權臣的發展，權臣是中央集權官僚制下的產物，權臣的出現可以說是忽必烈採行漢法的副作用。加上元代皇位缺乏穩定的繼承制度，中央官僚更是有機可乘，一旦賭注正確，便可挾著擎天保駕之功予取予求，甚至侵奪皇權，所以有燕鐵木兒和伯顏兩個明顯的例子。問題是蒙元的政制並非單純的官僚制，而是揉合漢法與蒙古法的「官僚家產制」（bureaucratic-patrimonialism），官員兼具國家官僚與皇室家臣兩重身分，權臣的角色只能施展於公領域中，但是也要受

〔註110〕譚其驤主編《中國歷史地圖集》（上海：地圖出版社，1982）第七冊，7～8，圖中「柳林海子」位於大都城外不遠，應該就是伯顏出獵之「柳林」所在。

〔註111〕《元史》卷40，頁854，〈順帝紀三〉。

〔註112〕《山居新語》，頁1下。

到傳統儒家君臣觀念的束縛；在私的領域中，與皇室的從屬性質更是固定，家臣身分甚至是世代相傳，所以元朝權臣受到兩重力量的牽制，權力基礎變得較爲脆弱，這或許是元朝權臣與傳統漢族王朝權臣最大的相異點。

從伯顏的實力來看，其領有左右衛、忠翊、欽察、蒙古、斡羅斯、威武、阿速等大量衛兵，並且有文宗所賜怯薛丹、虎士等數百人，〔註113〕成爲伯顏操縱朝政，藐視皇帝的最大武器。蕭教授曾謂：「衛軍在政治危機中具有舉足輕重的力量，元代中後期的權臣多極力掌握衛軍。雖然格於朝廷大法，他們無法自爲帝王，但一旦有大量衛軍在手，退則可保持權位，進可廢立帝王。」〔註114〕但是至元末期並未面臨皇位的遞嬗，所以伯顏掌握的大量衛軍也無從施展力量，其以衛軍作爲屏障，專權自恣或許綽綽有餘，但是想以之直接威脅皇帝卻很難得到認同，尤其是當皇帝決意除之，卜答失里太后也坐視不管。所以當脫脫封閉城門，順帝的詔書一到，伯顏所領諸衛如果不遵旨就是謀逆，遵旨的結果就是伯顏羽翼盡失，進退失據，這些以漢人和色目人爲主要成分的衛軍，在缺乏號召的情形下，會挺身而出自動爲伯顏賣命的可能性可以說微乎其微。再者，伯顏的態度也是一個重要關鍵，據說伯顏接到詔書時，左右勸他「擁兵入宮問奸臣」，但是伯顏不僅不同意，還斥責建議者，認爲此事皆爲順帝聽信「賊子」脫脫之言所致。〔註115〕其事如果屬實，顯然伯顏並無眞正的不臣之心。

《庚申外史》中記載伯顏與太皇太后謀立燕帖古思而廢帝之說，〔註116〕《農田餘話》也謂：「伯顏久蓄無將之心，……謀歸朝即行廢主之事。」〔註117〕但是這些記載卻缺乏實際的證據，充其量只是爲順帝與脫脫鬥垮伯顏之舉增加正當性。在順帝的詔書中，只提到伯顏專權自恣、輕視帝后、變亂舊章等罪名，如有謀反之實，怎麼可能隻字不提，以伯顏以往的功勞來看，順帝深怕的是沒有正當的理由除去伯顏，如果說其有謀反之實，卻捨之不用爲罪名實在不合情理。況且如果伯顏有意於廢立，詔書到時也正是發難之際，豈有束手就縛，任由多年掌控的衛軍一鬨而散。所以廢主之說實爲無稽，皆爲伯顏樹大招風，予人猜忌口實。

〔註113〕《元史》卷138，頁3336～3337，〈伯顏傳〉。
〔註114〕蕭啓慶師〈元代的宿衛制度〉，氏著《元代史新探》（台北：新文豐出版社，1983），頁90。
〔註115〕《庚申外史箋證》卷上，頁28。
〔註116〕《庚申外史箋證》卷上，頁24。
〔註117〕《農田餘話》卷下，頁16下～17上。

伯顏被蓋棺論定為「輔秦應已如商鞅，辭漢終難及子房」，為伯顏在龍興路殯所薦福寺中的弔唁詩，作者不詳，〔註118〕反映出伯顏前後角色的落差，原本為朝廷柱石，也確實為了朝政的改進貢獻過心力，甚至是反漢法的種種舉措，也是在鞏固蒙古族群的統治優勢的認知下所為，從他的角度來說實無可厚非，但就漢族本位來說，這是倒行逆施，變亂法度施橫政的行為。〔註119〕無論如何，伯顏的反漢法所帶來的後果是激化族群衝突，以及漢族士人對蒙元政權的反感，這對於元朝的國運皆是負面的影響。

第四節　小　結

總結伯顏反漢法的過程，在性質上毫無疑問是意識型態之爭，而其中的主軸就是漢法與蒙古法的拉鋸，在以此為中心的鬥爭中，又牽扯到中央官僚與地方分封宗王之間的權力爭奪，乍看之下似乎互相矛盾，因為官僚制是漢法的一環，這是可以解釋的，「漢法」牽涉到制度與思想，在制度上有元一代是以官僚家產制為基本架構，這是因應現實所產生的制度，伯顏的改革根本沒有觸及這個層面，他主要是就族群意識以及少數統治的觀點來阻抑漢人在政治上的發展，最重要的是保持蒙古人的優越，但是他能夠推行所想要的政策，是因為官僚制度所賦予的權力，因為就家產制來說，伯顏的地位是不夠格與諸王抗衡，所以他不可能脫離官僚制行事。脫脫與順帝的反伯顏，也是意識型態與權力爭奪摻雜的過程，順帝是想奪回伯顏所侵蝕的皇權，脫脫則是在儒士的支持下，想要改變伯顏主政下儒治受阻的政局，所以結合順帝的需要，以同樣的方法達成不同的目的，這在下一章將會進行詳細的說明。

〔註118〕《草木子》卷4上，頁73，〈談藪篇〉。
〔註119〕胡助《純白齋類稿》卷6，頁50，〈哀太師〉。

第三章　至正更化與政治變遷

　　至元六年（1340）十月脫脫取代父親馬札兒台成為右丞相，成為順帝即位以來第二位獨攬朝政，總領軍國重事的第一宰執，[註1]但是順帝已非當年那個安於「天下事重，宜委丞相決之」的傀儡皇帝。在經歷了燕鐵木兒與伯顏兩大權臣的壓迫之後，對於大臣的權力擴張特別敏感。此外，儒臣在更化時期成為脫脫重要的政治夥伴，從正面來說，對於政務的推動提供了重要幫助，但是另一方面脫脫也時時面臨儒臣在政治上慣有的規勸與抗爭。所以在權力的專制性上，脫脫並無法與燕鐵木兒或伯顏相比。

　　在歷史評價上，脫脫被認為是元朝晚期政治復興的主角，脫脫的失敗使得蒙元喪失力挽狂瀾的契機，而脫脫的下台則是蒙元覆亡的關鍵。[註2]元亡前夕，更有儒臣倡言「設使脫脫不死，安得天下有今日之亂哉！」[註3]但是另一方面，脫脫後期施政中的兩大重頭戲──開河、變鈔，卻遭到嚴厲的批評。[註4]為了釐清兩極化評價的背後原因，有必要重新針對脫脫的改革進行考述。

　　至元六年（1340）到至正十四年（1354）是脫脫的主政時期，其改革有兩大重心，一是強化儒治，一是有關經濟的公共政策。其中強化儒治部分又可分為兩類，一類是恢復世祖時期已實行，但被反漢法者所廢除或擱置的某些制度；再者是強化與儒治相關的政策。其間發生了許多政治爭議，Dardess教授認為這些爭議的主軸為北宋時重「道德」（morality）和重「功利」（merit and profit）兩大政治派系衝突的餘緒，這種說法或許忽略了元朝前、中期理財爭議的影響。脫脫的的鈔法改革與理財派的作法並無二致，主要原因不在於

〔註1〕《元史》卷138，頁3343，〈脫脫傳〉。
〔註2〕《草木子》卷3上，頁43，〈克謹篇〉，其中就描述當貶丞相脫脫的詔書一下，端明殿忽然傾倒，故認為「元朝之亡，蓋決於此」。
〔註3〕《元史》卷138，頁3348～3349，〈脫脫傳〉。
〔註4〕《南村輟耕錄》卷23，頁283，〈醉太平小令〉。

改善財政結構，而是爲了解決政府財用不足的窘境，因此變鈔遭到儒臣的極力反對，使脫脫只能尋求儒臣以外的勢力合作。另外，脫脫與朝中別兒怯不花等同樣傾向儒治的大臣，是否有意識型態上的差異，也是本文將與 Dardess 教授商榷之處。

關於「更化」一詞，有一些疑義須先討論，Dardess 教授採用黃溍（1277～1357）的說法，稱脫脫主政時期的改革爲「更化」，〔註 5〕之後學界往往沿用。細究「更化」一辭，在《元史》中僅出現於忽必烈時，是由東平人李昶（1203～1289）、建昌人程鉅夫（1249～1318）所提出。李昶上書批評政府科徵賦稅過甚，導致民不安生，認爲當時應以撫民爲先，否則「豈聖上擢賢更化之意哉？」〔註6〕其所指的「更化」應是忽必烈祖述變通方針下所實行的漢法。程鉅夫之言則是在大德年間，因爲災難頻繁，所以其奉詔陳弭災之策時，提出了五項對時政的建議，其中第五要目即爲「更化」，〔註 7〕但是對於「更化」的義涵並沒有多作闡釋。在元、明史料當中，更化則幾乎等同於改革之意，並沒有特殊的義涵。究竟「更化」一詞是否單指與儒治相關的如復科舉、開經筵、修三史及用儒士等政策，或純粹泛指脫脫的所有改革，目前難以定論。本文採用的「更化」意義傾向於與儒治相關的措施。

本章將分爲三節，第一節爲至正元年到四年（1341～1344）五月，脫脫大力推動儒治以及與儒士在政見上的相左。第二節爲四年五月至九年七月（1344～1349）脫脫下臺期間，朝廷在政策上的變化、新執政對脫脫的打擊，以及順帝在政治角色上的強化。第三節爲脫脫重任右丞相之後，開河、變鈔的重大改革對朝政的影響，以及政策衝突之原因，並總結至正前半期朝廷政爭的性質與效應。

第一節　碩輔登皋夔——悉更伯顏舊政

一、政風的轉變

伯顏下台以後，順帝徵召當時出鎮北邊的馬札兒台（1285～1347）入京

〔註 5〕參見 John W. Dardess, *Conquerors and Confucians*, p. 200, note 2。
〔註 6〕《元史》卷 160，頁 3762，〈李昶傳〉
〔註 7〕《元史》卷 172，頁 4017，〈程鉅夫傳〉。

爲相。〔註8〕在伯顏積極進行反漢法政策時，馬札兒台身爲伯顏之弟，卻與儒士頗有來往。其延攬浦陽名儒吳直方教導二子脫脫與也先帖木兒，吳直方不僅擔任西席之職，更是馬札兒台家族的謀士。〔註9〕馬札兒台曾對吳直方說：

> 吾與他儒生語，輒欠伸思睡。今與君言，有若聆鈞天廣樂，終日而不知倦，君誠奇士哉！〔註10〕

雖然馬札兒台有儒治傾向，但是在驅逐伯顏的政變中聞其謀未預其事，一來他不在京師，二來則畏禍猶疑，因而其相位並不穩固。馬札兒台名義上居右丞相之位約有八個月之久，但是實際上脫脫才是主掌朝政第一大臣，順帝下詔「除知樞密院事脫脫之外，諸王侯不得懸帶弓箭、環刀輒入內府」，〔註11〕給予脫脫他人所無的特殊待遇，只是脫脫以伯顏之姪的身分，驅逐伯父取而代之，在倫理上不免無法自處，所以馬札兒台的上台遂成爲重要的緩衝工具，一方面順帝藉此暗示伯顏之罪與家族無涉，安撫伯顏黨人之心，一方面脫脫也兼顧道德倫理上的粉飾。據說馬札兒台對於貨殖營利之事頗爲熱中，因而受到批評，〔註12〕至元六年（1340）十月，馬札兒台就以生病爲由堅辭相位，以太師就第，一般認爲此事爲脫脫從中運作所致。〔註13〕

至元七年（1341）四月順帝下詔：

> 知樞密院事脫脫，早歲輔朕，克著忠貞，乃命爲中書右丞相。宗正札魯忽赤帖木兒不花，嘗歷政府，嘉績著聞，爲中書左丞相。並錄軍國重事。夫三公論道，以輔予德，二相總政，以弼予治，其以至元七年爲至正元年，與天下更始。〔註14〕

從詔書可以發現，脫脫的上台代表了政局新貌的真正展開，改元是最好的證明。接下來更大刀闊斧地「悉更伯顏舊政」，與馬札兒台之前當政的幾個月氣氛完全不同。改革可以分爲三個方面：

> （一）強化儒治：恢復科舉、開經筵、修三史、復行太廟四時祭、修至正條格、擴張國子學。

〔註8〕 邵遠平《元史類編》（元明史料叢刊，台北：文海出版社，1984）卷 15，頁 20，〈脫脫傳〉。

〔註9〕 宋濂《宋文憲公全集》卷41，頁 6 下，〈故集賢大學士吳公行狀〉。

〔註10〕 宋濂《宋文憲公全集》卷41，頁 6 下，〈故集賢大學士吳公行狀〉。

〔註11〕 《元史》卷40，頁 854，〈順帝紀三〉。

〔註12〕 《庚申外史箋證》卷上，頁 34。

〔註13〕 《庚申外史箋證》卷上，頁 34～35。

〔註14〕 《元史》卷40，頁 860，〈順帝紀三〉。

（二）改善經濟：開馬禁、減鹽額、蠲負逋、開金口新河。

（三）昭雪冤案：雪郯王徹徹禿之冤、召宣讓、威順二王還居舊藩、正阿魯圖親王之位。

其中強化儒治以及昭雪冤案兩項，是針對伯顏反漢法政策而來。隨著大開經筵以及三史工程的動工，脫脫拔擢了一批飽學儒士，其中不乏因為與伯顏理念不合而遭調職或辭官者。例如因反對伯顏罷科舉而出僉廣西廉訪司事的呂思誠。〔註15〕不滿伯顏當國而引疾固辭的揭傒斯。〔註16〕許有壬也因為朝廷排漢之風，屢興株連大獄，因而南歸。〔註17〕歷仕數朝的名臣之後納麟，亦在至元時除浙西廉訪使之職，卻力辭不赴。〔註18〕這些人都在脫脫上台後被重新起用，朝廷用人的風氣至此為之一變。

以下為更化期間朝廷中書省的宰執表：〔註19〕

表 3-1：至正元年～至正四年宰執表

	元年（1341）	二年（1342）	三年（1343）	四年（1344）
右丞相（正一品）	M 脫脫	脫脫	脫脫	脫脫（五月辭） M 阿魯圖（五月接任）
左丞相（正一品）	M 帖木兒不花		M 別兒怯不花（十二月除）	別兒怯不花
平章政事（從一品）	M 別而怯不花（十二月除江浙左丞相） ○脫歡 M 也先帖木兒 S 鐵木兒塔識（四月除）	也先帖木兒 鐵木兒塔識 ○也滅怯歹（三月除第四平章）	也先帖木兒 鐵木兒塔識 也滅怯歹 S 納麟（正月辭）	鐵木兒塔識 H 太平（二月除） S 納麟（三月由河南平章除） ○伯（柏）顏 ○納哈赤

〔註15〕《元史》卷185，頁4248，〈呂思誠傳〉。

〔註16〕《元史》卷181，頁4185，〈揭傒斯傳〉。

〔註17〕《元史》卷182，頁4202，〈許有壬傳〉。

〔註18〕《元史》卷142，頁3406～3407，〈納麟傳〉。

〔註19〕依照蒙元慣例，中書令多由正式冊立的皇太子兼任，例如真金（1242～1286）、元仁宗愛育黎拔力八達（1285～1320）、元英宗碩德八剌（1303～1323）以及順帝時太子愛猷識理達臘（？～1378）。學者普遍認為元代的中書令就宰相制度來說，只是虛銜而非實任，《元史・宰相年表》也不含中書令，故本文宰執表依循之。見《元史》卷5，頁89，〈世祖紀二〉：卷24，頁539，〈仁宗紀一〉：卷25，頁575，〈仁宗紀二〉：卷43，頁910，〈順帝紀六〉：卷85，頁2120～2121，〈百官志一〉。張帆《元代宰相制度研究》（北京：北京大學出版社，1997），頁38～43。

右丞 （正二品）	S 鐵木兒塔識 ○阿魯（四月除）	H 太平（六月除）	太平	太平 ○伯（柏）顏（二月除）
左丞 （正二品）	H 許有壬（四月除）	許有壬	許有壬（正月辭）	◎吳忽都不花 ◎姚庸（三月除，九月遷承旨）
參知政事 （從二品）	○阿魯 S 定住 H 許有壬 ◎吳忽都不花	定住 吳忽都不花	定住 吳忽都不花 ○伯（柏）顏 H 韓元善（十月除）	伯（柏）顏 M 攔思監（二月除） 韓元善 S 趙德壽（正月除）

1. 人名之前的符號分別代表：【M】蒙古，【S】色目，【H】漢人，【○】疑似蒙古、色目族群，【◎】疑似漢人、南人族群。標記方式以任次爲準，例如同一任次同一人即不再標記族屬，不同任次同一人則予以標記，以下表格類推之。

2. 至正四年五月脫脫辭去相位，故五月之後的中書省人事變動不記入。惟阿魯圖爲脫脫所薦，視爲脫脫任內授職。

3. 本表根據《元史》、《中國歷史大辭典・遼夏金元史》。王德毅編《元人傳記索引》（台北：新文豐出版社，1982）。羅意果、樓占梅編《元朝人名錄》（台北：南天書局：1988）。趙廷瑞纂〔嘉靖〕《陝西通志》（華東師範大學館藏稀見方志叢刊）。

表 3-2：宰執族屬統計表

	右丞相	左丞相	平章政事	右丞	左丞	參知政事	小計	比例
M 蒙古	2	2	2	0	0	1	7	24%
S 色目	0	0	3	1	0	2	6	21%
○	0	0	4	2	0	2	8	28%
小計	2	2	9	3	0	5	21	73%
H 漢人	0	0	1	1	1	2	5	17%
N 南人	0	0	0	0	0	0	0	0
◎	0	0	0	0	2	1	3	10%
總計	2	2	10	4	3	8	29	100%

1. 本表統計標的爲「任次」，以一人出任一職記爲一次任命。

2. 百分比計算以四捨五入取至個位。

　　根據（表 3-1），族屬不詳者 8 人，從姓名判斷，其中 5 人可能爲蒙古或色目人；2 人可能爲漢人（南人的可能性不大）。（表 3-2）的統計中顯示，更化期間中書省宰執族屬成分，蒙古、色目人任次比例約爲七成，漢人、南人則將近三成。大陸學者張帆曾經針對蒙元一朝的宰執族屬做過統計，其統計方式亦是以任次爲準，因爲同一人可能在同一時期中分別出任不同的中書省

職位，每一次的出任代表一次正式的任命，所以以任次統計顯然比以人次統計要有意義。張氏所統計出的元朝宰相全體的族屬比例，蒙古、色目為69.80%，漢人、南人為30.20%，其比例與筆者所統計之更化期間短短數年的宰執族屬比例非常相近。撇開可能的誤差不論，顯然所謂儒治大盛的更化時期，就中書省的用人來說，並沒有超出有元一代用人的基調。另外雖然規定「南人有才學者」，省、台、院皆可用之，〔註20〕但是事實上南人入省、台、院者還是十分罕見，（表3-1）、（表3-2）除去族屬不確定者，在更化期間南人依然沒有官拜中書省的例子。可惜的是張帆先生所統計的數據中，並沒有將漢、南人分開計算，因此無法得知南人是否曾經出任中央宰執，但可以確定的是即使有，比例也必然相當低。

再從職位分配上看，表中平章政事以上職位幾乎是蒙古、色目人的禁臠，其中唯一的特例為蒙古化家族出身的漢人賀惟一（1301～1363）。〔註21〕根據張帆先生的統計，元代從右丞相到右丞，漢人、南人所佔的比例皆不逾二成，只有較低階的左丞和參知政事比率才有大幅提昇，更化時期的情形似乎也不例外。

如果將（表3-1）跟伯顏主政時期的宰相年表比較，其中許有壬及納麟二人屬於中書省的舊人，也就是早在伯顏時即任職中書省。〔註22〕當時許有壬擔任的是參知政事之職，後來辭歸。納麟則在整個後至元時期皆為參知政事。脫脫上台以後，許有壬陞任左丞，納麟則官至平章。雖然更化時期中書省用人並沒有超越歷朝格局，但是相較於伯顏主政時來說，漢人、南人的職位略有提昇，任職人次也有所提高，〔註23〕尤其是具有儒士背景者更明顯增加。除了許有壬進士出身以外，韓元善、別兒怯不花、鐵木兒塔識與達識帖睦爾

〔註20〕《元史》卷42，頁896，〈順帝紀五〉。

〔註21〕吳海濤〈元代京兆賀氏與其他漢人官僚家族之比較〉，《中國史研究》第2期（1998），頁103～109。

〔註22〕《元史》卷113，頁2841～2847，〈宰相年表二〉，其中伯顏時有平章政事帖木兒不花，未知是否與至正元年之左丞相帖木兒不花為同一人；還有平章政事字羅亦不確定是否即為脫脫時參議字羅帖木兒，故皆排除不計。

〔註23〕《元史》卷113，頁2842～2845，〈宰相年表二〉，從至元元年到六年，漢人、南人出任宰執次數不超過五次，以個人來看，唯有許有壬、王懋德、傅巖起三人真正在伯顏時任職於中書省。王懋德背景不詳，傅巖起為晉寧人（漢人），由吏出身，曾推薦張翥入仕，歷任監察御史、中書參議、僉樞密院事，故嚴格說來，伯顏時以儒士任職中書者唯有許有壬。

兄弟皆為國子生出身。別兒怯不花曾經「從耆老文學之士雍容議論」，有治國之才並且「善大字」。鐵木兒塔識與達識帖睦爾兄弟從小即由其父康里脫脫延師教訓，又皆入國學，前者「學術正大，伊、洛諸儒之書，深所研究」，達識帖睦爾則「讀經史，悉能通大義」，並且「能詩」，「小字亦有格力」。〔註24〕即使是康里脫脫本人，也將其平日燕處之居室稱為「道濟書院」，延納儒士討論治道，〔註25〕如果說在他們的執政之下，政府的施政會更為儒家化，也不令人意外。

二、儒治的推動

僅從中書省的官員來看，可能還無法強烈感受政壇儒治氣氛的濃厚，筆者將更化期間具有明確記載的官員流動整理如下，或許可以更為清楚朝廷用人的取向

表3-3：至正元年到至正四年朝廷主要官員的流動簡表

	官　　職	族屬	出身	職位流動	備　　註
帖木兒不花	任中書左丞相	M		↑	原為宗正札魯忽赤
鐵木兒塔識 1302～1347	任右丞 陞平章	S	國子生	↑	和寧王脫脫之子
阿魯	任右丞	○		↑	
許有壬 1287～1364	任中書參政 陞左丞	H	進士	↑	反對脫脫開金口河，至正三年辭歸
太平 1301～1363	任右丞，三史總裁官 陞平章	H	襲蔭	↑	
姚庸	任樞密副使兼知經筵 陞左丞	◎		↑	
納麟 1281～1359	任中書平章 出任河南平章 入任為平章	S	宿衛	↑ ↓ ↑	本紀中納麟辭平章為至正三年正月，但是在納麟傳中則載任平章為至正四年，後歷任御史大夫等官，至正八年辭官，出入頗大

〔註24〕陶宗儀《書史會要》（四庫全書）卷7，頁23下；《元史》卷138，頁3326，〈康里脫脫傳〉，卷139，頁3365，〈別兒怯不花傳〉，卷140，頁3374，〈鐵木兒塔識傳〉，頁3375，〈達識帖睦爾傳〉。

〔註25〕陶宗儀《書史會要》卷7，頁23。

韓元善 ？～1352	陞中書參政	H	國子生	↑	
別兒怯不花 ？～1350	任中書平章 出任江浙左丞相 入任中書左丞相	M	國子生	↓	至正二年出為江浙行省左丞相，至正四年任中書左丞相
孛羅帖木兒 ？～1365	任中書參議	○		↑	建議脫脫開金口河，後因失敗伏誅
張起巖 1285～1353	任翰林承旨兼修 國史，知經筵事 、三史總裁官	H	進士	↑	
只而瓦台 （執禮和台）	任江浙平章 遷河南平章	S	功臣子	↑	浚都王囊加歹之子
歐陽玄 1274～1358	任翰林學士兼三 史總裁官	N	進士	↑	
呂思誠 1293～1357	任侍御史兼三史 總裁官	H	進士	↑	
揭傒斯 1274～1344	任翰林侍講學士 、知經筵事、三 史總裁官	N	薦舉	↑	
買尤丁	任中書參議同知 宣徽院事	S		↑	
鞏卜班	任湖廣平章 入任宣徽院使	○		↑	
剌剌	任行樞密院知院 陞翰林學士承旨	○		↑	

1. 資料出於《元史》、《中國歷史大辭典‧遼夏金元史》。王德毅編《元人傳記索引》（台北：新文豐出版社，1982）。羅意果、樓占梅編《元朝人名錄》（台北：南天書局：1988）。

2. 族屬欄代號同（表3-1），【N】代表南人。

（表3-3）中共記載了十八位官員的升遷，其中漢人、南人佔了八位，其中六人擔任的職務與修史有關，不分族屬來看具有儒學背景的亦至少有八人。其中可以見到南人歐陽玄出任正二品的翰林學士，揭傒斯任從二品的侍講學士，顯見朝廷在用人上有所改變，此二人在學養上的造詣以及士林間的聲望，也使有意儒治的脫脫有延攬他們的必要。歐陽玄是延祐進士，史稱「兩為祭酒，六入翰林」，朝廷制誥多出其手，以文章道德名世，後來更以翰林承旨致仕。後人曾有詩云：「江表名流知幾輩，翰林極品見三人。」〔註26〕顯見

〔註26〕 胡助《純白齋類稿》卷11，頁102，〈賀歐陽圭齋除翰林承旨〉。

南人官至一品者甚爲少見。揭傒斯是程鉅夫江南訪賢薦於朝廷，大儒李孟頗
爲欣賞其史筆，〔註27〕後來入奎章閣與歐陽玄共同修撰《經世大典》，受到文
宗的特別知遇，「以字呼之而不名」，所以當至正三年揭傒斯年老致仕時，脫
脫特地追回，授爲三史總裁官。

　　強化儒治的政策中以恢復科舉、太廟祭祀以及開經筵爲重點。科舉考試是
產生儒家士大夫的最重要管道，所以科舉的恢復對於儒治派人士來說，在精神
上的鼓舞作用很大。當時歐陽玄聞訊，即興高采烈地寄了一首詩給身在大都的
許有壬道：「京華白髮染塵埃，喜見文場閉復開」。〔註28〕許有壬也欣喜地歡道：
「有幸逢今日，天開第八科」。〔註29〕當初伯顏會以廢除科舉來打擊儒士，就是
因爲了解科舉考試在儒士眼中的重要性，不僅是基於對仕宦上的利益考量，也
代表國家對儒家政治思想的認同與採用，這在蒙元這樣的征服王朝之下，是經
過許多妥協、折衷與犧牲而得來不易的進展。科舉能夠恢復，以脫脫之師儒士
吳直方出力最大，在驅逐伯顏的政變之中，吳直方在謀略上的貢獻與決策起著
關鍵性的作用。脫脫上台以後，吳直方超授集賢侍講學士，「有大事必定於直
方」，儼然脫脫實行儒治的背後推手。吳直方對脫脫進言：

　　科舉之行，家有讀書之人，人讀書則自不敢爲非，其有繫於治道不
　　小。〔註30〕

其針對統治者所關心的治亂議題闡發行科舉的益處，果然得到脫脫的認同。
另外他也勸諫脫脫實行輕徭薄賦等仁政，亦皆「見諸行事」，可見脫脫對吳直
方的信任對於儒治的推動實爲重要因素，但是不久之後吳直方以年老致仕，
脫脫在政策上也開始產生轉變。

　　經筵是儒臣發揮政治影響力的重要工具，但是統治者對於經筵的實質態
度才是經筵影響力的關鍵。《庚申外史》載：

　　至正元年，詔選儒臣歐陽元（玄）、李好文、黃溍（潛），許有壬等
　　數人，五日一進講，讀五經、四書，寫大字、操琴彈古調。常宣文
　　閣用心前言往行，欽欽然有向慕之志焉。〔註31〕

〔註27〕陳衍《元詩紀事》（歷代詩史長編，台北：鼎文書局，1971）卷13，頁242，
　　　　〈揭傒斯〉。
〔註28〕歐陽玄《圭齋文集》（四部叢刊）卷二，頁14下，〈寄許有壬參政〉。
〔註29〕許有壬《至正集》（元人文集珍本叢刊）卷13，頁86，〈早起觀諸公考卷〉。
〔註30〕沈翼機等編纂《浙江通志》（四庫全書）卷161，頁26下～27上。
〔註31〕《庚申外史箋證》卷上，頁36。

《元史類編》記載爲「三日一進講」，〔註32〕表現出順帝學習的熱誠與勵精
圖治的企圖，經筵制度因而取得較大的進展。根據學者的研究，至正元年
（1341）將奎章閣改名爲宣文閣，正式成爲經筵進講的機構所在，〔註33〕並
以丞相領其事，選中書、樞密、台、院之臣兼經筵官。〔註34〕但是實際上確
立的進講週期爲「月講三次」，遠少於宋代的兩天一次以及明代的原則上日
日進講規定。再者，元代進講的內容雖然包含經、史、先朝聖訓、文學作品、
當代人著作，但是經書所佔比例遠低於宋代，《四書》也不如明清一般在經
筵中有著特殊地位。〔註35〕關於經筵的實際情況，監察御史烏古孫良楨曾批
評道：

> 今經筵多領以職事臣，數日一進講，不渝數刻已罷，而媟御小臣，
> 恒侍左右，何益於盛德哉。臣願招延儒臣若許衡者數人，置於禁密，
> 常以唐、虞、三代之道，啓沃宸衷，日新其德，實萬世無疆之福也。
> 〔註36〕

可見經筵雖然在時間、地點、內容以及編制上有所進展，但是與儒臣希望藉
此啓沃聖道，引導帝王更加儒化的目標，還是有所差距。除了展現對經筵的
重視，順帝個人在漢學造詣上，亦爲元朝諸君中較突出者。近年來學者關於
元代帝王漢化程度的研究多有著墨，修正了趙翼以來「元諸帝多不習漢文」
的看法。〔註37〕順帝「尤好近翰墨」，甚至「晉唐人善者有所不逮」，宣文閣
內即立有順帝御制碑文。順帝曾經稱讚宋徽宗的繪畫，但是儒臣卻對統治者
愛好「儒之小技」不予苟同，〔註38〕故以「徽宗多能，獨不能爲君」來勸戒
順帝。〔註39〕

〔註32〕 邵遠平《元史類編》（元明史料叢刊，台北：文海出版社，1984）卷10，頁？，
〈順帝本紀〉。

〔註33〕 張帆〈元代經筵述論〉，《元史論叢》第5輯（1993），頁139。

〔註34〕 許有壬《至正集》卷44，頁218～219，〈敕賜經筵題名碑〉。

〔註35〕 張帆〈元代經筵述論〉，頁140～143。李士瞻《經濟文集》卷4，頁8上～9
上，〈跋傅西軒脫脫太師所贈宣文閣本智永千文臨本卷〉。

〔註36〕 《元史》卷187，頁4288，〈烏古孫良楨傳〉。

〔註37〕 趙翼《廿二史箚記》卷30，頁431，〈元諸帝多不習漢文〉條；吉川幸次郎〈元
の諸帝の文學〉，《吉川幸次郎全集》（東京：筑摩書房，1984），頁232～313；
羅賢佑〈元朝諸帝漢化述議〉，《民族研究》第5期（1987），頁67～74。

〔註38〕 吳澄〈跋陳泰詩後〉，《全元文》卷493，頁577。

〔註39〕 《元史》卷143，頁3414，〈巙巙傳〉。

　　修三史之前因、過程、參予者、爭議都曾經被詳細探討過，〔註 40〕不必再行重複，在此僅就修三史對朝廷儒治的影響稍作討論。陳學霖先生認為，元朝修三史的決定隱含著一個外來政權對被征服者的文化所做出的特殊反應。〔註 41〕修史的觀念毫無疑義來自漢地政治傳統，因此這樣浩大的工作得以推行反映漢法的進展。伯顏主政時期，儒士受到強大的政治壓迫，漢人、南人也備受族群歧視，故人心的收拾實為必要工作，因此 Herbert Franke 認為修三史可以視為元廷為加強朝廷在儒士眼中的尊嚴之舉動。〔註 42〕故修三史除了可以藉由中國的正統觀再度確立蒙元政權的正當性，更可以攏絡儒士重拾對朝廷的信心。另外，翰林國史院為主持修三史的機構，〔註 43〕亦為儒士在朝廷中的重要基地，因此藉由此一重大政策的推動，儒士在朝廷中的角色也更為活躍。

　　三史並立修撰是由脫脫獨排眾議所確定，〔註 44〕此一決策的真正原因並不清楚。從統治者的角度著眼，三朝各自為史的決定，應該有兩個重要的原因，一是蒙元立國年代難以達成共識；二是遼、金與蒙古同為外族，如果以宋為正統，那麼蒙元政權要如何自處？因此對於蒙元政府來說，三朝各自為史實為折衷而明智的選擇。即使遭到許多反對，脫脫還是毅然決定此一原則，雖然無法令所有儒臣滿意，但是至少能順利推動此一重要文治政策。

　　有一個現象是激烈反對三朝各自為史的往往不是身處政治中心者，例如

〔註 40〕　Hok-lam Chan "Chinese Offical Historiography at the Yuan Court: The Composition of the Liao, Chin, and Sung Histories" In *China under Mongol Rule*, ed. John D. Langlois, Jr., Princeton: Princeton University Press, 1981, pp. 56～106；邱樹森〈脫脫與遼宋金三史〉，《賀蘭集》，頁 170～189。

〔註 41〕　Hok-lam Chan "Chinese Offical Historiography at the Yuan Court: The Composition of the Liao, Chin, and Sung Histories" In *China under Mongol Rule*, ed. John D. Langlois, Jr., pp. 56～57。

〔註 42〕　Herbert Franke "Chinese Historiography under Mongol Rule: The Role of History in Acculturation." *Mongolian Studies*, 1（1974），pp. 18～19，轉引自 Hok-lam Chan "Chinese Offical Historiography at the Yuan Court: The Composition of the Liao, Chin, and Sung Histories" In *China under Mongol Rule*, ed. John D. Langlois, Jr., p. 76。

〔註 43〕　張帆〈元代翰林國史院與漢族儒士〉，《北京大學學報》（哲學社會科學版，1988）第 5 期，頁 76。

〔註 44〕　關於三史孰為正統的爭議，見饒宗頤《中國史學上之正統論》（上海：新華書店，1996），頁 49～56；陶宗儀《南村輟耕錄》卷三，頁 32～38，〈正統辨〉；前引 Hok-lam Chan "Chinese Offical Historiography at the Yuan Court：The Composition of the Liao, Chin, and Sung Histories" pp. 56～106。

會稽人楊維楨（1296～1370）即是著名的例子，楊維楨是泰定進士，任江西儒學提舉，他堅持應以宋為正統，其以遼、金不符合「大一統」原則而反對，陶宗儀（1316～？）附和曰：「一洗天下紛紜之論」。〔註 45〕但是卻反映出身處朝局之外者，對於何謂「妥協政治」的不瞭解。另外江西儒士周以立、解觀也跟楊維楨表達相同的看法。〔註 46〕反觀當時主持三史修撰，歷仕數朝的歐陽玄，其以體例的規定規避意識型態上的爭論，〔註 47〕而在進三史的表中，以曲諫的方式勸戒統治者，強調遼因「敬天尊祖而出入必祭，親仁善鄰而和戰以宜」而起；金則「興於禮樂」。〔註 48〕並以「崇文治」、「行仁政」作為標準，認為金朝勝於遼朝之處在於其「一代制作能自樹立唐宋之間，……以文不以武」。〔註 49〕表現出當朝儒臣與有心儒治的統治者之間的妥協默契。

虞集曾曰：

三史之不得成，蓋互以分合論正統，莫克有定，今當三家各為書，

各盡其言而覈實之，使其事不廢可也，乃若議論，以俟來者。〔註 50〕

即是希望先擱置意識型態上的爭議，以求三史之成為先。與歐陽玄的態度如出一轍。總之，三史的修撰就在脫脫的努力與儒臣的諒解下開始進行，並且順利完成。

祭祀太廟是從忽必烈以來，歷朝皆有之舉，只是一般皆派遣臣子代祭，此時最大的不同則是順帝接受中書省的建議，親祀太廟，〔註 51〕在形式上表現了對儒治的尊崇。另外，至正三年（1343）儒臣監察御史成遵更建議以終場下第的舉人出任國學之學正與山長，國子生會試不中者視同終場舉人。〔註 52〕

雖然上述儒治政策大多非至正時期的創舉，例如科舉、經筵與祭祀等只是「恢復」或「延續」了原來已有的制度，科舉取士的名額並沒有增加，不過三史修撰的順利推動，則毫無疑問必定為當政者的儒治決心下所促成。就這一點來說，脫脫的主政對於蒙元的儒治史確實是重要的一頁，修史是漢族

〔註 45〕《南村輟耕錄》卷三，頁 32～40，〈正統辨〉。

〔註 46〕 Hok-lam Chan "Chinese Offical Historiography at the Yuan Court: The Composition of the Liao, Chin, and Sung Histories" p. 103。

〔註 47〕脫脫等《遼史》（新校本）附錄，頁 1556～1557，〈三史凡例〉。

〔註 48〕歐陽玄《圭齋文集》卷 13，頁 117 下，〈進遼史表〉；頁 118 下，〈進金史表〉。

〔註 49〕江湄〈歐陽玄與元代史學〉，《北京師範大學學報》第 3 期（1997），頁 97～98。

〔註 50〕虞集《道園學古錄》（四部叢刊）卷 32，頁 5 上，〈送墨莊劉叔熙遠遊序〉。

〔註 51〕《元史》卷 77，頁 1912～1913，〈祭祀志六〉。

〔註 52〕《元史》卷 41，頁 867，〈順帝紀四〉。

王朝宣示正統性的最重要方法之一，也是在儒家政治思想影響下特有的文化思維，一般皆在王朝早期即開始進行，但是蒙元卻直到晚期才倉促推動，顯現征服王朝在統治心理上的調適，以及遵從漢地統治思想，以中原正統王朝自居的歷程，從此一角度來看，三史的修撰實爲蒙元政權以漢地爲本位的重要里程碑。

三、儒臣影響力的侷限性

　　脫脫在首次執政時期最受爭議的爲開鑿金口新河之工程。根據《元史·河渠志》記載：至正二年（1342）正月，中書參議李羅帖木兒、都水傅佐建言從西山到通州南邊高麗莊之間開一條人工河道，並引西山金口河的水挹注，以連接原有的運河至海，藉此運送來自南方的糧食賦稅。〔註 53〕早在忽必烈時著名的水利與曆法專家郭守敬（1231～1316）就曾經提出類似的方案，希望運用金口河之水，「上可以致西山之利，下可以廣京畿之漕」。郭氏曾提出兩個原則：〔註 54〕

　　（一）必須另開西南方向深廣兼具的減水道，使部分水流注入盧溝河。

　　（二）前朝爲防金水河氾濫，曾用大石堵塞，故必先疏通河道，讓水流得以暢通。

　　但是脫脫顯然沒有遵行郭守敬的提議，再加上大興土木造成人民繇役賦稅增加，使儒臣許有壬等大力反對。許有壬認爲以郭守敬之才亦沒有付之實行，顯然有不能解決的困難，最主要的原因即河道將由大都南北兩城之間經過，一旦有所失誤，連皇城都會受害。許有壬列出以下理由反駁開鑿金口河的提議：〔註 55〕

　　（一）盧溝河尚不能行船，遑論金口河，且有捨近求遠之嫌。

　　（二）金口河水勢湍急，今引入都城西南，如有衝決，宗廟社稷恐有虞。

　　（三）地形落差過大，必須作閘節制，但如此則必淤塞，需耗無窮人力挑洗。

　　（四）通會運河引白浮泉而不引金口水，即因金口河水渾濁不可用。

〔註 53〕《元史》卷 66，頁 1659，〈河渠志三〉。

〔註 54〕《元史》卷 164，頁 3846～3847，〈郭守敬傳〉。

〔註 55〕根據許有壬之論及譚其驤主編《中國歷史地圖集》第七冊，7～8 整理，見《元史》卷 66，頁 1660，〈河渠志三〉。

　　許有壬的立場並非反對開河，而是反對引金口河水爲源，但是脫脫並不認同許有任的建議，以致許有壬抨擊道：

　　　若以爲成大功者不謀於衆，人言不足聽，則是商鞅、王安石之法，
　　　當今不宜有此。〔註56〕

其所指爲脫脫如果像以前的商鞅變法或王安石行新政一般，剛愎自用，必定會招致失敗的下場。學者 Dardess 認爲這是許有壬對脫脫「功利」思想的指責，〔註57〕事實上脫脫的企圖心很明顯，他所想要的是留名後世，至於大興土木是否觸犯儒家「功利」思想，並不是脫脫考慮的重點。此時脫脫最信任的儒士吳直方早已致仕，沒有人能夠代替其在脫脫心中的地位，因此脫脫與儒臣之間的衝突事件也日漸增多。金口河工程於二年正月開始，役夫十萬，同年四月完工，結果「起閘放金口水，流湍勢急，泥沙壅塞」，情況正如許有壬所料，整個工程至此宣告失敗。〔註58〕

　　在此一事件之後，許有壬便因爲江南行台御史木八剌沙彈劾其家人，所以稱病辭歸。〔註59〕木八剌沙是元朝中期著名的回回權相倒剌沙（？～1328）之子，〔註60〕因爲「睚眦怨」而構陷許有壬及其家人，其家族背景對於儒士自然無好感，許有壬的「罪名」爲其家人不當設立書院，但是該書院實際上曾經受到朝廷賜額設官，官方色彩濃厚，事隔多年，卻成爲許有壬去職的原因，〔註61〕未免過於牽強。巧合的是，許有壬被彈劾時間恰好在與脫脫衝突後不久，不免令人聯想其間的關係。

　　儒臣揭傒斯也曾經與脫脫有過政務上的爭論。爲了修三史，朝廷一再挽留揭傒斯，脫脫更以政務諮詢之，使揭傒斯又燃起對政治的熱情，但是在鈔法問題上他與脫脫亦產生歧見。揭傒斯堅持如果要解決紙幣的通貨膨脹，就應該恢復鑄銅，但是並未被接受，即使是在脫脫第二次復相之後眞正實行鈔法改革時，也沒有採用他的看法。揭傒斯因而將自己埋首於修史工作，至正四年《遼史》完成後不久即因寒疾卒於任上。〔註62〕

〔註56〕《元史》卷66，頁1660，〈河渠志三〉。
〔註57〕John W. Dardess, *Conquerors and Confucians; Aspects of Political Change in Late Yuan China*, p. 80。
〔註58〕《元史》卷66，頁1660，〈河渠志三〉。
〔註59〕《元史》卷182，頁4202，〈許有壬傳〉。
〔註60〕蕭啓慶師〈元中期政治〉，頁614～616；《元史》卷32，頁719，〈文宗紀一〉。
〔註61〕《元史》卷182，頁4202，〈許有壬傳〉。
〔註62〕《元史》卷181，頁4186，〈揭傒斯傳〉。

在脫脫上台之時，許有壬曾經賦詩道：「聖皇復文治，碩輔登皋夔」，〔註63〕顯現對新政局的期望，脫脫也確實在儒治方面有巨大貢獻，並且勸諫順帝要「留心聖學」，強調經史對於治國的益處。但是在實際的政務上，儒士常常被尊而不用，即使是修三史的決策，也隱約見其身為蒙古統治者的本位考量。無論如何，脫脫的更化對於元朝作為中原正統王朝的歷史意義來說，實為重要的里程碑，但是就蒙元政權的基調來看，卻未有根本性的影響。

第二節　愚守不應難——文治的延續

至正四年五月，脫脫因為「有疾漸羸」，加上相士謂其流年不利，故上表堅辭相位，並推薦博爾朮後人阿魯圖（？～1351）繼任。〔註64〕順帝下詔封脫脫為鄭王，賜食邑於安豐路。〔註65〕脫脫忽然辭職原因令人玩味，權衡認為順帝會准許脫脫辭職的原因，在於「憶其初用詭計」逼使馬札兒台去位，〔註66〕故以其人之道還治其人之身，此一說法並無佐證。有一些跡象可以作為參考，脫脫在至正九年（1349）再度入相之後因為鈔法改革引起爭議，儒臣呂思誠曾經勸告脫脫：

> 丞相勿聽此言（變鈔法），如向日開金口河，成則歸功汝等，不成則歸罪丞相矣。〔註67〕

脫脫「見其言直而猶豫未決」，顯然開金口新河之事對於脫脫來說是一個非常大的政治教訓。雖然在《元史》相關記載中只敘述其決策經過與失敗，並沒有說明此一錯誤決策對脫脫政治前途有何影響，脫脫的辭職也是在一年多以後，但是當時開河工程花費了大量的人力物力，建議者孛羅帖木兒等人也因而被誅，如果說脫脫沒有受到此一事件的影響，似乎於理不合。

一、朝廷用人的變化

朝廷大部分進行中的政務並沒有因脫脫去位而產生變化，但是中書省的

〔註63〕許有壬《至正集》卷5，頁48下，〈至正壬午二月復科知貢舉有感而作〉。
〔註64〕《元史》卷41，頁870，〈順帝紀四〉；卷138，頁3344，〈脫脫傳〉；卷139，頁3361，〈阿魯圖傳〉。
〔註65〕王沂《伊濱集》（四庫全書）卷13，頁2下～3下，〈封鄭王詔〉。
〔註66〕《庚申外史箋證》卷上，頁46。
〔註67〕《元史》卷97，頁2484，〈食貨志五〉。

人事變動依然值得觀察：

表 3-4：至正四年～至正九年宰執表

	四年（1344）	五年（1345）	六年（1346）	七年（1347）	八年（1348）	九年（1349）
右丞相	M 阿魯圖（五月任）	阿魯圖	阿魯圖	M 別兒怯不花（正月任，五月罷） M 朵兒只（九月任）	M 朵兒只	朵兒只（七月罷） 脫脫（七月任）
左丞相	M 別兒怯不花	別兒怯不花	別兒怯不花	S 鐵木兒塔識（四月任，九月薨） H 太平（十二月任）	太平	太平（七月罷）
平章政事	S 鐵木兒塔識（三月任） H 太平（二月任） S 納麟（三月任） ○伯顏（二月任） ○納哈赤	鐵木兒塔識 納哈赤 太平 ○鞏卜班 納麟 伯顏	鐵木兒塔識 鞏卜班 納麟 ○教化 S 帖木哥	鐵木兒塔識 太平 教化 S 定住 帖木哥 ○朵朵 S 韓加訥	教化 定住 韓加訥 M 太不花 ○忽都不花	伯顏 韓加訥 太不花 S 欽察台（四月任） 忽都不花 定住
右丞	H 太平 ○伯顏 S 達識帖睦邇（九月任）	達識帖睦邇 M 攔思監（九月任）	M 朵爾直班	○瑣南班（二月任） S 定住 M 脫歡 ○忽都不花	忽都不花	○禿滿迭兒（七月遷四川右丞） 攔思監
左丞	◎姚庸（三月任） H 董守簡（九月任）	董守簡	H 呂思誠(四月任)	呂思誠	呂思誠	呂思誠（後遷中丞） H 韓元善（四月任）
參知政事	○伯顏 M 攔思監（二月任） H 韓元善（三年十月任） ◎趙德壽（正月任）	攔思監 M 朵爾直班 韓元善 H 呂思誠	朵爾直班 ○答兒麻 ○瑣南班 呂思誠 H 魏中立【追贈】	瑣南班 S 道童 S 福壽 魏中立 H 孔思立	福壽 孔思立	S 撒馬篤 ○玉樞虎兒吐華（七月任） H 秦從德

1. 代號義涵與標記方式同（表 3-1）註（1）。

2. 資料來源同（表 3-1）註（3）。

表 3-5：宰執族屬統計表

	右丞相	左丞相	平章政事	右　丞	左　丞	參知政事	小計	比例
M 蒙古	3	1	1	3	0	2	10	22%
S 色目	0	1	6	2	0	3	12	27%
○	0	0	6	4	0	3	13	29%
小計	3	2	13	9	0	8	35	78%
H 漢人	0	1	1	1	3	4	10	22%
N 南人	0	0	0	0	0	0	0	0
◎	0	0	0	0	0	0	0	0
總計	3	3	14	10	3	12	45	100%

1. （表 3-4）至正四年五月之前與至正九年七月之後之授職以及追贈皆不計。

2. 至正九年參知政事秦從德根據《元史‧順帝》記載，在至正四年以南臺治書侍御史出任江浙

行省參知政事，至正五年奉使宣撫江南湖廣道，至正十二年爲燕南廉訪使，故至正九年之中書參知政事是否爲江浙參政之誤不得而知，在此亦列入計算。

在中書省的用人上，除了鐵木兒塔識、太平等舊人，幾乎換了一批新面孔，這可以說是主政者去位最常見的情況，但是也是觀察政局變動最好的切入點。其中最引人注目的現象是，相較於脫脫之前的時期，宰執的族屬比例有了顯著的變化，其中蒙古、色目人任職的比例上升到 78% 左右，而漢人則降至約 22%，無論是跟更化時期或是整個元朝來比較，漢人在中書省的任用次數明顯減少。22%的比例是以任次來計算，如果單就個人來看，漢人的人數與更化時期變化不大，只是許有壬的地位被呂思誠（1293〜1357）所取代。呂思誠是泰定元年進士，曾任三史總裁官，爲政素以「勁拔」知名。〔註68〕在許有壬因故去職之後，在中書省中除了太平以外他是漢人宰執在任較久者。太平的背景已有學者進行考述，他的家族和他本人可以說是蒙古文化與漢族文化交相影響下的產物，學者稱之爲「準蒙古家族」。〔註69〕就其族屬來說，他雖然是陝西的漢人，但是在朝廷中卻被視爲蒙古人。〔註70〕根據出土文物顯示，其家族有依循「國俗」行收繼婚的情況。〔註71〕《元史》修撰者更直接把太平列入蒙古、色目人的卷數中。

如果統計表中將太平計入蒙古，那麼漢人的任職比率會少掉三個任次，比例將不逾一成六。漢人減少的部分幾乎都是由色目人遞補，在脫脫更化時期，蒙古人的比例高於色目人，即使各自加上疑似部分的比例也是一樣的結果，但是在（表3-5）中，色目人開始有反客爲主的現象，比例超越蒙古人，雖然這不代表色目人的勢力凌駕蒙古人，但是其增加的比例顯然是侵奪了之前漢人的部分參政機會。

從上述宰執表中還可以發現一個現象，那就是右丞相的人選遞嬗得很屬害，此一情形有兩重意義，一方面代表朝政的不穩定度較高。另一方面反映出相權的衰弱化。宰相替換頻繁，無法及時建立權力網絡，皇帝自然會成爲朝政歸心的對象。依照皇權與相權的互動來說，相權低落時皇權自然高漲，根據學者研究，蒙元的宰相所保有的僅是最高的行政權，對於皇帝的直接下

〔註68〕《元史》卷185，頁4247〜4249，4251，〈呂思誠傳〉。
〔註69〕吳海濤〈元代京兆賀氏與其他漢人官僚家族之比較〉，頁108。
〔註70〕《元史》卷140，頁3367〜3369，〈太平傳〉。
〔註71〕籛安志〈陝西戶縣賀氏墓出土大量元代俑〉，《文物》第4期（1979），頁15。

詔並無審核簽署的權力。〔註72〕也就是說，通常只要皇帝有意於朝政，宰執就會形同協辦政務的最高執行機構，這一段時期就是如此。

此一時期的蒙古勳舊家族在朝廷中重新扮演重要角色，並且因爲無法抵擋政爭的局勢而退出權力中心。政府人事的變化可以從中書省用人加以觀察：

表 3-6：至正四年六月到至正九年六月朝廷主要官員的流動簡表

	官　　　　職	族屬	出身	職位流動	備　　　　註
太平 1301～1363	任右丞 陞平章，提調都水監 任御史大夫 任中書平章政事 陞左丞相	H	襲蔭	↑	
秦從德	任南臺治書侍御史 任江浙行省參知政事，提調海運 陞參知政事	H		↑	
鐵木兒塔識 1302～1347	任平章政事知經筵事 任御史大夫	S	國子生	↑	和寧王脫脫之子。御史大夫之職與也先帖木兒並立
達識帖睦邇 ？～1364	任右丞提調宣文閣、知經筵事 陞翰林學士承旨	S	國子生	↑	
也先帖木兒	任御史大夫	M		─	脫脫弟
搠思監 ？～1364	任中書參知政事 陞右丞	M	宿衛	↑	
朵爾（兒）直（只）班 1315～1354	任資政院使任中書參知政事 陞中書左丞	M	世胄	↑	
呂思誠 1293～1357	任侍御史兼三史總裁官 陞參知政事 陞左丞 任左丞知經筵事	H	進士	↑	
答兒麻	任參知政事	○		↑	
亦憐眞班	任御史大夫知經筵事	S	宿衛	↑	
鎖南班	任中書參知政 陞右丞	○		↑	

<hr>

〔註72〕周良霄《皇帝與皇權》（上海：上海古籍出版社，1999），頁 268～269。

道童	任中書參知政事	S	世冑	↑	
伯帖木兒	授司徒	○	宦官	↑	
隴普	授榮祿大夫，追封三代	○	宦官		
阿吉剌	任知樞密院事整治軍務	○		↑	
別兒怯不花 ？～1350	任江浙左丞相 入任中書左丞相 陞右丞相，同年罷。	M	國子生	↑ ↓	與脫脫有宿憾 至正七年五月以右丞相去職，受到陝西行台彈劾
韓嘉（加）訥（納）	任中書省平章政事 出任陝西行臺御史大夫	S	世冑	↓	宰相年表載為至正七年到至正九年為平章，但是在〈順帝紀〉中，至正七年由中書平章出為陝西行台御史大夫，未知孰為是？
朵兒只	任御史大夫 任中書左丞相 陞右丞相	M	宿衛	↑	
納麟 1281～1359	任江南行臺大夫 入任御史大夫 以御史大夫授太尉致仕	S	宿衛	↑	
欽察台	任知樞密院事 任中書平章政事	S		—	至正九年四月
馬札兒台	以太師免職 出置西寧州，再徙於甘肅	M		↓	其子脫脫請與父俱行別兒怯不花之譖也。
韓元善 ？～1352	任中書參政 出任燕南廉訪使 入陞左丞	H	國子生	↓ ↑	
脫脫	授太傅	M	功臣	↑	

1. 資料出於《元史》。《中國歷史大辭典・遼夏金元史》。王德毅編《元人傳記索引》（台北：新文豐出版社，1982）。羅意果、樓占梅編《元朝人名錄》（台北：南天書局：1988）。
2. 族屬欄代號同（表3-1）。

　　（表3-6）中漢人、南人出任要職的情況明顯減少，歐陽玄、揭傒斯的前例不復再見，這當然與三史於至正五年完成有關，朝廷需要修史人才的高峰期已過，所以不僅對漢人、南人授以高級職位的情形漸漸減少，朝中的原有儒臣也逐漸凋零。例如張起巖辭歸、歐陽玄淡於政務、許有壬不安於位、揭傒斯則死於任上。〔註73〕不過朵兒只、太平執政的時期被認為是儒家經典與

〔註73〕《元史》卷181，頁4186，〈揭傒斯傳〉；卷182，頁4195，〈張起巖傳〉，頁4198，〈歐陽玄傳〉，頁4202，〈許有壬傳〉。

儒家價值高度實現的時期，〔註74〕這與執政者的背景與傾向有關。朵兒只被認為是「儒治的實行者」。〔註75〕他受到中國古代君臣忠君愛民之道影響，在政治上大力依循。伯顏當政時，朵兒只為河南范孟案牽連的無辜者申辯，一度受到納麟「心徇漢人」的批評。〔註76〕

原本由中書右丞相領經筵之制，在這幾位首輔身上都沒有再繼續，而改由平章以下的中書省官員兼領，例如鐵木兒塔識、達識帖睦邇、呂思誠和亦憐眞班等。雖然不以右丞相兼領經筵不代表經筵不受重視，但是其示範作用多少會受到影響。還有參與經筵的漢人也明顯減少，雖然幾位領經筵的蒙古、色目大臣皆有儒學背景，但是實際的進講工作為翰林、集賢兩院所負責，此一時期，任命漢人、南人為兩院學士的情況較為罕見，這對於以翰林、集賢為中心的儒士集團來說，並不是一個好現象。

總之，在用人方面，與脫脫在位時相較，漢人、南人任職中央高官的情況較少，但是整個施政的基調依然強調儒治。幾位主政者的儒學背景都有助於延續脫脫至正初期的儒治政策。

二、別兒怯不花與脫脫的政爭

脫脫一門從伯顏以來，掌握朝政長達十年之久，樹立的政敵自然不在少數，脫脫下台致使問題浮上檯面。孔克齊謂：

> 脫脫，雖不弄權，而權自盛，門客亦眾，勢去之後，禍亦如之。
> 〔註77〕

最著名的例子即是別兒怯不花，他在脫脫下台以後，想盡辦法排擠脫脫與其父馬札兒台，甚至欲置之死地而後已。別兒怯不花和脫脫的嫌隙實起於至元五年（1339），在伯顏為河南范孟之事牽連漢臣時，脫脫為了避免批評，將責任轉移至別兒怯不花身上，以致其陷入屈從伯顏的尷尬處境，在伯顏下臺以後，有人認為別兒怯不花「阿附權姦，亦宜遠貶」，〔註78〕因此種下兩人之間的仇恨。

〔註74〕John W. Dardess, *Conquerors and Confucians; Aspects of Political Change in Late Yuan China*, pp. 84～87。
〔註75〕蕭啓慶師〈元代蒙古人的漢學〉，《蒙元史新研》，頁136，139～140。
〔註76〕《元史》卷139，頁3354，〈朵而只傳〉。
〔註77〕孔克齊《至正直記》卷3，頁97，〈勢不可倚〉。
〔註78〕《元史》，卷186，頁4266，〈張楨傳〉。

脫脫當然也察覺到別兒怯不花對他的不滿，因此在更化時期，脫脫將甫任中書平章的別兒怯不花調爲江浙行省左丞相，後來因爲政績卓著，所以陞任爲中書左丞相，當時正值脫脫失去聖眷，辭職下臺之時，別兒怯不花的報復也就此展開。別兒怯不花先與右丞相阿魯圖建立良好關係，接著向阿魯圖提出排擠脫脫的計劃，被阿魯圖所拒絕。至正六年（1346）時，別兒怯不花即鼓動御史臺的輿論力量，使得阿魯圖不安於位而「避出城」。

別兒怯不花順利攫得右丞相之位，便進行對脫脫的打擊。首先他將馬札兒台譖徙甘肅，脫脫則力請與其父同行，到了當地好不容易安頓下來，又被移往西域，〔註79〕種種舉措實「欲陷之死」。〔註80〕除了脫脫父子以外，早已致仕的吳直方也被波及，至正七年監察御史劾奏「集賢大學士吳直方躐進官階」，因而其已有宣命皆被詔奪。〔註81〕吳直方早已失去政治影響力，只因爲曾經爲脫脫之師而遭受打擊，可見別兒怯不花並非因爲政治理念差異而報復脫脫黨人。

觀察別兒怯不花的政治報復可以從其家族背景切入。別兒怯不花與脫脫先人皆以從憲宗伐宋而崛起，早期在政壇上的地位以別兒怯不花家族較爲顯赫，其父阿忽台（？～1307）爲成宗時左丞相，在成宗死後，預謀推舉卜魯罕太后臨朝稱制，以致被後來的元仁宗處死，〔註82〕別兒怯不花家族的政治前途也因而中挫。脫脫家族一開始雖然不顯，但是後來居上，先後出現三位中書右丞相，權傾一時。相較之下，別兒怯不花的家族從高峰跌下，一旦重新取得發展，其政治得失心自然比一般人要來的強，但是脫脫卻將他捲入他們家族之間，以及順帝與伯顏之間政爭的漩渦，當然會導致別兒怯不花強烈的反彈。事實上，從實際的例子可以發現，別兒怯不花的家族史，一直爲他在政壇上的發展帶來阻礙，使其政治之路走的特別艱辛。

例如在至正元年，杭州大火，「繁華之地鞠爲蓁蕪之墟」，導致江浙平章只力瓦歹上表辭職。隔年杭州再度發生大火，〔註83〕可謂雪上加霜。當時脫脫主政的朝廷就把這個燙手山芋交給別兒怯不花，以其出任江浙行省左丞相，別兒怯不花採取賑濟、減稅、以工代賑等措施，有效地安撫了當地百姓的生活，以致「兒童女婦莫不感其恩」。挾著耀眼政績，別兒怯不花被調回朝

〔註79〕《元史》，卷138，頁3344，〈脫脫〉。
〔註80〕《元史》，卷138，頁3347，〈脫脫〉。
〔註81〕《元史》卷41，頁877，〈順帝紀四〉。
〔註82〕《元史》卷22，頁478，〈武宗紀一〉。
〔註83〕《山居新語》，頁16。

中，並且隨著脫脫去職，其穩坐左丞相之位，在政府奉使宣撫的政策中，親身周行沙漠，「洗冤除弊，不可勝計」，以及處理饑民問題有方、恩威並濟促使諸王管束其民等等，〔註84〕因此受到順帝的青睞，終於陞上右丞相之位。如果從別兒怯不花的表現來看，其取得右丞相之位完全名副其實，但是正因為他對脫脫實行報復，以致招來脫脫方面人馬的反撲，在位不到一年就去位。

首先發難的是御史大夫亦憐眞班，他是伯顏的政敵，其子更為伯顏所殺，所以對於驅逐伯顏的大功臣脫脫特別感念，亦憐眞班對別兒怯不花的做法忿言：

> 凡為相者，孰無閒退之日，況脫脫父子在官無大咎過，奈何迫之於險？〔註85〕

因此上章彈劾別兒怯不花，但是因為當時順帝寵信的高麗閹宦高龍卜為別兒怯不花開脫，亦憐眞班因而被調任江浙左丞相，中丞朵爾直班以下皆去職，並加別兒怯不花太保銜。接著監察御史李稷（1304～1364）再度發動攻勢，李稷為泰定進士，其劾奏：

> 閹宦高龍卜恃賴恩私，侵撓朝政，擅作威福，交通時相，請謁公行，為國基禍，乞加竄逐，以正邦刑。〔註86〕

順帝只好將高龍卜流放征東行省，別兒怯不花頓時失去有力奧援。接著陝西、江南兩御史臺的彈劾奏章交相送達順帝面前，別兒怯不花為「逆臣之親子」的政治污點再度被提出，〔註87〕導致別兒怯不花貶謫渤海。

值得一提的是，在（表3-4）中韓元善在脫脫還朝之後穩坐左丞之位，以當時朝中對漢人的猜忌，還有如此的待遇，其原因或許與彈劾別兒怯不花當時，韓元善為江南行御史台中丞有關。〔註88〕

從以上可以發現，在脫脫與別兒怯不花的鬥爭中，別兒怯不花似乎孤立無援，但是元史記載：

> 別兒怯不花與太平、韓嘉納、禿滿迭兒等十人，結為兄弟，情好甚密。〔註89〕

〔註84〕《元史》卷140，頁3366～3367，〈別兒怯不花傳〉。
〔註85〕《元史》卷145，頁3446，〈亦憐眞班傳〉。
〔註86〕《元史》卷185，頁4257，〈李稷傳〉。
〔註87〕《元史》卷41，頁880，〈順帝紀四〉。
〔註88〕《元史》卷184，頁4241，〈韓元善傳〉。
〔註89〕《元史》卷205，頁4528，〈奸臣傳〉。

禿滿迭兒的背景不詳，但是太平和韓嘉納則皆為世冑出身，韓嘉納先祖唐兀人益德以武勇過人，賜蒙古姓，並娶妻弘吉剌氏，子孫或因戰功、或因政治能力而使其家族綿延不衰，韓嘉納父立智理威歷仕世祖、成宗，政績卓著，兩子買訥與韓嘉納分別為翰林承旨與御史大夫。〔註90〕太平的賀氏家族是以皇室家臣的關係持續榮顯，韓嘉納家族則為勳臣世家。總之，別兒怯不花、太平、韓嘉納皆出身世冑家族，最大的差別在於別兒怯不花家族的世宦曾經因錯誤的政治判斷而中斷，這也造成了他與結義兄弟之間政治態度的差異。

在別兒怯不花遭受脫脫黨人的攻擊時，太平、韓嘉納並沒有即時援助，反而是在別兒怯不花下臺以後，他們兩人才有促使監察御史斡勒海壽彈劾哈麻（？～1356）、雪雪兄弟的行動，哈麻兄弟為順帝宿衛，其母親為寧宗乳母，所以其家與順帝淵源頗深，以家臣身分深受眷寵。當初脫脫兄弟在朝中呼風喚雨，哈麻想要援引其勢力為己助，所以「日趨赴其兄弟之門」，別兒怯不花趁脫脫去位之機報昔日之仇，皆賴哈麻在順帝面前全力迴護，〔註91〕可以說是脫脫在朝中最有力的幫手。

斡勒海壽所提出的彈劾理由有二：一是哈麻接受宣讓王的賄賂；第二則是擅自出入宮闈，無君臣之分，尤其出入順帝庶母脫忽思皇后宮闈無間，其罪尤大。並沒有證據證明太平與韓嘉納是為了別兒怯不花而彈劾哈麻，其所羅列理由也與政治恩怨無涉，但是哈麻為脫脫奧援，彈劾哈麻對於脫脫來說也是一種間接的打擊。太平、韓嘉納以及海壽則因為此事惹惱順帝，雖然導致哈麻、雪雪的暫時去職，出居草原，但是太平、韓嘉納二人也被降職處分，海壽更遭到禁錮的命運。〔註92〕

從整個事件中可以發現，別兒怯不花對於脫脫的打擊是赤裸裸的進行，私人情緒顯而易見，太平和韓嘉納則卻沒有直接支援別兒怯不花的報復行動。太平對於哈麻的打擊，顯然不是為了跟脫脫對立。脫脫得以順利還朝，甚至為太平之力。〔註93〕太平在至正七年（1347）當政以後，力贊三史的修撰，並且請賜經筵官坐以崇聖學，更盡力舉薦人才，尤其是黃溍、貢師泰、

〔註90〕虞集《道園類稿》（元人文集珍本叢刊）卷42，頁32，〈立只理威忠惠公神道碑〉；《元史》卷120，頁2955～2960，〈察罕傳附亦力撒合、立智理威傳〉。
〔註91〕《元史》卷205，頁4581～4582，〈姦臣傳〉。
〔註92〕《元史》卷205，頁4582，〈姦臣傳〉。
〔註93〕《元史》卷140，頁3369，〈太平傳〉。

張樞、李孝光等南人儒士，〔註94〕因此，太平在意識型態上與脫脫儒化傾向並沒有基本的差異。即使是別兒怯不花與脫脫之間，也沒有意識型態的對立，別兒怯不花在施政上恪守儒家仁政原則，在實際的政策上，重視基層百姓，由於曾經出任地方官，對於民情的了解要比脫脫透徹。別兒怯不花親身傾聽民瘼，改善人民生活爲主要目標，故施政以奉使宣撫、減稅、賑濟等安民政策爲中心。脫脫因爲長期在中央任官，雖然同樣認同儒治，但是所推動的政務往往規模大、立論高，但是與百姓的生活有所脫節，而與國家的整體走向較有干係。簡言之，別兒怯不花與脫脫同樣贊同以儒家政治思想治國，但是在施政方向上，前者較爲地方性，後者較爲中央化。

三、文治政策轉向地方

在這一段時間中，由於宰執更迭頻繁，順帝的政治角色因而較爲突出。雖然順帝曾在阿魯圖的命相詔中強調：

凡中書一切機務，悉聽總裁，敢有隔越奏請者，以違制論。〔註95〕

重新確立中書省的權力，但是沒多久順帝卻又因故怒責：「選法盡由中書省耶？」。儘管如此，順帝的政治態度與儒治風氣大致相吻合，例如：當三史完成時，順帝鼓勵臣下「以前代善惡爲勉」；並且詔翰林國史院纂修后妃、功臣列傳，起用學士承旨張起巖、學士楊宗瑞、侍講學士黃溍爲總裁官，左丞相太平、左丞呂思誠領其事；親試進士；幸國子學，賜衍聖公銀印，升秩從二品；提倡奔喪等孝道；下詔命太子愛猷識理達臘習學漢人文書，以李好文、歸暘、張沖等主理太子教育。〔註96〕

凡此種種皆顯現妥懽帖睦爾傾向儒治的一面，但是在此同時，順帝又有一些不符合儒士期望的作爲。例如尚書李絅請順帝躬祀郊廟，用正人，遠邪佞，這雖然是老生常談，但是卻被順帝拒絕，〔註97〕李絅所言的邪佞指的應該是宦者，順帝對於閹宦的寵幸是蒙元歷代君主中最顯著的，伯帖木兒、高

〔註94〕黃溍《金華黃先生文集》（四部叢刊），行狀，頁 2 下，〈金華黃先生行狀〉；《元史》，卷 187，頁 4294～95，〈貢師泰傳〉，卷 190，頁 4348，〈儒學二〉，卷 140，頁 3368，〈太平〉，卷 199，頁 4477～78，〈隱逸〉；貢師泰《玩齋集》（四庫全書），原序，頁 16 下～17 上，〈余闕序〉。
〔註95〕王沂《伊濱集》卷 13，頁 2 下，〈阿嚕圖爲右丞相詔〉。
〔註96〕《元史》卷 41，頁 874，880～882，〈順帝紀四〉；卷 42，頁 886，〈順帝紀五〉。
〔註97〕《元史》卷 41，頁 876，〈順帝紀四〉。

龍卜等皆是。另外有監察御史上章請求順帝「罷造作不急之務」，所謂的不急之務指的是內廷的造作，而非公共建設，這一段期間，朝廷對於公共事務的支出實際相當緊縮，而且軍事上必要花費也往往被朝廷忽視，主管財政的戶部更早在更化期間發出「國用不足」的警告。〔註98〕

　　從這些事例可以發現，順帝一方面想塑造儒治君主形象，一方面卻又無法約束自己的恣意行事，這種模稜兩可的態度，使的各方人馬都對順帝心存期望，並進行角力，但是順帝又缺乏忽必烈的政治手段，他無法控制各派系之間的發展，反而隨著各派系的言論起舞，並且以個人的私意妨礙國家的運作，例如他不滿太平等人彈劾哈麻，卻又不願意臣子認為其以私害公，所以一方面讓哈麻兄弟罷官，暫時離開朝廷，一方面又對太平等人施以懲罰性的降職。

　　在政務方面，大致轉向基層吏治的澄清，最著名的即為至正五年十月的「奉使宣撫」。〔註99〕李治安教授曾經對奉使宣撫政策的宗旨、職權與人選作過研究，〔註100〕此一制度在成宗與泰定帝時皆有過先例，並非順帝朝的創舉，不過當時規模較為盛大，朝廷賦予宣撫使便宜行事之權，五品以下官員可以不用申奏朝廷即行處置，興利除害之舉也「悉聽舉行」。〔註101〕這項期望問民疾苦的政策雖然不失為善政，但是由於奉使宣撫者的素質良莠不齊，導致成效不彰，據說政績昭著者十不二三，其中博爾朮後人紐的該、別兒怯不花、女真儒士孛朮魯翀以及真定儒士蘇天爵等人皆為其中佼佼者。〔註102〕但是正面的效果畢竟是少數，且多集中於北部各省，江南的情形就完全不是如此。江西儒士黃如徵曾為此闌駕上書，歷數奉使宣撫官員罪狀，尤以在江西福建一道枉法情形最為嚴重，以致有詩歌曰：

　　　　奉使來時驚天動地，奉使去時烏天黑地，官吏都歡天喜地，百姓卻

〔註98〕《元史》卷41，頁868，874，〈順帝紀四〉。

〔註99〕孟繁清〈評元順帝至正初年的奉使宣撫〉，《歷史教學》第9期（1988），頁11～13。

〔註100〕李治安〈關於元中後期的奉使宣撫〉，《祝賀楊志玖教授八十壽辰中國史論集》（天津：古籍出版社，1994），頁370～392。

〔註101〕《元史》卷21，頁449，〈成宗紀四〉，卷29，頁659，〈泰定帝紀一〉，卷41，頁841，〈順帝紀四〉。

〔註102〕《元史》卷139，頁3363，〈紐的該傳〉，卷183，頁4220，〈孛朮魯翀傳〉，頁4226，〈蘇天爵傳〉。

啼天哭地。……官吏黑漆皮燈籠，奉使來時添一重。〔註103〕

這些民謠生動地反映出奉使宣撫官員在南方所造成的民怨。無論如何，此次大規模的澄清吏治政策，表現出中央政府將關注眼光從中央移向地方的趨向，這是與脫脫執政時期最大的差異。除了奉使宣撫以外，還有一些零星的澄清吏治的舉措，分列如下：〔註104〕

（一）犯贓罪之人，常選不用。

（二）選臺閣名臣二十六人出爲郡守縣令，仍許民間利害實封呈省。

（三）各官府諳練事務之人，毋得遷調。

（四）京官三品以上，歲舉守令一人，守令到任三月，亦舉一人自代。其玉典赤、拱衛百戶，不得授縣達魯花赤，止授佐貳，久著廉能則用之。

（五）命選天下郡守，凡其人之官，皆陞辭聽旨。

（六）下縣尹改歸省選。

（七）以束帛旌郡縣守令之廉勤者。

這些舉措洋洋灑灑，主要都是針對縣級官吏的選拔與基層吏治而發。正因爲著重文治，所以軍事上的政策受到忽視。關於軍事的提議，朝廷幾乎一概否決。但是這種顧此失彼的態度對於已經出現亂象的地方政局或許不夠周全。身爲中書參議的儒臣陳思謙曾經提出預防民亂的建議，認爲除了賑濟收拾民心外，更要積極的「分布重兵鎮撫中夏」。〔註105〕監察御史張楨亦上奏曰：

今災異迭見，盜賊蜂起，海寇敢於要君，閫帥敢於玩寇，若不振舉，恐有唐末藩鎮噬臍之禍。〔註106〕

甚至連京城門戶通州地區也盜賊蜂起，但是主政者仍然相信文治可以解決基本的問題，再加上財政上的匱乏，所以對於振興軍備並沒有積極回應。長期任職地方的兩淮都轉運鹽使宋文瓚亦屢次上言盜賊問題，事關朝廷糧船被劫，故建議朝廷選能臣壯勇捕之，但是沒有得到回應。其又再度上言：

江陰、通、泰，江海之門戶，而鎮江、眞州次之，國初設萬戶府以鎮其地。今戍將非人，致使賊艦往來無常。集慶花山劫賊才三十六

〔註103〕《南村輟耕錄》卷19，頁229，〈鑾駕上書〉。

〔註104〕《庚申外史箋證》卷上，頁48～49。《元史》卷41，頁876，880，882，〈順帝紀四〉。

〔註105〕《元史》卷41，頁872，〈順帝紀四〉。

〔註106〕《元史》卷86，頁4266，〈張楨傳〉。

> 人，官軍萬數，不能進討，反為所敗，後竟假手鹽徒，雖能成功，
> 豈不貽笑！宜亟選知勇，以任兵柄，以圖後功。不然，東南五省租
> 賦之地，恐非國家之有。〔註107〕

宋文瓚因為朝廷的漠視，故曾經自行利用職權捕獲無錫當地強劫商旅的強盜
首領，並且訊問屬實，不料被與盜賊首領有舊的風憲官私意回護，甚至轉而
彈劾問案吏員枉勘之罪。宋文瓚因而遂辭職退居紹興。明初功臣劉基曾指出：

> 往年陳萬戶逐鹽賊被殺海上，其賊即公（宋文瓚）所督捕，而淮東
> 廉訪副使所歹案出者，今皆為大盜，在江陰莫能制。〔註108〕

總之，這一段主政者更迭頻繁的時期，幾位執政皆秉持儒治的大原則理政，
與脫脫相較對於儒士的意見甚至較能採納。至正七年（1347）朵兒只、太平
當政，順江酋長請求內附，朝廷準備立郡縣治之，但是遭到儒臣歸暘與呂思
誠的反對，其曰：

> 古人有言：鞭雖長，不及馬腹。使郡縣果設，有事不救，則孤來附
> 之意，救之，則罷中國而事外夷，所謂獲虛名而受實禍也。〔註109〕

歸暘所持的論點是基於漢族王朝對於「外夷」的處理態度，也就是羈縻代替
實際治理，但是對於蒙元來說，歸附之事求之不得，以免還要動用軍事進行
征服。但是當時主政的太平雖然不完全贊成，還是依他們的意見處置。

除此之外，在中央的用人上，也有徵求隱逸之舉，左丞相太平曾薦舉完
者篤、執禮哈郎、董立、張樞、李孝光等江南儒士，〔註110〕體現的亦是政府
求賢於民間的氣象。

總之，至正四年到九年這一段期間，朝廷中的儒治氣氛與至正初期相比，
稱得上守成有餘，只是施政焦點有所轉移。別兒怯不花對脫脫的打擊，主因
在於私人恩怨，而非意識型態上的差異，基本上對於加強儒化，採取文治的
態度皆相同。惟脫脫施政因接續伯顏之後，故必須著重中央政府文治形象的
重建，再加上脫脫個人的政治作風，所以政策重點集中於中央政治的提昇。
脫脫下台以後，儒治風氣持續濃厚，在這樣有利的大環境中，幾位宰執遂得
以將施政焦點轉向地方。

〔註107〕《元史》卷41，頁874，879，〈張楨傳〉。
〔註108〕劉基《誠意伯文集》卷6，頁166，〈前江淮都轉運鹽使宋公政績記〉。
〔註109〕《元史》卷186，頁4270，〈歸暘傳〉。
〔註110〕《元史》卷140，頁3368，〈太平傳〉。

第三節　開河變鈔禍根源——政風的轉變

　　經過幾年的積極角色，順帝似乎也開始懷念脫脫的主政，因而有脫脫至正九年七月的重新入相。脫脫第二度入相的政治風格卻與之前差異頗大。在政策上，一反之前強調儒治的作風，不僅任用儒士的情形大量減少，並且顯露出對漢人、南人的猜忌，連帶朝廷的政治走向也從注重文治改革轉向武治。在政策上強化對地方上的叛亂討伐，並且大興土木。個人方面則展開對政敵的清除，黨同伐異的情形明顯，以致史載：「脫脫既復入相，恩怨無不報。」〔註111〕脫脫的政策中以開河、變鈔最受非議，下面將一一討論。首先還是就脫脫入相後中書省用人概況作一整理：

表3-7：至正九年八月～至正十四年宰執表

	九年（1349）	十年（1350）	十一年（1351）	十二年（1352）	十三年（1353）	十四年（1354）
右丞相	M 脫脫（閏七月任）	脫脫	脫脫	脫脫（二月總兵，八月出師，十一月還朝）	脫脫	脫脫（九月總兵征，十二月詔削官爵，淮安安置）
左丞相	H 太平（七月罷）					S 定住
平章政事	○柏顏 S 韓加訥 M 太不花 S 欽察台 ○忽都不花 S 定住	柏顏 太不花 定住 M 搠思監（正月任） ○普化	太不花 定住 搠思監 普化 M 朵爾直班	定住 搠思監 普化 ○忽都海牙 M 月魯不花（正月由宣政院使除）	定住 搠思監 普化 忽都海牙 M 答失八都魯	定住（十二月升左丞相） 搠思監 普化 M 月闊察兒（九月由知院除） S 哈麻（十二月） ○瑣南班（十二月）
右丞	○禿滿迭兒（閏七月除四川右丞） M 搠思監	○玉樞虎兒吐華	玉樞虎兒吐華	玉樞虎兒吐華 S 哈麻（八月添設）	哈麻（正月代玉樞虎兒吐華為正） ○禿禿 M 悟良哈台（正月代哈麻，四月為正）	悟良哈台 ○桑哥失理（十二月由中政院使除添設）
左丞	H 呂思誠（遷中丞） 韓元善（四月任）	H 韓元善	韓元善	韓元善（八月卒） H 賈魯（二月添設）	H烏古孫良楨(正月)	烏古孫良楨 H 呂思誠（十二月由湖廣左丞召為添設）
參知政事	S 撒馬篤 ○玉樞虎兒吐華（閏七月） H 秦從德	○脫列 H 韓鏞	脫列 韓鏞 ○松壽（分省濟寧） H烏古孫良楨（十二月任）	○帖里帖穆爾（十一月出為江浙添設左丞） 烏古孫良楨 M 悟良哈台（三月添設） H 杜秉彝（十月添設）	○蠻子（正月由侍御除） 杜秉彝（正月代烏古孫良楨）	蠻子 ○臧卜（九月由將作院除） 杜秉彝

〔註111〕《元史》卷138，頁3344，〈脫脫傳〉。

1. 至正九年七月以前，至正十四年九月以後之任命不計入。

2. 由「添設」扶正者亦不再加計，而視爲同一任次。

表 3-8：宰執族屬統計表

	右丞相	左丞相	平章政事	右丞	左丞	參知政事	小計	比例
M 蒙古	1	0	6	2	0	1	10	26%
S 色目	0	1	4	1	0	1	7	18%
○	0	0	5	4	0	6	15	38%
小計	1	1	15	7	0	8	32	82%
H 漢人	0	0	0	0	3	4	7	18%
N 南人	0	0	0	0	0	0	0	0
◎	0	0	0	0	0	0	0	0
總計	1	1	15	7	3	12	39	100%

　　上表中蒙古、色目所佔比例約爲 82%，而漢人僅僅占 18%，比起脫脫第一次主政時期，任命漢人爲中書省宰執的比率下滑了約 13 個百分點，比起上一時期也下降約 4 個百分點，這樣的差異如果扣除誤差或許不算很大，但是其下滑的趨勢卻跟朝廷中族群對立的氣氛頗爲吻合。脫脫第二次主政以後，因爲地方叛亂情形日趨嚴重，導致族群猜忌的問題再度被挑起，不僅任命漢人宰執的比例減少，即使是已入中書省的漢人，例如韓元善、韓鏞也受到政治上的歧視，尤其事關兵機，脫脫更以族群理由「使退避」，〔註112〕其中韓元善是脫脫兩度主政的舊臣，但是也難免因族群問題而遭到排斥。整個來看，脫脫所進行的政治鬥爭可以分爲三種，即政策衝突、政治報復、族群歧視，以下就根據這三個主題進行討論。

一、與儒臣在政策上的衝突

　　至正九年到十四年，脫脫在政治上的三大變革爲變鈔、開河與京畿屯田。至正十年所進行的鈔法改革，建議者是當時的吏部尚書偰哲篤及左司都事武祺，偰哲篤爲著名的高昌偰氏後人，許多學者曾經對其家族進行研究。〔註113〕其本人爲延祐進士出身，根據零星資料，偰哲篤在後來曾任淮南行省

〔註112〕《元史》卷 184，頁 4241，〈韓元善傳〉。

〔註113〕早期的如陳垣《元西域人華化考》，頁 28～33；近年較爲完備則有蕭啓慶師〈蒙元時代高昌偰氏的仕宦與漢化〉，《元朝史新論》，頁 244～297；黃時鑒〈元高昌偰氏入東遺事〉，蕭啓慶師主編《蒙元史學術研討會論文集──蒙元

左丞，﹝註114﹞又有一說其官至江西行省右丞，以文章政事稱於時。﹝註115﹞
偰哲篤是一個儒化頗深的色目人，但是在鈔法問題上，卻與同是進士出身的
呂思誠產生衝突。提議變鈔的兩人，在身分上似乎有所僭越，例如偰哲篤是
吏部尚書，鈔法之事並不屬其職分，武祺所屬的左司雖然職責包含鈔法，但
是武祺以七品的都事，越過層層長官，直接參議國家大政，在制度上的瑕疵
非常明顯，但是這也繫於主政者的態度，脫脫對他們不合官制的行為，不僅
沒有任何處置，反而言聽必從，不惜掀起政治紛爭。權衡謂：

> 脫脫有意興作，蓋為前相無聞，其禮樂文章制度之事漠如也，欲大
> 有為，以震耀于天下，超軼祖宗舊法，垂名竹帛于無窮也。﹝註116﹞

似乎可以解釋脫脫推行改革的心態。脫脫在更化之初，除了推翻伯顏的政策
以外，其就曾以開金口新河之事與許有壬有所衝突，他顯然不願意純粹遵行
文治，而希望以顯著的功績突顯其歷史地位，這一點難免令人聯想到蒙古傳
統中對英雄精神的追求。這些政策也並非第一次提出，除了變鈔問題早在至
正初期即有過討論以外，開金口河的失敗更影響到他的政治發展。為了重建
威望，一雪之前的恥辱，他挑選了發行新鈔與治理黃河這兩項在歷史上最容
易名垂青史的方法。

變鈔表面上是由下面的官員建議，但是實際上與當年徹里帖木兒建議廢
科舉一樣，都是迎合在上位者的意向而發。最初武祺先試探性的提出：

> 鈔法自世祖時已行之後，除撥支料本、倒易昏鈔以布天下外，有合
> 支名目，於寶鈔總庫料鈔轉撥，所以鈔法疏通，民受其利．比年以
> 來，失祖宗元行鈔法本意，不與轉撥，故民間流轉者少，致偽鈔滋
> 多。﹝註117﹞

此時還沒有談到改制新鈔與鑄錢的問題，而是針對民間所流通的中統、至元
交鈔日久舊損的問題。武祺認為民間會出現許多偽鈔，主要的原因就是官方
沒有印製足夠的新鈔讓百姓兌換昏鈔，才會導致偽鈔出現。元朝的貨幣制度

的歷史與文化》（台北：學生書局，2001），頁541～569；另有多位學者皆有
短篇論文論及，在此不一一列舉。

﹝註114﹞蕭啟慶師〈蒙元時代高昌偰氏的仕宦與漢化〉，頁263，資料源出傅習輯《皇
元風雅》後集（四部叢刊）卷5，頁86下；《元史》卷42，頁901，〈順帝紀
五〉亦載其為淮南行省左丞之事，但並非終任官職。

﹝註115﹞《元史》卷193，頁4386，〈忠義傳一〉。

﹝註116﹞《庚申外史箋證》卷上，頁53。

﹝註117﹞《元史》卷97，頁2483，〈食貨志五・鈔法〉。

基本上只行紙幣而不鑄銅錢，忽必烈更禁止經濟最繁榮的江南使用銅錢交易，並且屢屢下詔搜括民間銅錢、銅器，〔註118〕就是爲了避免新發行的交鈔價值受到銅錢數量的影響。但是民間使用銅錢的情況很難全面禁止，尤其是對外貿易，武宗時曾經爲了新發行的至大銀鈔才鑄造銅錢，〔註119〕卻導致至大銀鈔甫發行就嚴重貶值，故仁宗一即位，隨即廢止鑄錢，重申世祖單行紙幣的政策。事實證明，因爲銅錢不足，故忽必烈以面額大的至元鈔爲母，以中統鈔爲子，不行銅錢的方法確實使紙幣的流通較爲順遂，並且通貨膨脹的程度也較爲輕微，從忽必烈建國以來五十年皆「公私蒙利」。〔註120〕

事實上武祺的提議只是發行新紙幣的試腳石，脫脫果然一口應允，如此一來他們已經約略得知脫脫的意向，隨即提出變更鈔法的想法。偰哲篤言：「以楮幣一貫文省權銅錢一千文爲母，而錢爲子。」〔註121〕但是並不敢言廢世祖的中統、至元鈔，而是以銅錢、至正交鈔與中統、至元還有民間留存的歷代錢共同通行，如此一來脫脫在蒙元經濟上的地位就可以與世祖時代相提並論。

此論一出，「眾人皆唯唯，不敢出一語」，可見脫脫主政之下高壓箝制的一面。集賢、翰林兩院也參與討論，其中集賢大學士兼國子祭酒呂思誠單獨反對最力，並且與偰哲篤等展開了一場言語上的激辯，呂思誠反對鑄造銅錢：

> 中統、至元自有母子，上料爲母，下料爲子，譬之蒙古人以漢人子爲後，皆人類也，尚終爲漢人之子，豈有故紙爲父而立銅爲子者乎？……錢鈔用法，見爲一致，以虛換實也。今歷代錢、至正錢、中統鈔、至元鈔、交鈔分爲五項，慮下民知之，藏其實而棄其虛，恐不利於國家也。〔註122〕

主要的論點還是在於銅錢與紙幣互用，會造成銅錢貴、紙幣賤之情形，但這並非呂思誠眞正的著眼點。脫脫發行新紙幣的目的除了名望的追求以外，最重要的是財政的匱乏，民亂問題日亦嚴重，朝廷需要龐大的財政支出才能支撐軍事行動，所以發行新鈔實爲開源，呂思誠也很清楚脫脫所走的是理財派的老路，所以在與偰哲篤的辯論中，遂又再度搬出漢法派的最後盾牌，聲稱「祖宗成憲

〔註118〕《元史》卷9，頁190，〈世祖紀六〉，卷11，頁221，〈世祖紀八〉，卷13，頁274，279，〈世祖紀十〉。

〔註119〕《元史》卷23，頁515，517，〈武宗紀二〉。

〔註120〕《元史》卷24，頁541～542，〈仁宗紀一〉。

〔註121〕《元史》卷97，頁2483，〈食貨志五·鈔法〉，卷185，頁4250，〈呂思誠傳〉。

〔註122〕《元史》卷185，頁4250，〈呂思誠傳〉。

豈可輕改」，偰哲篤以「祖宗法幣亦可改矣」對之，呂思誠憤然回道：

> 汝輩更法，又欲上誣世皇，是汝與世皇爭高下也。且自世皇以來，
> 諸帝皆諡曰孝，改其成憲，可謂孝乎？〔註123〕

之前曾經提過，對於儒士來說，有時候堅守忽必烈成憲，對於漢法的成果是一種保護，忽必烈朝曾經經歷過理財派與漢法派之間數次的政爭，朝政才趨於穩定。當時以色目人為主的理財派，藉由經濟上的改革，取得政治的主導權，對於儒士來說，是一段政治上的低潮期。至正中期偰哲篤以色目人的背景，再度挑起理財爭議，這不能不讓呂思誠聯想到理財派與漢法派之間的角力，以及色目人壓制儒士的歷史，事實上也有學者將偰哲篤與桑哥相提並論。〔註124〕

呂思誠「與世皇爭高下」的強烈質疑，直接碰觸到脫脫所不欲人點破的心意，在呂思誠的強烈批評下，脫脫一時之間產生猶疑，加上想到當年開金口新河的慘痛教訓，深怕政治出錯，禍及於己。〔註125〕在這個關鍵時刻，脫脫弟也先帖木兒因為呂思誠曾經彈劾其黨鞏卜班時，心存嫌隙，〔註126〕故對其兄脫脫說道：

> 呂祭酒言有是者，有非者，但不當坐廟堂高聲厲色。若從其言，此
> 事終不行耶！〔註127〕

他捉準脫脫欲成大事的心理，不直接論及政策本身的問題，於是議論隔天，呂思誠就被以「狂妄」彈劾，左遷湖廣行省左丞。呂思誠離開之前貽書一封給脫脫寵臣龔伯遂曰：〔註128〕

> 去年許可用為河南左丞，今年呂思誠為湖廣左丞，世事至此，足下
> 得無動心乎？〔註129〕

從言語中流露出對朝政以及主政者的灰心，並且以此勸戒同為漢人的龔伯

〔註123〕《元史》卷185，頁4250，〈呂思誠傳〉。

〔註124〕羅賢佑〈論元代畏兀兒人桑哥與偰哲篤的理財活動〉，《民族研究》第6期（1991），頁102～109。

〔註125〕《元史》卷97，頁2484，〈食貨志五・鈔法〉。

〔註126〕《元史》卷185，頁4249，〈呂思誠傳〉。

〔註127〕《元史》卷97，頁2484，〈食貨志五・鈔法〉。

〔註128〕史載：「脫脫用烏古孫良楨、龔伯遂、汝中柏、伯帖木兒等為僚屬，皆委以腹心之寄，小大之事悉與之謀，事行而眾臣不知也。」這是脫脫第二次主政的情況，見《元史》卷138，頁3345，〈脫脫傳〉。

〔註129〕《元史》卷185，頁4251，〈呂思誠傳〉。

遂。呂思誠這一番言語對於蒙元政府來說，實爲莫大的警訊，他單單指出許有壬和自己爲例，兩人皆爲漢人，也是歷仕朝廷的老臣，卻都因爲忤脫脫之意而受到政治處分，表露出從脫脫推行儒治的欣喜到後來的失望情緒。

葉子奇曾經評論脫脫的鈔法改革曰：

> 丞相脫脫當承平無事，入邪臣賈魯之說，欲有所建立，以求名於後世。別立至正交鈔，料旣窳惡易敗，難以倒換，遂澀滯不行，及兵亂，國用不足，多印鈔以買兵，鈔賤物貴，無所於授，其法遂廢。嗚呼！蓋嘗考之，非其法之不善也，由後世變通不得其術。……必也欲立鈔法，須使錢貨爲之本，如鹽之有引，茶之有引，引至則茶鹽立淂。使鈔法如此，烏有不行之患哉？當今變法，宜於府縣各立錢庫，貯錢若干，置鈔準錢引之制……徒知嚴刑驅窮民必以行，……此元之所以卒於無術而亡。〔註130〕

葉子奇將偰哲篤等人誤爲賈魯，但是其對於鈔法改革的失敗，可謂一針見血。更改鈔法並非不可行，問題是蒙元一開始即因爲銅不足而避鑄錢，只行楮幣，如果要錢鈔並行，錢的數量必須充足，但是顯然脫脫的改革並沒有如此考慮周全，純粹是爲滿足個人聲望的追求以及爲困窘的財政尋找來源。當時不僅沒有準備鈔本，連新鈔本身的品質都非常低劣。〔註131〕元朝晚期因爲濫發紙幣導致通貨膨脹，財政陷入惡性循環，確實加速了蒙元的滅亡。據說元朝政府曾經爲了獎勵有功於海運漕糧的朱清、張瑄，不僅賜官，更以鈔印與之，聽其自印，〔註132〕蒙古統治者對於貨幣的不熟悉，由此可見一斑。

治理黃河的龐大支出，與發行新鈔有直接關係。黃河氾濫改道的問題歷代都有，整治黃河的工程輕則造成經濟上沉重負擔，重則拖垮國家財政，但是如果坐視黃河的氾濫，往往造成人民流離失所，不僅要花費大量資源賑濟，甚至造成不可收拾的民亂，因此一勞永逸地解決黃河問題是立國中原的國家都要考慮的問題。監察御史貢師泰（1298～1362）有詩云：

> 去年黃河決，高陸爲平川，今年黃河決，長堤沒深淵，濁浪近翻雪，洪濤遠春天。……人哭菰蒲裏，舟行桑柘巔。豈惟屋廬毀，所傷填

〔註130〕《草木子》卷3下，頁65，〈雜制篇〉。
〔註131〕《至正直記》卷1，頁25，〈楮幣之患〉，其中對於元朝晚期發行的紙幣品質之劣，有所記述，並且也提供紙幣鑄造之術。
〔註132〕《草木子》卷3下，頁67，〈雜制篇〉。

墓穿，丁男望北走，老稚向南遷。……昨聞山東飢，斗米直十千……。
〔註133〕

詩中顯現黃河問題確實為蒙元帶來很大的負擔，也為百姓造成莫大的災難，〔註134〕因此治理黃河實有其必要。至正四年黃河再度改道，衝破白茅口堤岸，以致濟寧路（今山東省境內）成為水鄉澤國之後，朝廷就開始考慮對黃河進行治理，但是一開始並沒有定論，諸臣的意見不外防堵或疏導兩派。其中築堤是較為快速省費的方式，但是效果有限，疏導的方式則較為持久，所需人力物力較巨。議論紛紛之際，都水監賈魯（1297～1353）親自巡行河道，考察地形，「往復數千里」，遂向朝廷進言二策：一為築北堤先制河勢，費用較省，再者，疏浚黃河故道，以長期解決氾濫問題，也就是說「疏塞並舉」。但是當時朝廷並無心於大興工程，而把重點放在文治方面，因此賈魯的提議並沒有獲得回應。後來賈魯在右司郎中、都漕運使任上，又舊事重提，仍然沒有受到採用，以致河患日復一日，甚至往北蔓延到濟南、河間（今河北省境內），甚至連蒙元重要的賦稅收入，山東鹽場都幾乎遭到毀壞。可見賈魯有心於治河早在脫脫主政之前，因此如果說賈魯有建功立業之志或許是實，但是如果單純認為他是為了援引脫脫之權勢，獲取政治利益，則有失公允。近年有學者為賈魯翻案，認為以往的評論並不客觀，其詳細考述整體治河工程的內容，並且認同賈魯的歷史功績，而開河工程也不是元末「農民大起義」的主要原因。〔註135〕

賈魯被指為「姦佞」、「邪臣」，實為偏頗的看法，賈魯雖非進士出身，但是兩中鄉試，並且參與宋史的修撰，在奉使宣撫期間任宣撫幕官，考績為各道第一，在監察御史任上對維護御史台的功能也出力頗大，顯然是一位儒士能臣。其所受之攻擊很大部分是為脫脫受過，畢竟脫脫對於儒治具有莫大的功勞，已成為元朝儒化的圖騰，即使後來態度有變，儒士卻仍然不願意直接批評脫脫，因此政策的執行者就成為代罪羔羊。賈魯屢次提議朝廷整治黃河，並不辭勞苦親身視察，治河計劃絕非為了取媚當權者而出，只是他的理想遇上脫脫的雄心，兩者一拍即合，但是由於政治、經濟環境的不利，使賈魯蒙

〔註133〕貢師泰《玩齋集》卷1，頁9上～10下，〈河決〉。
〔註134〕顧嗣立編《元詩選》（台北：世界書局，1982）丙集，頁 19，〈哀流民操〉，其詩為張養浩所作，對於流民慘狀之描寫深刻。
〔註135〕邱樹森〈元代河患與賈魯治河〉，《元史論叢》（北京：中華書局，1986）第 3 輯，頁 155～171。

上許多不白之冤。

其間反對最力者是元統元年進士成遵，成遵當時爲工部尚書，在議論未決之際奉旨視察，以提供決策參考，史載：

> 行數千里，掘井以量地形之高下，測岸以究水勢之淺深，遍閱史籍，
>
> 博采輿論，以謂河之故道，不可得復。〔註136〕

成遵的認爲黃河故道難以復求，最重要的是，「若聚二十萬人于此地，恐後日之憂。」自從伯顏主政以來，由於每次地方叛亂都會牽連朝臣，尤其是漢人、南人，族群問題成爲朝廷中最被忌諱的議題，尤其是漢人、南人更諱言謀反，成遵情急之下說出了他內心眞正的憂慮，但是卻被脫脫以「汝謂民將反耶？」的尖銳問話堵住，更因爲反覆論辯其事不可行，而被外調爲大都、河間等處都轉運鹽使，並以賈魯取代其工部尚書之職。〔註137〕

成遵在儒林之間頗有聲望，許多儒士皆與之交好，例如許有壬、貢師泰、宋褧、張翥（1287～1368）等，〔註138〕因爲議事不合而被調職，使其與許有壬、呂思誠共同成爲儒士眼中的政治受害者，而繼任其職的賈魯就變成直接的加害者，但是事實上作決定的人卻是脫脫。Dardess 認爲成遵是保守派人士，因爲他與之前的左丞相太平淵源頗深。〔註139〕但是他也承認脫脫第二次主政時期，中書省缺乏知名儒士的任用，並且有許多不符合儒士期望的政治行爲，尤其是對政敵的清洗，端本堂的設立則是作爲安撫儒士的機構，使他們將精力花在皇家教育上，將希望寄託於未來。〔註140〕Dardess 教授看出了脫脫違反儒治的那一面，但是未明指脫脫第二次主政期間其實已經背離儒治派的路線。

根據記載，整個治河工程包含築堤與疏鑿黃河故道，動用十三路民工十五萬人，供役軍工二萬人，於至正十一年四月底開工，同年十一月河復故道，

〔註136〕《元史》卷 186，頁 4280，〈成遵傳〉。

〔註137〕《元史》卷 186，頁 4280，〈成遵傳〉。

〔註138〕許有壬《圭塘小稿》（四庫全書）卷 5，頁 23 下，〈成左丞詩序〉：貢師泰《玩齋集》卷 1，頁 11 下～12 上，〈貧婦嘆和成誼叔應奉韻一首〉，頁 13 下～14 上，〈賦成誼叔積素齋〉等；宋褧《燕石集》（四庫珍本）卷 4，頁 2 上，〈送翰林編修成誼叔〉；張翥《蛻菴集》（四庫全書）卷 5，頁 16 下，〈送成禮部誼叔察訪守令河南山東〉。成遵和這些儒士之間詩詞唱和頗多。

〔註139〕John W. Dardess, *Conquerors and Confucians; Aspects of Political Change in Late Yuan China*, p. 102；《元史》卷 186，頁 4282，〈成遵傳〉。

〔註140〕John W. Dardess, *Conquerors and Confucians; Aspects of Political Change in Late Yuan China*, pp. 95～97。

東歸於海，雖可謂大功告成，﹝註141﹞但一方面也造成「府庫爲空」的後果。
﹝註142﹞無論如何，治河之舉有其必要，耗費之大也在意料之中，但是由於在
河工完成之後，地方叛亂的情況明顯加劇，因此賈魯治河的功勞遂被蒙元衰
亡的歷史掩蓋。大陸學者邱樹森不同意河工是元末民眾叛亂的主力，﹝註143﹞
但是有一些證據清楚顯示大興工程確實爲民間帶來騷動，又因爲人謀不贓而
導致後患。除了熟知的「莫道石人一隻眼，此物一出天下反」之倡亂口號外，
﹝註144﹞工程進行過程中，所需金錢糧食，並沒有如實的發給從事勞動的河夫，
因此導致河工之怨懟。﹝註145﹞貢師泰曾有詩描述大小官吏狐假虎威，欺壓百
姓之事：

> 縣官出巡防，小吏爭弄權，社長夜打門，里正朝率錢，鳩工具畚鍤，
>
> 排戶加笞鞭，分程杵登登，會聚鼓闐闐，雖云免覆溺，誰復解倒懸。

﹝註146﹞

根據《河朔訪古記》作者迺賢遊歷歸來時，其以親身經歷述說黃河南北因治
河而「民俗稍微騷動」的情形。﹝註147﹞總之賈魯治河的出發點是爲解決河患，
但是由於財政、社會、政治上的大環境無法配合，使得原本堪稱一代偉業的
功績，變成加速國家敗亡的關鍵之一。

開河、變鈔之外，首都地區的糧食匱乏也日見嚴重。至正元年，江南三
省的海運糧食總共才二百八十萬石，至正九年以後，方國珍、張士誠分據江
浙東、西，將朝廷供賦據爲己用，以致「海運之舟不至京師」。﹝註148﹞至正十
二年，烏古孫良楨等建議：「江南漕運不至，宜墾內地課種」，脫脫遂上奏：

> 京畿近地水利，召募江南人耕種，歲可得粟麥百萬餘石，不煩海運
>
> 而京師足食。﹝註149﹞

順帝以「此事有利於國家」同意行之，於是在至正十三年（1353）三月開始在

﹝註141﹞歐陽玄《至正河防記》（中國水利要籍叢編，台北市：文海出版社，1970），
　　　　頁66。
﹝註142﹞《庚申外史箋證》卷上，頁56。
﹝註143﹞邱樹森〈元代河患與賈魯治河〉，頁171。
﹝註144﹞《草木子》卷3上，頁50～51，〈克謹篇〉。
﹝註145﹞《草木子》卷3上，頁50，〈克謹篇〉。
﹝註146﹞貢師泰《玩齋集》卷1，頁9下，〈河決〉。
﹝註147﹞劉仁本《羽庭集》（四庫全書）卷5，頁10下，〈河朔訪古記序〉。
﹝註148﹞《元史》卷97，頁2482，〈食貨志五・海運〉。
﹝註149﹞《元史》卷42，頁903，〈順帝紀五〉。

西山、保定、檀州等京畿地區引水佃種,「歲乃大稔」。〔註150〕糧食問題暫時舒緩,屯田因而成為至正中期以後解決糧食問題的主要方法,並且規模日亦擴大。

脫脫三項主要的改革中,以治河與屯田最為成功,也將脫脫的聲望推上高峰。除了賈魯超授榮祿大夫、集賢大學士,賞賜無數,脫脫也在右丞相、太傅之外,又加以世襲答剌罕之號,並以淮安路為其食邑,皆為「異數」之旌,〔註151〕脫脫成為繼燕鐵木兒、伯顏之後加答剌罕稱號的中書右丞相。關於賈魯治河的成就可以從文人詩中看出,其詩曰:

> 黃河洶洶決中州,三策深煩賈讓謀,聖主憂勤過舜禹,相君勛德並
> 伊周。……使君世重無雙論,太史功書第一等,繡袞從今登兩府,
> 更將忠孝輔皇猷。〔註152〕

這三項改革皆是為改善經濟而發,但是變鈔以及屯田兩項主要在於因應朝廷的經濟窘境。以變鈔來說,通常每一次的鈔法改變,都有為了改善通貨膨脹的用意,但是以貶值的舊鈔來兌換價值官定的新鈔,遭受損失的其實還是百姓,這也是儒者以理財措施為與民爭利的原因。屯田是因為基於朝廷缺糧,曾經一度為了在北方種植稻米,而招募南方農民為「農師」,根據權衡的記載,南稻北種政策的結果是「課所得不償所費,次年,農民皆散去」,〔註153〕顯然亦有擾民之處。

二、脫脫的政治報復

脫脫重新入相後最被注意的政治行為之一就是對政敵的清洗。除了烏古孫良楨之外,脫脫信用的近臣皆非儒士出身,更遑論像吳直方一般既為師又為謀士的人物,其中最著名者為汝中柏、龔伯遂、伯帖木兒等三人,但他們的背景不詳,前兩人可能是吏出身。烏古孫良楨是其中唯一以儒學素養見稱者,曾任監察御史,雖非進士出身,但是在朝中對維護儒家倫理綱常、禮制、道學經術皆不遺餘力,其建議蒙古國人應該遵守漢人、南人倫常觀念,並且打擊閹宦違法撓政之行為,以致「憸佞側目」。〔註154〕雖然他被列為脫脫的「腹

〔註150〕《元史》卷138,頁3346,〈脫脫傳〉。
〔註151〕《元史》卷42,頁893,〈順帝紀五〉。
〔註152〕迺賢《金臺集》(四庫珍本),卷1,頁37下,〈送都水大監扎克扎清卿使君奉命塞白茆決河〉。
〔註153〕《庚申外史箋證》卷上,頁70。
〔註154〕《元史》卷187,頁4288,〈烏古孫良楨〉。

心之寄」，〔註155〕但是對於脫脫的決策影響並不如汝中柏、龔伯遂等人，至少就私人關係上，汝、龔與脫脫的關係較爲密切。烏古孫良楨所扮演的角色，幾乎是在公領域中以其職位輔助脫脫，而非在私領域中幫助脫脫進行私人的政治作爲。脫脫的迫害政敵所顯現的正是私領域侵入公領域的不當行爲，但是龔、汝等作爲其僚屬，卻也從中搧風點火，促成脫脫以私害公的心態。

據說龔伯遂曾經建議脫脫：

　　丞相大興利除害可也，然必有大誅賞，使可以懾服眾情。〔註156〕

雖然無法證實脫脫的打擊政敵是因爲龔伯遂的提議，但是對於被認爲是別兒怯不花的餘黨者，幾乎無一倖免。例如因彈劾哈麻而被外調爲江浙行省平章的韓嘉訥，以及罷相爲翰林學士承旨的太平，前者被以贓罪杖流奴兒干而死，太平則被謫居陝西。別兒怯不花雖然已經罷職，但是還是被流放般陽，禿滿迭兒則本爲中書右丞，脫脫一上台就左遷爲四川右丞，尋被誣以罪，中道被殺。〔註157〕這些處置皆沒有明確的罪名，太平甚至還對脫脫能夠再次主政有所功勞，但是卻皆因爲與別兒怯不花等人的私人情誼而受累，報復性質非常明顯。

再者，據說脫脫亦置高昌王帖木兒補化於死地，此事無證，但是高昌王確有其人。〔註158〕脫脫此次主政，頗有擅權之事，故有朝臣議事噤若寒蟬的情況，凡有意見不合，往往就會遭到遭到調職折辱，這些皆是權臣的特徵，孔克齊所謂脫脫不弄權，顯然有所失眞。張帆教授認爲脫脫爲「專權型」權臣，伯顏則爲「威脅君權型」權臣，〔註159〕這種說法較爲符合實際情況。脫脫不僅運用權勢箝制言論，黨同伐異的情況也時有所聞。脫脫的權力來源與伯顏相同，都是由官僚制所賦予，脫脫作爲官僚首腦，其所處地位是與宗王權力相對立。因此脫脫會有打擊世襲宗王或異姓王的行爲，也不足爲奇。元朝晚期諸王在權力上頗有式微的現象，例如當至正十四年，龔伯遂提議應該派遣宗王以及異姓王皆出軍效力，吳王朵爾赤以賄賂龔伯遂得免，可見蒙古宗王在官僚治之下，已經很難保持權力上的獨立性。

除了舊怨的報復，脫脫對於新仇態度也很激烈，早在至正初期儒臣許有壬、

〔註155〕《元史》卷138，頁3345，〈脫脫傳〉。

〔註156〕《庚申外史箋證》卷上，頁57。

〔註157〕《元史》卷205，頁4582，〈姦臣〉。

〔註158〕《庚申外史箋證》卷上，頁57。

〔註159〕張帆《元代宰相制度研究》，頁211～212。

呂思誠與成遵即因為反對脫脫的政策而被調職。此時的脫脫在態度上更是專橫，尤其是族群問題。朵爾直班為木華黎七世孫，右丞相朵而只為其從父，其以經術侍帝左右，因為兼通漢、蒙語文，故曾經擔任順帝在經筵中的翻譯官。脫脫第二次入相時，朵爾直班出任中書平章，其強調治國必須以綱常為重，由於反對脫脫將盜賊問題強化為族群叛亂，再加上不屑黨附汝中柏、伯帖木兒等用事者，因而被外遷為陝西行臺御史大夫。〔註160〕至正十一年，脫脫弟也先帖木兒兵敗河南，脫脫護短而無處置，朵爾直班遂聯合西臺諸御史彈劾，奏章剛上，朵爾值班馬上就被調任湖廣，署名的御史十二人都被罷黜。汝中柏與伯帖木兒更建議殺朵爾直班，以免威脅丞相之位，但是朵爾直班「勳舊之家」的背景，使其免於遭難，不久朵爾直班因風疾死於軍中。〔註161〕

　　《至正直記》曾經有詩諷刺脫脫曰：「分得兩頭輕與重，世間何事不擔當」，〔註162〕指的就是脫脫公私不分，以個人好惡處理政務，導致賞罰不明。從某種角度來說，脫脫對於世家大族後代的打壓並不遜於伯顏。脫脫對於汝中柏等人的建議言聽計從，但是最後也因而種下禍端。汝中柏依脫脫之勢用事，以致朝中平章以下官員皆望其風而行事，但是順帝寵臣哈麻因為自恃對脫脫有恩，加上「性剛決」，故與汝中柏不合。在汝中柏的讒言下，脫脫左遷哈麻，導致哈麻的怨恨。汝中柏更建議脫脫斬草除根，但是因為也先帖木兒與哈麻交好，事遂罷。經過此事，哈麻遂轉而依賴皇太子與奇皇后之勢，進行報復脫脫兄弟之陰謀。〔註163〕總之脫脫公報私仇的做法，使朝中開始蔓延互相報復的風氣，參與者以職權作為解決私人恩怨的工具，以致朝政的運作受阻，政爭之勢也日趨嚴苛。

三、族群意識的激化

　　至正十一年以後，地方叛亂日漸嚴重，朝廷中的族群問題又被挑起。當時主要的叛亂集中於今天的河南、安徽北部以及河北南部，從地理關係上來說，很難不跟黃河氾濫以及治河工程聯想在一起，主要的首腦人物則為劉福通、韓山童、徐壽輝、芝麻李及郭子興等，據說脫脫特別在奏章上加上「河

〔註160〕《元史》卷139，頁3355～3359，〈朵爾直班〉。
〔註161〕《元史》卷139，頁3359～3360，〈朵爾直班〉。
〔註162〕孔克齊《至正直記》卷1，頁22，〈神童詩〉。
〔註163〕《元史》卷138，頁3347，〈脫脫傳〉，卷205，頁4583～4584，〈姦臣傳〉。

南漢人」謀反之字眼。〔註164〕此事真實性如何不得而知，但是從脫脫對漢人
的態度來看，可能性極高。根據《元史》的記載，脫脫討論軍事時，往往令
漢人、南人迴避，前面提過的韓元善與韓鏞就是最明顯的例子，韓鏞甚至被
調至彰德分省。更有甚者，據說脫脫還上奏：

> 方今河南漢人反，宜榜示天下，令一概剿捕，諸蒙古、色目因遷謫
> 在外者，皆召還京師，勿令註誤。〔註165〕

如此明顯的族群區別言語，顯見脫脫對民間叛亂的認知，已經被族群區別的
意識型態所蒙蔽。脫脫固然曾經大力推動儒治，但是當關鍵時刻，他顯現了
對被征服民族的疑忌。當時有監察御史建議爲了避免河南群盜以亡宋爲叛亂
口實，所以應將瀛國公子和向趙完普及親屬徙至沙州安置「禁勿與人交通」，
〔註166〕隨即得到朝廷的同意。朵爾直班曾經批評脫脫道：

> 祖宗之用兵匪專於殺人，蓋必有其道焉，今倡亂者止數人，顧乃盡
> 坐中華之民爲畔逆，豈足以服人心。〔註167〕

朵爾直班之言明指朝廷對於叛亂的處理態度有誤，脫脫因爲仇視漢人，動輒
冠上族群叛亂的帽子，就如同學者所說「不啻爲淵驅魚，爲叢驅雀」。〔註168〕

但是在族群區別被激化的同時，爲了避免朝中漢人、南人官員的離心，
朝廷下詔：「南人有才學者，依世祖舊制，中書省、樞密院、御史臺皆用之。」
此一亡羊補牢之舉，並沒有什麼效果。眼見叛亂日趨嚴重，朝廷遂漸漸轉向
以武力解決。首先爲了籌措軍費朝廷開始實行「納粟補官」的制度，能供給
軍儲者實授常選流官，並且定立軍民官不守城池之罪。〔註169〕但是很諷刺的
是脫脫之弟也先帖木兒因領軍失措，以致兵敗沙河，軍資器械盡棄資敵，卻
逕行回京，仍然擔任御史大夫，〔註170〕朝廷沒有任何的懲戒，如此賞罰不明
的著例，對於下層具有不良的示範作用。而另一方面，民間發生百姓襄助官
軍抗拒紅巾軍，導致父子皆死於賊手，郡官將其事上報朝廷，希望予以獎勵，
卻沒有得到回應。〔註171〕因而被批評「當賞而不賞，當罰而不罰」。〔註172〕

〔註164〕《庚申外史箋證》卷上，頁58～62。。
〔註165〕《庚申外史箋證》卷上，頁69。
〔註166〕《元史》卷42，頁899，〈順帝紀五〉。
〔註167〕《元史》卷139，頁3358，〈朵爾直班傳〉。
〔註168〕《庚申外史箋證》卷上，頁69。
〔註169〕《元史》卷42，頁896，〈順帝紀五〉。
〔註170〕《元史》卷138，頁3345，〈脫脫傳〉；《草木子》卷3上，頁52，〈克謹篇〉。
〔註171〕《南村輟耕錄》卷27，頁343，〈忠孝里〉。

　　軍事的失利使朝廷焦頭爛額，脫脫為了力挽狂瀾，遂自請出征徐州，當時朝廷傾全力資助脫脫的軍事所需，並且也授以爵賞誅殺悉聽的大權，徐州隨即被克復。脫脫攻克徐州以後，採取報復性的屠城手段，〔註173〕頗受後人指摘，蒙古開國之初攻城掠地，屠城為司空見慣之舉，但是當此之時，卻是守成不善，收拾民心之際，卻又採取此種「馬上治之」的手段，顯然是一種倒退的作法。無論如何，脫脫一舉成功，對於朝廷來說有莫大的振奮作用，因此也將脫脫推上了官場生涯的頂端。但是頂點之後，而朝廷中的政治生態也開始起著變化。首先順帝倦勤，使皇太子與其母奇皇后開始干政，脫脫的獨攬大權成為一種阻礙，再加上這一段掌權時間所樹立的政敵開始反撲，脫脫的時代逐漸漸走入尾聲。

第四節　小　結

　　總結至元六年到至正十四年這一段時間的政治變遷，可以分成三個時期來看，首先是至元六年到至正四年，以脫脫為首所推動的一連串儒治政策，無論在用人或制度上，推翻伯顏所實施的反漢法政策，但是大體上並沒有超出忽必烈所立下的儒治規模，在蒙元的政治史上，至正初期亦稱得上儒治的一個高峰。不過應該強調的是脫脫與儒士之間在政策上並非完全一致，尤其在吳直方致仕以後，脫脫與儒士之間政論上不合時有所聞，給予人尊儒而不用儒的印象。

　　第二個時期為至正四年到至正九年，歷經阿魯圖，別兒怯不花與朵而只三位右丞相，其中朵而只執政時期主事者實為太平。這幾位大臣皆對儒治有好感或具有儒學背景，所以在施政風格上，儒家的政治思想還是主要的施政原則，故在意識型態上與脫脫並無明顯差異。但是在政策走向上，與脫脫則有所不同，關注基層吏治的改革，扭轉脫脫著重的中央性政策，轉向較具地方色彩的舉措，尤其是與百姓生活相關者，如問民疾苦的奉使宣撫政策。在意識型態上雖然差異不大，但是政爭並未平息，私人的恩怨成為政爭的主軸，主要為別兒怯不花對脫脫等人的大力打擊，種下大規模政治報復的禍根。

　　第三個時期為至正九年到十四年脫脫第二次入相，在政策上又重新開始

〔註172〕《草木子》卷3上，頁49，〈克謹篇〉。
〔註173〕《庚申外史箋證》卷上，頁65～66。

以中央為主的措施，如開河、變鈔與屯田等。此外更積極進行政治報復，對別兒怯不花、太平、韓嘉納、禿滿迭兒等人極力攻擊。政爭的主軸不在於政論上的衝突，而是反擊別兒怯不花當年基於私人恩怨的報復。在這一段時間中，脫脫與儒士漸行漸遠，政策上的衝突更是激烈許多，以致儒士開始口出怨言。而由於地方叛亂的加劇，脫脫對於漢人、南人的猜忌加深，再加上身邊缺乏受其信任的儒臣，無法在脫脫的決策中發揮與吳直方類似的影響力，因此脫脫的施政方向遂大幅度偏離儒治範疇。

在政爭的性質上，脫脫與儒臣之間本就以意識型態為結合點，在政論上的衝突亦源於意識型態的差異。例如改革鈔法的爭議中，儒士所以祖宗舊制不應更改作為反對理由，對「成憲」的堅持，正是儒臣在政治上居於弱勢時一貫的防衛策略。再者，發行新鈔一向為理財派人士增加政府收入的手段之一，脫脫變鈔的目的與理財派並無二致，儒臣反對的理由除了表面上的政策細節以外，主要還是深怕漢法遭到破壞，而其中又摻雜著恐懼色目人爭奪政治影響力的影子，可謂兼具政治思想與族群問題的意識型態衝突。另外，脫脫第二次主政對漢人、南人的疑忌增強，則根源於少數統治的的心病，因而連帶影響到脫脫對於漢人、南人儒臣的信任，雖然不是針對儒治，卻無形中阻礙了儒治的發展。

總結本章，至正前半期可以說是元末儒治的最後一波高峰，但是在高峰的背後卻也隱藏一些問題，例如執政者雖然表面上推行儒治，任用儒士，但是卻有侷限性。在實際政務上，儒士的影響力並不如想像中大。必須強調的是脫脫推動儒治在蒙元歷史上絕對具有特別意義，它所體現的不僅只於對伯顏專權的反對，更是儒臣結合認同儒治的蒙古大臣對抗反漢法勢力的戰果，或許不是最終極的勝利，至少是元朝晚期儒治的曇花一現。

第四章　宮廷鬥爭與軍閥干政

　　至正十四年一向被視爲元朝命運的轉戾點。在一般印象中，這一年脫脫被解除兵權而下台，導致紅巾軍聲勢大振，在此之後朝廷不復振作，再加上皇位爭奪紛爭興起，朝政爲一群趨炎附勢的官員所把持，貪賄公行，地方上的政府軍則跋扈不受節制，日以互相侵奪勢力範圍爲務，無心於地方叛亂的征討，更以兵干政，介入中央政府的運作。元朝晚期後半的政治確實較爲混亂，也因此被學界所忽視，以致這一段時間的歷史較爲晦暗不明。事實上元朝的振作並不僅止於脫脫主政時期，約在至正十年到廿年之間，朝廷持續了一股軍事上的中興氣勢，在脫脫下台以後，地方上興起了以答失八都魯與察罕帖木兒兩大將領爲首的軍事勢力，在平定淮河以北的叛亂中屢創戰績，以致一時頗有軍事中興的氣象。這些在元朝晚期忠於政府並且深具影響力的北方軍事將領，並沒有被治元史者所充分重視。本章將探討爲何軍事上的中興挽救不了元朝的命運、在中央朝廷政治的變化、政爭的性質以及政爭與地方上軍事將領的互動，以了解元朝政權的最後歲月。

　　以下分爲三個主題來探討，第一節爲朝廷高麗勢力的興起對政局的影響，在脫脫下台以後，高麗皇后奇氏與皇太子顯現出對政治的野心，積極進行內禪的陰謀，造成朝中分黨結派，對立派系之間互相打擊，政爭轉趨嚴苛。

　　第二節在於述說地方政府軍的振作，次第收復河南、山西、陝西及山東等被紅巾軍佔領的地區，不僅鞏固了中央政府，更有收復江南的希望。地方將領對朝廷的效忠是蒙元政權最後十餘年的重要支柱。將處理的問題爲中央軍如何沒落而被地方軍取代、地方軍的主要將領與軍隊性質、軍事上的成就，以及與中央的互動。

　　第三節爲第二代的將領產生，開始深刻介入皇位爭奪的政爭，由於政爭

領導者採取互相牽制的策略，以致地方將領之間的內鬥越演越烈，日漸有跋扈不聽號令之情形，遂有軍閥政治之興起。欲探討的問題為軍閥與中央政府的關係，以及中央權力旁落地方的原因。

除了北方的政府軍以外，在南方亦有效忠政府的勢力，如福建陳友定與廣東何眞，兩者皆自動起兵平盜，雖然與元朝政府受到阻隔，並且頗有據地自雄之態，但是基本上皆奉元為主。陳友定始終為元盡節，何眞亦屢對元朝表示無二心，但是因為南北阻絕，難以參與中央政治，因此討論略過江南地區效忠政府的勢力。

第一節　紫藤帽子高麗靴──政出多門

一、高麗勢力興起與皇位繼承

至正十二年（1352）脫脫平定徐州芝麻李之後，挾著出將入相的政治才能，對於朝政的影響力與日俱增。在擊破芝麻李之前不久，蒙古世冑出身的太不花（？～1358）平定南陽、汝寧、安陸等處。世鎮羅羅斯宣慰司，而以軍功出任四川行省參知政事的答失八都魯（？～1358）也招集義兵平定襄陽紅巾軍。〔註1〕地方上更有沈丘人（今河南境內）察罕帖木兒（？～1362）與信陽人李思齊（1323～1374）奮舉義兵，以奇計破羅山，因而受到政府分別賜以汝寧府達魯花赤、知府之職。〔註2〕總之，政府在軍事上的戰績使主政的脫脫往後兩年間的聲望達到高峰，但是由於皇位繼承問題興起，脫脫因而捲入更嚴苛的政爭之中。

Dardess 教授認為脫脫被解職的主因是元朝晚期宰相遞嬗的週期。所謂的週期決定於朝廷中派系互相忍受的極限點，一方面脫脫所推動的主要政策皆已大致完成，故其中央集權的嚴密控制開始引起反彈。〔註3〕從實際的政治情況來說，脫脫的下臺與皇室內的新政治勢力有關，近因則為介入皇位紛爭。

〔註1〕錢謙益《國初群雄事略》（筆記小說大觀）三十三編九，卷1，頁7～9，〈宋小明王〉。
〔註2〕《元史》卷42，頁903～904，〈順帝紀五〉。
〔註3〕約翰‧竇德士（John Dardess）〈順帝與元朝統治在中國的結束〉，收入傅海波（Herbert Franke）、崔瑞德（Denis Twitchett）編《劍橋中國遼西夏金元史》，頁661～662。

　　皇位問題與順帝怠於政務有關。雖然順帝一度頗有勵精圖治之態，但是自從脫脫二度入相之後，妥懽帖睦爾便退居宮中，政務幾乎一委脫脫，在平定徐州之後，更由於中原地區的統治稍見穩定，以致順帝將心思轉向宮廷造作與個人的宗教信仰活動。例如以宦官主持「月宮」等建造工程，更親製造龍舟，〔註4〕以及為近侍建宅構圖削木等，因此遂有「魯班天子」之稱。〔註5〕在宗教方面，順帝與蒙元歷朝帝王一樣，對於喇嘛教頗為崇信，甚有過之。順帝在所謂「十倚納」的牽引下，修習所謂喇嘛教的秘密法—「演揲兒法」，以延年為名，行淫亂之實。所謂十倚納包含禿魯帖木兒、老的沙、八郎、答剌馬吉的、波迪哇兒禡等，〔註6〕這些人的背景有些並不清楚，老的沙為順帝母舅，禿魯帖木兒為哈麻妹婿，八郎則為「帝諸弟」，其餘諸人可能皆為順帝家奴或宿衛出身，才得以進入內宮，側身帝旁。根據葉子奇的說法，順帝與十倚納等所行宗教儀式中之「天魔舞」，實為蒙古舊俗，甚至還影響到漢人，據說高郵叛亂領袖張士誠之弟士信亦曾於後房行天魔舞。〔註7〕總之，這些近臣想盡辦法媚求順帝的寵幸，順帝亦對他們言聽計從，因而荒於政務。這種情勢給予日漸年長的皇子愛猷識理達臘（？～1378）覬覦皇位的機會。他開始積極運作讓怠於政務的順帝提早退位，以掌握真正的統治權。

　　順帝雖然在位時間頗長，但是子嗣不多，先後共有三位皇后，第一位為燕鐵木兒之女答納失里皇后，元統三年（1335，即至元元年）被唐其勢謀反案所牽連，後為伯顏鴆殺。繼之第一皇后為弘吉剌氏伯顏忽都，毓德王孛羅帖木兒之女，出身尊貴，生有皇子真金，但是二歲就夭折了，再加上皇后生性嚴謹，頗以禮法自重，因此順帝轉而寵幸穎黠的奇氏。〔註8〕

　　奇氏出身卑微，原本為主茗飲的宮女，因為受到順帝的青睞，在善妒的答納失里皇后時常受到鞭辱，答納失里死後，順帝原本想立其為正后，但是受到伯顏的反對而作罷。伯顏下臺以後，曾參與驅逐伯顏陰謀的近臣沙剌班遂揣摩上意，為兩全起見，建議以奇氏為第二皇后，〔註9〕既可以滿足順帝與

〔註4〕　《元史》卷43，頁913、918，〈順帝紀六〉。
〔註5〕　《庚申外史箋證》卷下，頁95。
〔註6〕　《元史》卷205，頁4583，〈姦臣・哈麻傳〉。
〔註7〕　《草木子》卷3下，頁65，〈雜制篇〉；長谷真逸（張翼）《農田餘話》卷上，頁8。
〔註8〕　《南村輟耕錄》卷26，頁327，〈后德〉；《元史》卷114，頁2878～2879，〈后妃傳一〉。
〔註9〕　《元史》卷114，頁2880，〈后妃傳一〉。

奇氏的私人意願，也對蒙元傳統的傷害減到最低。

蒙古從太祖以來，傳統上多以弘吉剌氏為后，史載「太祖與雍（弘）吉剌氏同取天下，約曰：『我男長為帝，汝女長為后』」，〔註10〕雖然偶有例外，但是在蒙元政治中弘吉剌氏確實為立后的第一人選。伯顏反對立奇氏而以弘吉剌氏為正后，正是尊重蒙古傳統的表現，但是卻因而以官僚首長的身分冒犯了順帝的權威，後來脫脫亦在皇儲的問題上與順帝有所衝突。在順帝立奇氏為后之後，至正八年（1348）監察御史李泌曾進言：

> 世祖誓不與高麗共事，陛下踐世祖之位，何忍忘世祖之言，乃以高
> 麗奇氏亦位皇后。今災異屢起，河決地震，盜賊滋蔓，皆陰盛陽微
> 之象，乞仍降為妃，庶幾三辰奠位，災異可息。〔註11〕

高麗女子素稱婉媚，元廷不乏詔令高麗貢女入宮之例，但是據說忽必烈曾禁止「賤高麗女子入宮」，根據學者推測，可能是不願「黃金氏族」血統被「漢人」污染。〔註12〕但是無論如何禁止，高麗女子入宮甚而位至后妃者亦大有人在，〔註13〕其中尤以順帝奇后最著。除了在皇宮中出現了首位高麗皇后，在官員之間也流行高麗風尚的追求，《草木子》：

> 北人女使，必得高麗女孩童……不如此謂之不成仕宦。〔註14〕

更有甚者，這股風氣似乎還流傳到了南方。更化當年朝廷徵召隱士杜本至大都，杜本至錢塘時，許多儒者「爭趨其門」，希望可以求得一官半職，遂有嘲諷詩曰：「紫藤帽子高麗靴，處士門前當怯薛」，所謂紫藤帽子高麗靴指的即是高麗人的裝扮，「皆一時所尚」，〔註15〕可見這股對高麗風氣的追求流傳極廣。在文宗時曾經以高麗宮女賜燕鐵木兒，而順帝本人更一度下令禁止「取高麗女子及閹人」。〔註16〕但是禁令顯然虛有其表，不僅奇氏成為第一位高麗人皇后，而且根據《庚申外史》所載，奇后本身即多蓄高麗美人，作為政治饋贈之資源，京師中達官貴人更必得高麗女，「然後為名家」，以致至正以來，

〔註10〕 《草木子》卷3下，頁63，〈雜制篇〉。

〔註11〕 《元史》卷41，頁883，〈順帝紀四〉。

〔註12〕 蕭啓慶師〈元麗關係中的王室婚姻與強權政治〉，《元代史新探》（台北：新文豐出版公司，1983），頁242。

〔註13〕 參見蕭啓慶師〈元麗關係中的王室婚姻與強權政治〉，附註44，頁258。

〔註14〕 《草木子》卷3下，頁63，〈雜制篇〉。

〔註15〕 《南村輟耕錄》卷28，頁346，〈處士門前怯薛〉。

〔註16〕 《元史》卷35，頁782，〈文宗紀四〉，卷39，頁845，〈順帝紀二〉。

宮中女使大半爲高麗女。〔註17〕即使在順帝北歸之後，北元朝中大臣仍然有競買高麗女婢之事。〔註18〕總之奇氏破格成爲第一位高麗出身的皇后，對於高麗風氣的流行有助長之力，也反映出高麗勢力在蒙元朝廷中的興起。

　　在這種風氣之中，正好奇后又育有順帝唯一的皇子，給予奇氏干預朝政的機會。在立皇子這件事上，有幾點值得注意，首先是立皇太子的觀念來自漢法中嫡長繼承的規則。忽必烈立眞金爲皇太子之例中，眞金不僅是最年長的皇子，而且是第一皇后弘吉剌氏察必之子，因此世祖所採用的正是嫡長繼承制，而非蒙古傳統的推舉制度。順帝沿用忽必烈立儲之舉，並沒有違背成憲，但是問題在於他所立者並非第一皇后之子，甚至還是高麗女子所生，因而在這一點上，遂與祖制有所不合，遭到右丞相脫脫的反對。當哈麻與脫脫商議皇太子冊寶禮之事時，脫脫以「中宮有子將置之何所？」爲由反對，事實上他很清楚立儲的提議出於順帝的授意，卻還是以制度爲重。愛猷識理答臘與脫脫關係匪淺，從小養於脫脫家中，脫脫更曾經花費大筆私財爲愛猷識理答臘建寺祝壽，〔註19〕因此在私人情感上，脫脫似乎不應反對愛猷識理答臘成爲皇太子，能夠合理解釋的理由即是體制問題。脫脫身爲官僚首長以及蒙古統治者的一員，對於成憲的維護責無旁貸，在這一點上，他與伯顏的態度一致。因爲脫脫的作梗，所以愛猷識理答臘一直無法正位，直到至正十三年（1353）六月，才得以被冊立皇太子，以脫脫任太子詹事。〔註20〕但是即使順帝荒於政事，因爲脫脫當朝，所以愛猷識理答臘無法像以往的皇位繼承人一般參與政務，甚至連正式的冊文典禮都無法舉行，因此脫脫儼然成爲皇太子政治發展上的阻礙。

二、出征高郵與脫脫下台

　　愛猷識理答臘排除脫脫的計劃，終於在十四年（1354）脫脫自請出征高郵時得以進行。脫脫再次親征的理由並不清楚，但是有跡可循，當時朝廷的軍隊幾乎廓清淮河以北的叛亂，理應有餘力繼續往南方進行收復失土的行動，依照脫脫的政治性格，以宰相身分領兵出征，一方面宣示中央政府的威

〔註17〕《庚申外史箋證》卷下，頁96。
〔註18〕劉佶《北巡私記》（續修四庫全書），頁4上。
〔註19〕《元史》卷138，頁3344，〈脫脫傳〉。
〔註20〕《元史》卷43，頁910，〈順帝紀六〉。

望，一方面可以藉機收攏地方上的兵權。再者，至正十四年正月，高郵張士誠誅殺地方蒙元官員，僭號誠王，並立國號為大周，[註21] 正式與元朝成為政治敵體，因此朝廷有必要加以討伐，以顯現蒙元作為合法政權的態度。所以脫脫遂再度請纓，希望如同討伐徐州一般一舉克定高郵，如此一來朝廷將能恢復運河之暢通，對於漕運與賦稅的北上會有很大的幫助，另外更重要的是張士誠所據之地為兩淮重要的鹽場之一，[註22] 史載：「國之所資，其利最廣者莫如鹽」，[註23] 收復高郵對於蒙元的財政有實質上的助益，因此出師高郵就顯得理所當然。

一開始出征高郵是由徐州人石普所提議。石普為至正五年進士，素以將略著稱，曾經從脫脫往征徐州，因功以樞密院官守淮安。他向脫脫建議：

> 高郵負重湖之險，地皆沮洳，騎兵卒莫能前，與普步兵三萬，保取
> 之。高郵既平，則濠、泗易破，普請先驅，為天下忠義倡。

其中關於以步兵作為主力的建議，確實符合高郵地區的地理態勢。石普更認為平高郵不僅不難，而且還可以連帶平服郭子興的勢力，根據史家錢謙益所論，張士誠之兵力只及於高郵、揚州，濠、泗為郭子興之據地，兩者互為脣齒，所以高郵破，濠、泗即難以倖免，[註24] 顯然認同石普之見。石普以漢人進士的身分帶兵出征，有一定的激勵作用，可以避免脫脫當年屠徐州城的陰影。脫脫同意石普的建議，以石普權山東義民萬戶府事，招集義兵萬人往征高郵。脫脫近臣汝中柏惟恐石普成功，所以百般阻撓，以致脫脫收回令石普便宜行事的詔令，改命其受淮南行省節制。即使如此，石普還是連戰皆捷，卻因而受到「諸將疾」，為搶功不聽指揮，以致全軍陣勢大亂，石普也因而戰死高郵。[註25] 石普的失敗事實上可以預見，最重要的原因即漢人將領無法得到完全的信任，蒙古將領也不願意屈居其下，成為蒙元軍事行動上最大的隱憂。

石普兵敗之後，政府再命江淮行省平章達識帖睦邇進兵討之，故同年九月脫脫即親率大軍進圍高郵，高郵城破顯然已成定局。但是同時在大都城中，以皇太子為首的派系，開始了對脫脫的攻擊。脫脫此次出征，號稱百萬之眾，

[註21] 錢謙益《國初群雄事略》三十三編九，卷6，頁141，〈周張士誠〉。
[註22] 《南村輟耕錄》卷29，頁356，〈紀隆平〉。
[註23] 《元史》卷94，頁2386，〈食貨志二・鹽法〉。
[註24] 錢謙益《國初群雄事略》三十三編九，卷6，頁142，〈周張士誠〉。
[註25] 《元史》卷194，頁4404，〈忠義傳二・石普傳〉。

據說相關補給隊伍連綿千里，〔註 26〕雖然高郵城破在即，但是脫脫也感受到後方的政治壓力，故部將董摶霄（？～1358）建議先求立功，以壓制政敵的議論。〔註 27〕他提議分兵先攻下六合，脫脫接受董摶霄的意見，並且一舉攻下六合、天長等地。〔註 28〕如此一來高郵已如甕中之鼈，但是來自大都的解職詔書卻在此時傳到軍中，脫脫的近臣龔伯遂建議脫脫「將在外，君命有所不受」，先攻下高郵或有轉機，但是卻被脫脫所拒絕。〔註 29〕

《農田餘話》謂：

> 或勸丞相破賊，然後聽詔入朝問故，（脫脫）曰：「是違君命也」，不聽。或勸其扶立鎮南王爲主爲南北朝，曰：「若行此志，則在吾叔手中爲之矣。」遂就道。〔註 30〕

脫脫不肯違背朝廷的詔命確實有之，但是扶立鎮南王之議則難以證實。脫脫會接受朝廷的亂命，除了個性上的原因，最主要的是對制度的尊重，其曰：「天子詔我而我不從，是與天子抗也，君臣之義何在？」〔註 31〕可見脫脫在意的是作爲官僚的一員，有忠君的義務，更有甚至者，脫脫亦是蒙古皇帝的家臣，因此忠君的觀念被更加強化。脫脫與其家族就在這一次的政變中，結束從伯顏以來一門三相，長期掌握朝政的局面。脫脫與其弟也先帖木兒，以及其二子哈剌章、三寶奴皆被流放於大理、四川等地，十五年九月脫脫被哈麻矯詔鴆死。〔註 32〕

脫脫的下台表面上爲哈麻一手主宰，但是實際上根源於朝廷中的帝位紛爭。脫脫出征高郵不到三個月，順帝即下詔：「中書省、樞密院、御史臺，凡奏事先啓皇太子」，〔註 33〕愛猷識理達臘開始正式主掌政務。哈麻與脫脫有舊憾，在脫脫出師高郵之後，汝中柏又屢屢進言也先帖木兒屛斥哈麻，引起哈麻的恐慌，他觀風望色之後，認爲可以從太子一方入手，遂訴與奇后脫脫兄弟阻撓皇太子之冊立事，奇后「頗信之」，接著哈麻更譖諸皇太子。〔註 34〕哈麻與太子黨的結合實爲各取所需，脫脫不僅反對愛猷識理達臘的冊立，更是太子掌權的最

〔註 26〕《南村輟耕錄》卷 29，頁 357，〈紀隆平〉。
〔註 27〕《元史》卷 188，頁 4303，〈董摶霄傳〉。
〔註 28〕《南村輟耕錄》卷 29，頁 357，〈紀隆平〉。
〔註 29〕《庚申外史箋證》卷上，頁 75～76。
〔註 30〕長谷眞逸《農田餘話》卷下，頁 17 下。
〔註 31〕《元史》卷 138，頁 3348，〈脫脫傳〉。
〔註 32〕《元史》卷 138，頁 3348，〈脫脫傳〉。
〔註 33〕《元史》卷 43，頁 916～917，〈順帝紀六〉。
〔註 34〕《元史》卷 205，頁 4583，〈姦臣・哈麻傳〉。

大阻礙，哈麻則一直處於被脫脫屏斥的陰影中，更希望謀奪最高相位。〔註35〕
與此同時，脫脫平定六合的捷報傳來，皇太子與哈麻的政治利害遂合而為一，
接下來對脫脫等人的彈劾，顯然是在皇太子的庇護之下進行。〔註36〕

元人張昱曾為詩道：

> 履舄徙容自九重，相王忠孝更誰同，千年帶礪猶初誓，萬國臣鄰盡
> 下風，星貫紫垣朝配劍，月臨黃道夜傳弓，漢家若論安劉策，四皓
> 難書第一功。〔註37〕

對於脫脫可謂讚頌有加。脫脫的歷史功過頗為兩極，他對於元朝晚期的政治
有挽救之功，並且對於儒治的推動也貢獻良多。但是另一方面，卻又頗得權
臣之譏，他所強制推動的開河變鈔工程更是招致許多批評，這些評價雖然表
面上矛盾，但是實際上是受到其複合性的意識型態所影響。脫脫早期受教於
儒士吳直方，對於儒家政治思想對國家治理的益處有所了解，所以他與順帝
合作，在儒士的襄贊下成功驅逐伯顏，並且積極實行強化儒治的政策，即使
無法採用儒臣的許多建議，但是仍然不失尊儒重道。但是隨著吳直方致仕，
身邊缺少勸諫的儒士，再加上經過至正四年到九年期間的政治迫害，政治性
格產生許多轉變，不僅對儒臣不如以往之禮遇，政治作風強悍而剛愎，更因
為地方動亂擴大，對漢人、南人疑忌日深。清人何喬新曾言：

> 扢克扢（脫脫）事君始終不失臣節，惟惑於群小，急復私仇，君子
> 病焉。〔註38〕

其認為脫脫可謂「能臣」，但是卻無法稱得上「古大臣」，最主要的原因即徇
私而不循理。這樣的評價或許可以解釋脫脫歷史角色兩極的原因。

順帝究竟在脫脫的下台事件中扮演什麼角色？雖然表面上此一事件主要
由哈麻、皇太子與奇后等所推動，但是順帝並非一無所悉。順帝雖然怠政，
卻不是真正昏憒之輩，否則當年如何擺脫伯顏的箝制，其最擅長聯合其他勢
力打擊政敵，對於臣子權力的擴張更是敏感，脫脫的二次去位與順帝的態度
絕對有所關聯，如果說第一次辭相是脫脫受到開金口新河失敗的拖累，那麼

〔註35〕《草木子》卷三上，頁44，〈克謹篇〉，卷4上，頁72～73，〈談藪篇〉。《南
　　　　村輟耕錄》卷15，頁179，〈幽囚〉，皆強調哈麻是為謀奪相位而陷害脫脫。
〔註36〕韓志遠〈愛猷識理達臘與元末政治〉，《元史論叢》第4輯（1992），頁186。
〔註37〕張昱《可閒老人集》（四庫珍本）卷3，頁1下，〈投上中書右丞相扢克扢〉。
〔註38〕何喬新《椒邱文集》（四庫珍本）卷8，頁14上，〈哈瑪爾（哈麻）矯詔殺右
　　　　丞相……〉。

第二次去位則與立儲爭議有關。立皇太子之意顯然出於順帝，但是卻屢屢受阻於脫脫，其以官僚首長的身分干涉皇位繼承問題，勾起當年燕鐵木兒阻撓順帝即位的回憶，脫脫在政治上的權力隨著軍事上的功績而日漸擴張，更引起順帝心中的不安，再加上脫脫對順帝過度的沉溺宗教亦頗有干涉，所以當太子黨人從中運作，脫脫與順帝之間的裂痕也隨之擴大。

脫脫下台之後，由汪家奴和定住先後出任右丞相。汪家奴之父為晉寧王闊里吉思，其以世冑後裔充任順帝怯薛而甚受倚重。〔註39〕定住與闊里吉思曾參與伯顏對唐其勢等燕鐵木兒餘黨的清除行動，而汪家奴則為脫脫與順帝驅逐伯顏過程中除了世傑班以外少數參與機密者，因此定住與汪家奴二人在順帝對抗權臣的歷史中具有相當的重要性，而且在仕宦上經歷豐富。因此當脫脫離開政壇以後，就成為順帝屬意的人選，也是皇太子拉攏重用的對象，事實上汪家奴之子太子詹事桑哥失里亦參與哈麻對脫脫的政治鬥爭，所以汪家奴或許不僅止於脫脫倒台事件的受惠者，更有可能是加害者。

至正十四年（1354）定住先打破脫脫獨相的局面，出任左丞相，在脫脫出師高郵以後，已經形同官僚首長。隔年卻先以汪家奴為右丞相，而非定住，原因不明，但是脫脫等一下臺，汪家奴不僅代替也先帖木兒為御史大夫，並且擔任授皇太子冊文的禮節使，可見他在立皇太子問題中的角色顯然與脫脫大不相同。但是汪家奴在位僅約二個月，去位的確切原因並不清楚，接下來即由定住接任，可以確定的是汪家奴與定住的政治能力皆不高，甚至被與哈麻、雪雪兄弟相提並論，當時有詩云：

蝦蟆（哈麻）水上浮，雪雪見日消，定住不開口，汪家奴只一朝。

〔註40〕

哈麻、雪雪兄弟為趨炎附勢之輩，定住對於政務沒有主見與理念，汪家奴則終日酗醉，並且還曾經被以「十罪」彈劾，〔註41〕皆非適任執政者，因此至正十五、十六這兩年的政務乏善可陳，取而代之的是皇太子爭取皇位，推動順帝禪位的政爭白熱化。地方上的軍事則因為高郵之役中挫，原本「國事漸張」的局面受到嚴重影響，政府軍隊開始節節敗退，紅巾軍聲勢大振。〔註42〕

〔註39〕屠寄《蒙兀兒史記》卷123，頁5上，〈帖木兒傳〉。
〔註40〕《草木子》卷4上，頁73，〈談藪篇〉。
〔註41〕《元史》卷195，頁4413，〈忠義傳三・全普庵撒里傳〉。
〔註42〕余闕《青陽文集》卷5，頁8～9〈上賀丞相書〉。

　　脫脫的下台開啓了朝廷政出多門的局面。就朝中的政治發展來看，朝中缺乏獨當一面之大臣，故奇后與皇太子的可以開始積極佈署禪位的計劃。奇后爲了得到政治聲望，無論在個人或公務上皆力求表現，其平日閱讀「《女孝經》、史書」，並且「訪問歷代皇后之有賢行爲者爲法」，四方貢獻也都先致太廟才敢取用。至正十八年（1358）京師發生飢荒，奇后更命官賑濟施粥，並爲死者超渡收屍，〔註43〕以賢后氣派冀望贏得支持。愛猷識理達臘則因爲順帝的授權，「軍國之事，皆其所臨決」，〔註44〕朝政開始被黨同皇太子者所操持，順帝也漸漸感受到威脅，使得夫妻、父子之間因而猜疑。朝中的大臣觀風望色，也漸漸捲入此一漩渦中，爲不安定的政治加上更多變數。

三、帝位爭奪與朝廷派系

　　在禪位風波中，朝臣的態度有三種，一派是仍然忠於順帝，以制度爲重而不肯黨同太子；另一派當然就是眼見順帝不理政事，太子春秋日盛，遂向太子方面靠攏；還有一派則不予表態，也因而未捲入其中，故在此不列入討論。下面就簡稱前兩派爲帝黨與太子黨（或后黨，奇后亦扮演主要角色）。「黨」有兩種型態，一種純粹是利益的結合，另一種則以意識型態相近而靠攏，但是事實上很多時候往往兩者皆具，所以在討論政爭性質時，必須將其中所包含的因素皆加以討論，政爭的眞正性質自然而然會突顯出來。爲方便敘述，筆者將帝黨與太子黨主要成員列表如下：

表4-1：帝位紛爭中央政府黨派簡表

	主角	成員	背景	黨 附 原 因
帝黨	順帝（妥懽帖睦爾）	脫脫	蒙古人，右丞相	以破壞制度爲由，反對立第二皇后之子爲太子
		太平	漢人，左丞相	不贊同禪位之行動
		紐的該	蒙古人，知樞密院事	在順帝前力保太平免於太子擠陷
		禿魯帖木兒		哈麻妹婿，因向順帝薦密宗秘密法而成爲順帝寵信之佞臣，爲皇太子所惡，懼怕哈麻與太子去己，而向順帝密告禪位之陰謀
		老的沙	蒙古，御史大夫	皇帝母舅，見天下多故，以重建臺諫功能爲職志，不滿搠思監貪蔽誤國，欲去之而快，而爲太子所惡

〔註43〕　《元史》卷114，頁2880，〈后妃傳一・完者忽都皇后奇氏傳〉
〔註44〕　《元史》卷204，頁4552，〈宦者・朴不花傳〉。

帝黨	順帝（妥懽帖睦爾）	禿堅帖木兒	知樞密院事	與太子黨右丞也先不花有隙，故得罪於太子，與老的沙皆被安置東勝州，亦留於孛羅軍中
		孛羅帖木兒	蒙古人	答失八都魯之子，與擴廓相持不下，因擴廓與皇太子交好，故接受順帝密詔，匿老的沙等於軍中，皇太子解其兵權，興兵大都問罪，執殺搠思監、朴不花，致皇太子出奔太原投擴廓，秉持大都朝政，誅殺禿魯帖木兒等順帝倚納近臣，後為順帝結勇士殺之
太子黨	奇皇后皇太子（愛猷識理達臘）	搠思監	蒙古人，右丞相	以貪賄、好酒受人詬病，屢次因而去職，因而黨附太子，並取得右丞相之位
		哈麻雪雪	色目，左丞相色目，御史大夫	因為與脫脫有私怨並為謀相位而趨附太子，因禿魯帖木兒密告順帝，哈麻兄弟遂被罷官家居，後因搠思監等極力彈劾，被杖死於流放途中
		朴不花	高麗人，宦官	與奇后有鄉里之舊，故得到奇后與太子的極度信任，與脫歡狼狽為奸
		脫歡	宣政院使	為后宮佞臣，與搠思監交好
		也先不花	中書右丞	與太子關係不顯，但從太子為其流放禿堅帖木兒看來，應該亦為太子黨人
		擴廓帖木兒	漢人（具色目血統）	察罕義子，因代表其父貢糧京師，與太子深相結納，孛羅稱兵犯闕太子出奔古北口，患甚，故以詔命擴廓討孛羅，孛羅再度興兵入大都，太子出奔冀寧投擴廓軍中，扈從太子還朝，以功為左丞相，後出為河南王，總天下兵馬

1. 上表背景一欄，包含族屬與官職，官職以參與其事當時的最高官位為準。

　　脫脫是第一個因為反對立太子而受到波及者，接下來就是再度擔任左丞相的太平。汪家奴與定住執政的時間前後約兩年，在第二年時（至正十六年）太子黨人哈麻及搠思監即出任左丞相之職，顯然皇太子的勢力正在漸漸擴張。哈麻本為順帝寵臣，之前曾經因為太平、韓嘉納的彈劾，與其弟雪雪被奪官出居北地，後來脫脫再度入相，因為感念哈麻對他的迴護，遂召回哈麻兄弟，並用為中書右丞。但是當時中書省在脫脫的執政下，箝制言論頗為嚴重，偏偏哈麻「性剛決」，或許因為自認對脫脫有功，所以在議政上往往不肯附和，因而惹惱脫脫而被左遷。在脫脫出師高郵時，哈麻藉由愛猷識理達臘之力出任中書平章，並且在脫脫兄弟去職之後，更拜左丞相，雪雪則代也先帖木兒為御史大夫，「國家大柄盡歸其兄弟二人」。〔註45〕哈麻兄弟原本與其妹婿禿魯帖木兒以宗教祕法媚帝而受到寵信，在哈麻出任宰執之後，開始自重身分，對於之前的行徑引以為恥，因此將罪名盡歸禿魯帖木兒。〔註46〕更

〔註45〕《元史》卷205，頁4582～4584，〈姦臣‧哈麻傳〉。
〔註46〕《庚申外史箋證》卷上，頁75～76。

重要的是皇太子對順帝沉溺宗教亦深惡痛絕，因此哈麻遂想藉由除去禿魯帖木兒來博得太子的好感，並且樹立政治聲譽。哈麻謂其父曰：

> 我兄弟位居宰輔，宜導人主以正，今禿魯帖木兒專媚上以淫褻，天
> 下士大夫必譏笑我，將何面目見人，我將除之。且上日趨於昏暗，
> 何以治天下，今皇太子年長，聰明過人，不若立以爲帝，而奉上爲
> 太上皇。〔註47〕

趨附太子的意圖非常明顯。禿魯帖木兒由其妻（哈麻之妹）處得到消息，遂走告順帝，使太子爭奪帝位的企圖揭露於順帝之前，但是順帝立愛猷識理達臘爲儲君，自然是有愛於他，所以對於被逼宮之事，並沒有直接針對皇太子，而是採取殺雞儆猴之法，處置哈麻兄弟，兩人因而被令居家聽旨。但是御史大夫搠思監爲了取而代之，劾奏不已，加上右丞相定住與汪家奴之子桑哥失里皆聯合糾彈，哈麻兄弟最後皆被杖死於流放途中。〔註48〕

在第一回合的交手中，由順帝一方佔了上風，由此可以看出蒙元制度上的特點，雖然太子掌握了中書省，但是從制度面來說，中書省代表的是官僚體系的權力展現，即使皇帝不理政務，皇權卻可以不旁落，歸根結底原因在於忽必烈採用了中央集權官僚制，卻沒有捨棄家產制，以致蒙元的皇帝可以結合中央集權以及家產制最高長官的優勢，力抗官僚體系。況且元朝的官僚體制雖然到了晚期較爲成熟，但是先天上就不完全，一部份的權力被蒙古傳統機構所分享，故想要用官僚體系的力量來推翻皇帝，顯然是難以達成目的，這跟之前的權臣與皇帝的對抗會失敗的原因，可以說大同小異。

另外搠思監、定住、桑哥失里等人彈劾哈麻兄弟亦有特殊原因。搠思監是世冑之後，曾經跟隨脫脫出征徐州，在政治上受到脫脫頗多的提攜，當時他位居中書平章，既然順帝有懲處哈麻的意思，他自然樂於配合，將位居其上的左丞相擠掉。定住雖然名爲右丞相，卻受制於哈麻，故有「緘默」之譏，自然樂見哈麻的倒台。桑哥失里爲汪家奴之子，亦爲世冑後裔，出任太子詹事，爲東宮之近幸，他曾經與哈麻一起慫恿太子擠陷脫脫，據說哈麻允諾其曰：「太師（脫脫）去位後，我能作右相，則左相必詹事」，〔註49〕但是事實上哈麻只出任左丞相，所以也沒有實現對桑哥失里的諾言，可以想見桑哥失

〔註47〕《元史》卷205，頁4584，〈姦臣‧哈麻傳〉。
〔註48〕《元史》卷205，頁4585，〈姦臣‧哈麻傳〉。
〔註49〕《南村輟耕錄》卷15，頁179，〈幽圄〉。

里對於哈麻的失約作何感想，他會參與彈劾哈麻行動亦不難理解。這些人對哈麻的攻擊並非針對禪位陰謀而發，而是等到順帝得知哈麻密謀奉太子即位之事，令哈麻兄弟免職聽旨後才一窩蜂地紛紛糾彈，罪名亦語焉不詳，如果他們是基於對順帝的忠誠而痛恨哈麻，理由其實非常充分，無須另求名目罪之，顯然也不願直接戳破太子的不軌，實為爭奪權位而藉機行事，論不上帝黨，其中搠思監後來甚至黨附太子。

哈麻下臺以後，最大的受惠者是順利成為右丞相的搠思監，但是順帝可能也有所警覺，所以重新起用當年被脫脫謫居陝西的太平為左丞相，頗有制衡太子黨之意味。愛猷識理達臘在經過上述的挫敗之後，並沒有打消謀奪皇位的想法，奇后也積極欲襄助其子之願望。搠思監雖為右相，但是胸無大志，以貪財好貨之聲著名，所以朝政反而為太平所執掌。太平入相的第一件功績即為擊退山東毛貴進犯京城之兵。當時毛貴不僅佔據魯地，而且屢敗官兵，逼近大都，朝廷為此陷入信心崩潰的邊緣，竟議及遷都，獨太平力持不可，並積極地起用同知樞密院事劉哈剌不花領兵拒之，沒想到竟一舉成功，將毛貴軍趕出河間府，暫時地解決了京師的危機。〔註 50〕隨後高郵張士誠又暫時歸降朝廷，政府軍將領察罕帖木兒（？～1362）亦屢傳捷報，太平更致力於表彰死節之臣，以凝聚地方對朝廷的向心力，一時之間朝廷又再度出現中興的曙光。〔註 51〕

正因為太平在政務上相對的幹練，太子認為如果能夠得到此一頗具聲望的執政幫助，禪位之舉或許會較為順利。奇后遂使宦官朴不花（？～1364）傳達內禪之意，朴不花為奇后同鄉，甚受皇后之寵幸，主掌奇后財賦，亦參與內禪之機密。太平得知之後不置可否，奇后又再度召太平入宮，說明希望太平支持內禪之舉，但是沒有得到允諾，遂招致太子與奇后的怨恨。〔註 52〕太平更阻撓太子黨「盡逐帝近臣」的計劃，直接觸怒太子，遂有意奪太平之政柄。當時博爾朮後裔知樞密院事紐的該則盡力在順帝面前回護太平，以致一時之間太子無可如何，不久紐的該去世，太平遂失去最大的支柱，太子黨的反擊也正式展開。首先是中書左丞成遵與參知政事趙中首當其衝，成遵當年因為反對脫脫治理黃河，以致左遷，趙中其人背景不詳，兩人皆由太平所

〔註 50〕 《元史》卷 188，頁 4307，〈劉哈剌不花〉。
〔註 51〕 《元史》卷 140，頁 3370，〈太平〉。
〔註 52〕 《庚申外史箋證》卷下，頁 105；《元史》卷 114，頁 2880，〈后妃傳一〉。

擢用入爲中書省臣，太子以兩人貪賄爲罪名，皆杖死之，事實上是爲了去除太平羽翼。〔註53〕太平在內失奧援，外受攻擊的情形下，已不安於位，至正廿年（1360）太平遂罷爲上都留守。〔註54〕

太平爲何不肯附和太子黨？順帝日趨昏暗，愛猷識理達臘是他僅存的獨生愛子，即使圖謀不軌，也未曾受到順帝的苛責，太平大可虛與蛇委，周旋其中。太平出身世家大族，以漢人身分卻身蔭重職，平日與蒙古四大家族後人來往密切，例如朵兒只、紐的該等人，並且在政治上互爲表裡，這些世家出身者對於蒙古忠誠觀念的體認自比一般人要來得深刻，他們世受大汗的恩澤，對於忽必烈一手創建的元朝體制尊重萬分，要維護體制就必須忠於順帝，愛猷識理達臘雖然已被立爲皇位繼承人，但是以禪位爲名行篡位之實，對於這些以「大臣體」自重的朝臣來說，〔註55〕絕對無法接受，況且愛猷識理達臘的冊立本來就違反蒙古體制。還有一點就是太平雖然被視爲蒙古人，但是在任官上還是受限於其漢人血統，因此無論是否爲宰相才，左丞相之位可以說是他任官的極限，太平兩次任左相時，位居其上的右相多不理事，故實已掌握右相之權，無須再爲追求更高權位而冒險黨同太子，況且殷鑒不遠。總之，太平在政治上忠於當朝皇帝、尊重體制的態度非常明顯。

還有一個例子可以佐證，至正十九年（1359）順帝因爲天下多故，所以欲停止天壽節的朝賀，太平率群臣上奏曰：

天壽節朝賀，乃臣子報本，實合禮典。今謙讓不受，固陛下盛德，

然今軍旅征進，君臣名分，正宜舉行。〔註56〕

太平以兵馬倥傯更需強化君臣名分爲由，卻隱含絃外之音，在太子積極進行奪位的行動之際，「君臣名分」更是用來警示朝中有不軌之心的臣子，隨後太子即以「祖宗舊制不宜乖違」再率朝臣上奏順帝，〔註57〕互別苗頭的意味很明顯。總而言之，在本節中帝黨與太子黨之間的政爭，牽涉到權力與體制問題，就太子黨一方的參與者來說，缺乏意識型態的正當性，而僅只是爲了爭取在順帝執政之下無法得到的權位，或者因爲眼見現任皇帝不

〔註53〕《元史》卷45，頁949，〈順帝紀八〉，卷140，頁3370，〈太平傳〉，卷186，頁4282，〈成遵傳〉。

〔註54〕《元史》卷45，頁950，〈順帝紀八〉。

〔註55〕《元史》卷139，頁3363，〈紐的該〉。

〔註56〕《元史》卷45，頁947，〈順帝紀八〉。

〔註57〕《元史》卷45，頁947，〈順帝紀八〉。

理政務，見風轉舵投靠終將即位的儲君。在順帝這一方，情形較爲弔詭，因爲順帝對於反對內禪的臣子並沒有盡力回護，對於推動內禪的主角也沒有任何處置，因此脫脫、太平、紐的該等人與其說是忠於順帝，倒不如說是爲維護體制，順帝本身就代表蒙元的體制中心，一旦內禪成眞，從忽必烈以來所建立的制度也必隨之遭到結構性的破壞。因此在帝位爭奪中，與太子黨相抗者是秉持著維護蒙元成憲的意識型態，太子方面者多爲趨炎附勢的投機份子，兩者在意志上的強弱判然有別，也可以顯現出要與元朝的體制相抗是難以實現之事。

史家屠寄曾說到：

　　脫脫持重立儲之議，太平依違內禪之請，大臣謀國先後同心，卒皆以此貫禍，哀哉！〔註58〕

顯見脫脫與太平在皇位問題上的立場，順帝以大權畀予太子並怠忽政事，開啓儲君與投機者的僥倖之心。脫脫與太平等先後以官僚長官的身分力抗違反祖制之舉，因而爲自己帶來悲劇性的下場，可見蒙元的皇位爭奪已經嚴重影響官僚系統與皇室之間的平衡，也改變了官僚制與家產制之間的互動型態。元代前中期大臣以官僚系統爲後盾，屢屢決定皇位繼承的結果，這是官僚制持續發展的常態，但是到了元朝晚期，官僚首長卻常常因爲牽涉皇位繼承問題，而導致政治上的失敗，這個現象有兩種可能，一是皇太子侵奪了部分皇權，並以之與官僚系統相抗，無形中皇權因儲君的行使反而加強，導致官僚長官政治上相對弱化。另外就是蒙元的官僚制產生鬆動，因爲太子以黨人遍佈中書省，將公器作爲私人奪權工具，中書省首長因而被架空，對於皇位問題自然難以施展影響力。

權衡曾言：「家國將亡，家法先變」，其指的是順帝之母具有色目血統，而順帝又以高麗人爲皇后，破壞蒙古以韃靼氏爲君，翁（弘）吉剌、伯牙吾氏爲后的蒙古家法，成爲滅亡的先兆。〔註59〕征服王朝在制度上的維護不遺餘力，原因即在於維持統治的長久，因此只要牽涉到制度問題，往往會引起政治上的波瀾，原因即在於與蒙元統治的根本有關，因而無論是不是家法變而導致國亡，朝廷中興起的高麗勢力確實對政治產生了不利影響。

至正廿年太平下臺以後，中書省即缺乏可以與皇室相抗衡的宰執，而在

〔註58〕屠寄《蒙兀兒史記》卷125，頁12上，〈脫脫、太不花、賀惟一列傳〉。
〔註59〕《庚申外史箋證》卷下，頁118。

外的軍事將領與朝廷的互動日漸加深，中央軍甚至因而衰弱，導致地方軍與義軍勢力的興起，使中央政府在軍事方面漸漸失去主控權，對於地方軍的依賴也越來越深。

第二節　千里山川復舊圖——軍事中興

一、地方軍的興起

　　從至正十年到廿年，不僅政府方面在平叛上獲得豐碩的成就，地方義軍的興起更為朝廷注入新的活力，蒙元開始了一段收復失土的中興時期，但是這一股氣勢可以說是元朝晚期政治的迴光返照。

　　當時有幾個重要的軍事將領，招募義兵與紅巾軍等勢力相抗，並且捷報頻傳，成為政府最重要的支柱。主要的將領分為三大性質，即中央軍、地方軍、以及義軍。所謂的中央軍指的是將領由中央直接派出，例如脫脫、太不花等人，最大的特色是先任中央政府職位後帶兵出征或鎮戍。地方軍以答失八都魯為代表，他以世襲萬戶鎮守羅羅宣慰司，後來以平土人亂及出征雲南有功，陞任大理宣慰司都元帥，至正十一年以四川行省參知政事率本部探馬赤軍從四川平章咬住討荊襄賊（即以宋為旗幟的彭瑩玉、徐貞逸、布王三、孟海馬等部）。〔註60〕答失八都魯是先任蒙元地方將領，後因討賊有功屢次陞任授官，所以在名義上或實質上皆屬於政府的地方軍。〔註61〕察罕軍則歸為義兵，察罕先世隨蒙古大軍征服河南，其家族遂於河南沈丘棐根長居，到察罕時已為平民身分，他曾經應試科舉，故在當地頗有時名。至正十二年，因見紅巾軍陷汝、穎諸郡，所過之處皆遭蹂躪，故以沈丘子弟為主幹組成隊伍，並與信陽李思齊合兵，為朝廷攻破羅山，因而被授為汝寧府達魯花赤，李思齊亦為汝寧知府，被賦與官方身分後遂自成一軍屯駐沈丘。〔註62〕為了清楚顯現當時政府軍的概況，以下列表示之：

〔註60〕《元史》卷142，頁3395，〈答失八都魯傳〉。
〔註61〕此處的「中央」、「地方」之義涵，是以將領身分為區別標的，而不論軍隊源出何處。
〔註62〕《元史》卷141，頁3384，〈察罕帖木兒傳〉。

表 4-2：政府軍簡表

性　質	將　領	屯駐區& 征討區	備　　　　註
中央軍	脫脫	徐州、高郵	攻克之後之後即還朝
	太不花	河南行省→ 山東	在答失八都魯與察罕的襄助下，大河南北除山東外大致廓清
地方軍	答失八都魯	河南	進攻襄陽時曾召集二萬義兵，但是還是以官軍（探馬赤軍）爲主軸
義軍	察罕帖木兒	陝西、山西	

　　中央軍事實上成果有限，反而是地方軍與義軍兩支勢力對於捍衛蒙元起了最大的作用。這兩股勢力在後來世代相繼，成爲世襲性的軍隊，也因而導致軍閥的出現。關於軍閥的問題，在第三節中將進行討論。本節的重點在於答失八都魯與察罕帖木兒在軍事上的成就，以及與朝廷之間的互動，其中牽涉到族群意識，以及中央與地方軍事勢力之間互信問題，這些議題與蒙元政權難以維繫有很重要的關係。

　　答失八都魯出身地方蒙古將領，當時河南江北地區紅巾軍大起，襄陽、汝寧、安豐、淮安等路皆受到波及，四川平章咬住平定江陵（河南江北行省中興路，今四川江陵）以後，至正十一年（1351）答失八都魯即以四川參政自動請纓攻取襄陽。其軍隊成分不僅以漢人居多，在幕僚的任用方面，也以漢人爲主。在進攻襄陽時，答失八都魯以官軍三千面對襄陽十萬之眾，他聽從漢人謀臣宋廷傑的建議，招募襄陽官吏與土豪，陣容因而大振。襄陽爲所謂南瑣紅軍首領孟海馬的勢力範圍，其部眾堅守城中，答失八都魯包圍襄陽城，斷絕其物資支援，並且派任隨軍幕僚善撫當地民眾，襄陽之役在內外交應之下，一舉成功。因爲襄陽大捷，答失八都魯受到朝廷重賞，其家族遂開始在政治上嶄露頭角。〔註63〕

　　在答失八都魯的經營之下四川與河南江北行省邊界諸路幾乎被廓清。至正十四年脫脫出師高郵前夕，朝廷以中書右丞玉樞虎兒吐華代替答失八都魯鎮守荊門、中興等路，而改命其赴汝寧與河南平章太不花（？～1358）共討安豐。太不花出身弘吉剌氏，以外戚世冑入官，曾任上都留守、遼陽平章等職。至正八年受到左丞相太平的推薦，入爲中書平章，但是太不花顯然對於

太平頗有偏見，故反而聯合復相後的脫脫排擠太平。太不花不滿太平以漢人居相，其在聽聞太平二度入相曾憤然表示：

> 我不負朝廷，朝廷負我矣。太平漢人，今乃復居中用事，安受逸樂，
> 我反在外勤苦邪。〔註64〕

太不花的想法不足為奇，其以蒙古世冑的身分在外征討，最大的原因即是體認到蒙古人與蒙元政權的延續屬於共同體，故才能效忠於政府，但是中央竟然以漢人為相，這對於蒙古人來說在心理上確實有所打擊。但是政府亦有為難之處，各地叛亂蜂起，尤其淮北地區甚至大張「重開大宋之天」等旗號。〔註65〕無論這些起事首領的真正心態為何，這樣的旗號煽動性絕對充足，其中不僅牽涉對前朝的懷念，更嚴重的是族群之間的敏感。蒙古統治者對族群防範嚴格的原因在於征服王朝的性質，但是越防範族群問題就更容易被挑起，所以政府除了繼續鞏固少數統治之外，還必須適當安撫漢人、南人，尤其在叛亂蜂起的非常時期，但也因為如此又引起蒙古本位主義者的不滿，族群意識可以說是蒙元晚期政治上最根本的病根。

除了脫脫對韓元善、韓鏞等漢臣的猜忌，禁止他們參與軍事討論以外，太不花作為帶軍將領，一舉一動皆關係大局，卻因為自恃外戚身分，屢屢不尊朝廷號令，並且採用剽掠的方式處理民政，儼然視民眾皆為盜賊，朝廷卻沒有有效處置太不花的慢軍態度，奪職之後又命其從答失八都魯征討。〔註66〕不久更出任湖廣左丞相節制諸軍，成為淮河以北政府軍的總指揮。但是太不花不願意為太平主政的政府出力，故意不援助受到紅巾軍攻擊的汴梁，以致汴梁諸縣皆陷於敵手。中書省的南部邊防告急，太不花不僅不積極往援，更擅自移師黃河以北。朝廷因此急遣密使告誡之，太不花不僅不以為意，更日漸驕慢，順帝「由是惡之」。〔註67〕太不花的用意完全是為與當時的執政者太平相抗，以顯示蒙古代表的自己在政治上的重要性，但是卻也因此導致軍事上的嚴重失機。

即使如此，朝廷還是沒有給予太不花任何的懲處，並以右丞相之職作為安撫，希望能促使太不花擊退逼近京畿的毛貴軍，太不花食髓知味，屢次擅

〔註64〕《元史》卷141，頁3382，〈太不花傳〉。
〔註65〕《南村輟耕錄》卷27，頁342，〈旗聯〉。
〔註66〕《元史》卷141，頁3381～3382，〈太不花傳〉。
〔註67〕《元史》卷141，頁3382，〈太不花傳〉。

－102－

用職權欲將太平調至軍中殺之。其建議朝廷令太平至軍中專責供應軍需，否則兵不能進。太不花如此態度終於惹惱順帝，加上太平在旁力譖，並促使監察御史彈劾，加上太不花舊屬劉哈剌不花的策反，太不花遂被縛送京師，並殺於途中。﹝註68﹞從此一事件當中，可以發現某些問題，首先是朝廷在脫脫下台以後是否削弱中央集權的程度，事實上雖然中央頗為依賴太不花，但是其軍隊中央軍的性質濃厚，也就是說軍隊的掌控權在於中央，與脫脫所領軍隊的性質相同，軍事資源來自朝廷，達成任務之後即卸兵權。所以就這一點來說，太不花實無法擁兵自重，朝廷對他的種種以私害公行徑遲遲不予處理，主要是顧念其身分與以往勳勞。

　　在地方軍和義軍方面，中央的掌控力顯然不足，答失八都魯軍雖然一開始官軍性質濃厚，但是其身分具備世襲性，所以軍隊與將領本身關係緊密，再加上後來屢次招集義兵，私人軍隊的性質更為明顯，其物資來源也不需依賴中央，而是自行籌措。察罕的軍隊私屬性更強，係以沈丘子弟兵為骨幹，後來的兵員皆為自行招募或投靠，隨著戰績顯著，實力日漸加強。相較之下，中央軍與朝廷中的政爭牽連緊密，以致趨向衰落，蒙元的政權維繫更深受地方軍與義軍的扶持，中央集權的態勢也因而無法維持，忽必烈的體制真正崩解。

二、軍事中興與內鬨

表4-3：元末地方主要叛亂勢力簡表

領導者	歷　時	分支勢力	主要據地	旗幟	附　註
小明王	至正十一～廿六年（1351～1366）	杜遵道	汝寧	宋	由劉福通起事到韓林兒沉瓜州渡　主其事者為劉福通　布王三號北瑣紅軍　孟海馬號南瑣紅軍
		彭瑩玉、徐貞逸	德安、沔陽、湖廣、安陸		
		布王三	河南府、南陽		
		孟海馬	峽州、荊州、襄陽		
		芝麻李	徐州		
		毛貴、田豐	山東		

﹝註68﹞《元史》卷188，頁4307～4308，〈劉哈剌不花傳〉，卷141，頁3382～3383，〈太不花傳〉，劉哈剌不花原為江西人，出身探馬赤軍，以軍功揚名，其在太不花幕下時因建議屢受拒用，而心銜太不花，當太不花受到朝廷的懲處時，奔劉哈剌不花處求庇，卻因而遭劉哈剌不花縛送。

郭子興	十二～十四年 （1352～1354）	朱元璋 彭早住 趙君用	濠州	制節 元帥	明朝建立後封滁陽王。彭、趙二人爲徐州殘餘
徐壽輝	十一～廿年 （1351～1360）	陳友諒 倪文俊 明玉珍	漢陽府	天完	爲部將陳友諒所殺
陳友諒	廿～廿三年 （1360～1363）		江州	漢	爲朱元璋所滅
明玉珍	十一～廿六年 （1351～1366）		四川	隴蜀王 夏	至正廿二年稱帝，其子降明
張士誠	十三～廿七年 （1353～1367）		高郵	誠王 周 吳王	十四年稱誠王，國號周。十七年降元，廿三年又稱吳王。被朱元璋所滅。
方國珍	八年～廿七年 （1348～1367）		台州		降朱元璋

1. 資料來源：錢謙益《國初群雄事略》（筆記小說大觀）三十三編九。任崇岳校注《庚申外史箋證》。郭沫若編《中國史稿地圖集》（北京：中國地圖出版社，1990）。譚其驤編《中國歷史地圖集》（上海：地圖出版社，1982）元、明時期。

　　察罕帖木兒祖上出身色目人，但是因爲在漢地落地生根，早已成爲漢人的一員，從其曾應科舉來看，亦有相當的儒學素養。他在元朝晚期的漢人儒士圈中聲望頗高，除了他在軍事上的貢獻以外，察罕儒將的形象亦有很大關係，與察罕功績相當的答失八都魯在漢人的文集中即相對受到忽視。察罕與李思齊授官之後屯駐汝寧。至正十五年察罕開始軍事上的第二波高峰，首先其進討汴梁路，屯駐虎牢關（今河南鄭州西），與入侵河北的紅巾軍接戰，殲滅敵軍，使河北轉危爲安，接著更進駐中牟，與淮右紅巾軍三十萬對決，敵軍棄旗遁走，「斬首無算」，察罕因而受到破格擢昇，官至正三品之兵部尙書。十六年因朝廷以答失八都魯節制河南諸軍，所以將察罕與李思齊調往陝州，征討被河南政府軍驅趕往西遁逃的餘衆，在幾個月相持奮戰之下，廓清了陝州、靈寶等處，故僉河北行樞密院事。十七年，叛軍進攻關中，陝西省台告急，察罕以大軍入潼關，並誘敵於鳳翔，在短時間內平定關中。〔註69〕爲了紀念察罕對山西、陝西地區的貢獻，當地郡守與士民曰：

　　　　天下初發難也，群盜所過燔城府，……海內固不殘滅。吾解梁合境

〔註69〕《元史》卷141，頁3384～3385，〈察罕帖木兒傳〉。

爲完城，四野爲全，民邑里有屋廬……不殊平時，若是者果誰之賜
耶？……王有大功，活大眾，宜世世血食吾土。〔註70〕

可見察罕不僅治軍有方，而且在民政上也頗得人望，以致多年以後，仍受到
後人之追念。

察罕爲朝廷收復了關中地區，因而授爲陝西行省左丞，但是不久因爲山
東毛貴軍進犯京畿，引起朝廷恐慌，甚至一度提議北巡或遷都關陝以避之，
中央徵調四方軍隊入衛，察罕以部分兵留守關中，自率銳卒應政府之召，後
來因爲太平處置有方，京師轉危爲安。順帝於是命察罕守禦關陝、晉、冀，
並撫鎮漢、沔、荊、襄，便宜行閫外事。也就是說從陝西行省、中書省以及
河南江北行省西半部，幾乎皆委託予察罕軍。在大致平定關中地區以後，察
罕轉而將目標放至河南地區，當時紅巾軍之首劉福通於汴梁立正朔，造宮闕
以號召群雄，在政治上與蒙元政權對立，察罕對此無法坐視，遂發大軍於至
正十九年攻破汴梁，擄獲小明王僞后、僞官、符璽等等無算，「河南悉定」，
京師聞捷「歡聲動中外」，因而官拜河南行省平章，詔告天下。〔註71〕當時整
個朝廷幾乎完全依賴察罕軍之聲勢，而答失八都魯早於十七年討劉福通時遇
到挫敗，朝廷懷疑其忠誠，導致一夕憂死。〔註72〕

雖然答失八都魯之子孛羅帖木兒代其父領軍，但是一時之間氣勢難以恢
復，察罕遂成爲朝廷的最大支柱。無論是察罕還是答失八都魯，對於朝廷的忠
誠皆無庸置疑，不僅以平定四方爲己責，對於朝廷的號令更是無不遵從，因此
雖然在軍隊的性質上非屬中央軍，但是在忠誠度上卻絲毫不遜色。這兩大股地
方軍隊並不依賴朝廷的供給，而是以練兵訓農的方式來解決糧草問題，半農半
兵的策略使軍需充足，兵員也不虞匱乏。而兩方因爲以大局爲重，所以在答失
八都魯未死之前，與察罕之間相安無事，並且各自戮力於收復失土，故能取得
豐碩的戰績，但是在孛羅帖木兒取代其父領軍之後，情況就跟著改觀。

至正十七年答失八都魯死後，朝廷命其子孛羅移兵大同，以扼守上都西邊
入口，並且立大都督兵農司專務屯種。另一方面察罕則大舉經營關陝、荊襄、
江淮等處，「營壘旌旗相望數千里」，並且務農訓卒，期望收復山東。〔註73〕但

〔註70〕孫蕭〈創建潁川忠襄王廟碑〉，收入《山西通志》（光緒十八年刊本），卷295，
　　　　頁10下。
〔註71〕《元史》卷141，頁3386～3387，〈察罕帖木兒傳〉。
〔註72〕《元史》卷142，頁3397～3398，〈答失八都魯傳〉。
〔註73〕《元史》卷141，頁3387，〈察罕帖木兒傳〉，卷207，頁4601，〈逆臣・孛羅

是好景不常，孛羅眼見察罕勢盛，有意爭奪其晉寧、冀寧兩路，但是此兩路爲察罕兵力所定，朝廷爲了防止兩者衝突，因而命以石嶺關（今山西省忻縣附近）爲界，以北屬孛羅，以南則仍爲察罕所有，但是孛羅仍然不死心，希望完全據有冀寧，屢屢派兵進犯冀寧，兩方相持不下，朝廷不僅對孛羅沒有懲處，甚至下旨命察罕將冀寧畀與孛羅，引起察罕之不滿，曰：

> 用兵數年，惟藉冀寧以給軍，而至盛彊。苟奉旨讓與，則彼得以足
> 其兵食，吾軍何資？〔註74〕

可見冀寧爲察罕軍之糧倉，如果讓與孛羅，其軍力勢必受損，朝廷會下達此一偏袒命令，並非不明白實際情況，很有可能是眼見察罕軍力日漸壯大，兵精糧足，原本與其鼎足的答失八都魯部則相對衰弱，失去互相制衡之功能，所以希望藉由培植孛羅之實力以牽制察罕軍，在察罕拒絕中央此一命令之後，開始質疑察罕「恃功驕恣」，可見朝廷對察罕已心生疑忌，所謂讓冀寧與孛羅不僅是爲平息爭端，也是一種試探。後來察罕運用朝廷缺糧的時機，派遣義子擴廓帖木兒貢糧於朝，表示對中央的效忠，並且讓擴廓與皇太子深相結納，〔註75〕終於暫時化解朝廷的猜忌，但是察罕與孛羅兩方之間的恩怨，卻沒有得到解決，並且因爲中央無法客觀處理，反而隨之起舞，以致兩軍之間的紛爭綿延不絕，讓其餘勢力較弱的將領開始覬覦觀望，並且也涉入其中，演變成不受政府號令的軍閥興起，爲勢力範圍互相攻擊，數年間中興的成果被破壞殆盡，軍閥割據的情形遂與蒙元相始終。

　　事實上軍閥的興起與朝廷對地方將領的猜忌有很大的關係，與當年開國情況最大的不同是，朝廷對於功勳越高的將領雖然不乏封賞，但是猜忌的程度也越高，即使是蒙古將領答失八都魯亦難以倖免，甚至因爲朝廷輕信劉福通部所僞造之通敵書信，導致其一夕憤死。察罕帖木兒爲蒙元收復大片失土，並且謹尊朝廷號令，卻無故被疑，甚至希望藉由孛羅來削弱其實力，這不能不令察罕等忠於朝廷的將領寒心。但是察罕還是藉由高明的政治手段，取得執政者的信任，而非正面與朝廷相抗。總之，在至正廿二年察罕被刺殺之前，地方軍對政府的態度基本上還是效忠高於割據。

　　另外察罕在兵馬倥傯之餘，對於儒治還曾經盡過心力，因爲河南遭遇兵

　　　帖木兒傳〉。
〔註74〕屠寄《蒙兀兒史記》卷129，頁7上，〈答失八都魯、察罕帖木兒列傳〉。
〔註75〕屠寄《蒙兀兒史記》卷129，頁7下，〈答失八都魯、察罕帖木兒列傳〉。

災，所以鄉試無法正常舉行，察罕遂於十九年建議中央：

今歲八月鄉試河南舉人及避兵儒士，不拘籍貫，依河南省元定額數，
就陝州置貢院應試。〔註76〕

可見察罕對於科舉的維持頗為注意，在軍旅之際還極力想要恢復河南鄉試，
這樣的舉動更加深儒將的形象。從某種程度上來說，察罕雖然具西域人的血
統，但是在政治思想上與儒士毋寧是比較接近的，也因此他與答失八都魯軍
之間，對於漢人來說就產生了差異。答失八都魯代表的是蒙古人率領的政府
軍，察罕則為具色目血統的漢族將領，在意義上具有族群的競賽成分，但是
在答失八都魯憂死之前，察罕即使功高，在編制上仍然屬於節制河南諸軍的
答失八都魯之屬，〔註77〕這也反映出朝廷對兩者之間的差別待遇。另一方面
朝廷與這兩股地方軍隊之間，又存在中央集權與地方分權的問題，這與歷代
政府在中央勢力衰落時所面臨的情況並無不同。所以在這一段時間中，地方
上答失八都魯與察罕兩軍之間進行族群上的競賽，中央與地方之間則拉鋸著
集權與分權的問題。

三、將星殞落

察罕在暫時解決了與朝廷之間的衝突之後，專心總兵進討山東。山東的
情勢在毛貴死後轉趨分裂，餘眾互相仇殺，給予政府軍極佳的機會。察罕兵
至東平時，毛貴屬下田豐因兵敗，遂以東平出降，並且表示願意為前鋒東討
益都。短短幾個月之內，除了益都城以外，山東幾乎被察罕完全平定，不過
益都為偽宋政權的行省治所所在，所以攻下益都有政治上和軍事上的雙重意
義，就在圍攻益都城之際，田豐因久攻不下，又心生異志，遂與王士誠等密
謀刺殺察罕。察罕對於田豐的投降推心置腹，以致當田豐邀請察罕相見益都
城下之時，察罕毅然單身赴約，遂死於益都城下。〔註78〕

察罕之死對於與元朝敵對的勢力來說，絕對是一項好消息，從朱元璋對
察罕帖木兒的祭文中可以看出，其極力貶低察罕的形象，以削弱他對於漢人
的吸引力，甚至將察罕之死歸為自取其咎，朱元璋曰：

……以其忠之所致，夫何兵既勝，志少盈，納逋逃，釋有罪，忠義

〔註76〕《元史》卷45，頁947，〈順帝紀八〉。
〔註77〕《庚申外史箋證》卷下，頁90。
〔註78〕《庚申外史箋證》卷下，頁111～113。

漸虧，鬼神鑒見，俄而禍脣不測，隕於敵手，然忠未終而姦未顯……。

〔註79〕

言下之意為察罕帖木兒是因為死得過早，否則也難保成為割據軍閥。從實際的情況來說，朱元璋的批評顯然是偏頗而有目的，主要是一種政治宣傳，以削弱敵對勢力對百姓的吸引力。從明太祖特地針對察罕，也反映出察罕在民間的號召力讓明政權感到威脅。另一個極端是儒士張翥對察罕的評價，在察罕接連收復山東諸州縣時，其以詩讚曰：

> 聖主中興大業難，元戎報國寸心丹，軍中諸將驚韓信，天下蒼生望謝安，露布北來兵氣盛，樓船南渡海波寒，擬將舊直詞林筆，細傳成功後世看。〔註80〕

當察罕收復濟南之際，張翥更興高采烈地賦詩「以喜武威平汴兗，可傾東海洗兵無」，〔註81〕顯然對於整個山東的收復深具信心。他以察罕比擬謝安，更對於他效忠蒙元之心毫無疑問，甚至視為元朝中興的中流砥柱，與朱元璋的評論顯然南轅北轍。另外南人王逢亦有詩哀悼察罕之死，其曰：

> 六月妖星芒角白，幾夜徘徊天市側，尋聞盜殺李上公，窮旅孤臣淚沾臆，當時寬猛制萑澤，安得受降翻受敵，上公忠名垂竹帛，書生奚為賷褘惜，東南風動旗黃色，蒲梢天馬長依北。〔註82〕

顯然王逢對於察罕忠於王事而隕之事，感到非常惋惜，無論是朱元璋還是上述文人，他們對於察罕的評價都與其立場有關。就察罕生前的事蹟來看，不應該懷疑他對元朝政權的忠誠，以其兵力之盛，以及軍需資源的自給自足，如果要自立並非難事，但是卻一直以恢復蒙元失土為職志，並且屢屢輸糧於大都，即使受到朝廷不公允的對待，也不足以令其心生怨懟。總之，在地方軍與義軍的輔佐下，蒙元收復了淮河以北廣大失土，並且因為將領適時兵屯，不僅自給自足，還可以資助中央政府，以致一時之間頗有中興之望，但是隨著兩大支柱的殞落，這股氣勢也隨之中挫。

　　在本節的討論中引發一個問題，就是元朝雖然已在漢地落地生根，但是

〔註79〕 朱元璋《明太祖御製文集》（國立中央圖書館藏本，明初內府刊本）卷20，頁1下，〈奠忠襄王李察罕文〉。

〔註80〕 張翥《蛻菴集》卷4，頁6，〈寄野菴察罕平章〉。

〔註81〕 張翥《蛻菴集》卷4，頁6下，〈大軍下濟南〉。

〔註82〕 王逢《梧溪集》（知不足齋叢書）卷5，頁43，〈七月聞河南平章凶問〉；陳衍《元詩紀事》卷16，頁515，〈七月聞河南平章凶問〉。

在北邊依然有許多蒙古宗王鎮守，爲何不調北方宗王來援？事實上確實曾經用了此一方法，但是結果卻使順帝成爲驚弓之鳥。當紅巾軍開始肆虐大河南北之際，至正廿年，順帝「屢詔宗王，以北方兵南討」，卻因而開啓有心宗王趁機奪取汗位的野心，陽翟王阿魯輝帖木兒即馬上發難。阿魯輝帖木兒之祖滅里大王爲窩闊台第七子，其曾祖禿滿時封陽翟王，阿魯輝帖木兒接到元朝的求援，認爲其「國事已不可爲」，故擁兵數萬脅同其他宗王南來，遣使責問順帝敗壞祖宗基業，要求他將國璽交出，並聲言「我自爲之」，覬覦皇位的心態躍然字裡行間。順帝一方面以詔書諭之悔悟，一方面派遣知樞密院事禿監帖木兒率兵擊之，禿監帖木兒所率之兵長年以來習於屯田而不習兵事，故與阿魯輝部接戰之際即已潰散，禿監帖木兒敗走上都。〔註83〕如此一來朝廷不僅未受北方諸王之庇護，反而腹背受敵。

　　當時太平已經不堪太子黨之攻擊而以太保之職居第養疾，愛猷識理達臘爲置之死地，遂建議太平出任上都留守，希望藉阿魯輝之亂殺之，太平聞命即行。另一方面朝廷在禿監帖木兒失敗以後，改命老章往討，老章爲色目世胄，在征討河南紅巾軍的戰役中屢屢無功，因而被改派往上都迎擊陽翟王，並且以陽翟王之弟忽都帖木兒從征。此次進討因爲軍容浩大，再加上有忽都帖木兒之助，遂大敗陽翟王之軍。阿魯輝帖木兒部將脫驩因見情勢有變，故轉而與宗王囊加台叛變，將阿魯輝帖木兒縛送上都，上都留守太平不願居功，令其自行獻俘大都，陽翟王之亂遂平。老章因功封和寧王，忽都帖木兒則代其兄爲陽翟王，太平則賜太傅歸家鄉奉元。〔註84〕此次陽翟王之亂造成了很大的後遺症，順帝對於北方宗王因而完全失去信任，即使明兵逼近大都，以致元朝因而滅亡，也不願再召宗王入援。當順帝北奔駐蹕於上都時，跟隨的博爾朮後人哈剌章眼見朝廷不思振作，與《北巡私記》的作者劉佶有這樣一番對話：

　　　哈剌公嘗太息謂予曰：「亡國之臣，豈可與圖恢復，吾當與西北諸藩
　　　共圖此事爾。」佶問：「何不早爲此計？」哈剌公曰：「子獨不見阿
　　　魯輝王之事乎？」〔註85〕

〔註83〕《元史》卷206，頁4597，〈叛臣・阿魯輝帖木兒傳〉，卷128，頁3133～3134，
　　　　〈土土哈傳〉；《庚申外史箋證》卷下，頁107～108。
〔註84〕《庚申外史箋證》卷下，頁110；屠寄《蒙兀兒史記》卷125，頁10下～11
　　　　上，〈脫脫、太不花、賀惟一列傳〉；曾廉《元書》（層漪堂刊本）卷81，頁1，
　　　　〈老章等傳〉。
〔註85〕劉佶《北巡私記》，頁3。

當時行在朝廷中之平章政事上奏請徵西北諸藩兵入援，但是卻「疏入寢不報」，可見順帝對於西北宗王疑忌之深，即使已經面臨政權滅亡，也不願與西北藩王合作。總之，因爲蒙元朝廷對草原宗王的不信任，以致只能依賴漢地的將領，這也促使這些將領日漸跋扈不聽指揮。

屠寄曾曰：

> 答失八都魯討賊荆襄，兵鋒銳甚，既入中原，總大軍，乃一敗於長葛，再困於中牟，雖有太康之捷，卒致曹濮之憂，無它，忠勇而寡謀也。……察罕帖木兒沉愍喜功名，布衣起義，旌麾所指，前無堅對，不十年而河東關西河南山東群盜屏跡，其所規劃，有古名將之慨，使天予中壽，江淮不足平也。推我赤心，遭人白刃，非一身之不幸，殆元祚之宜終歟。〔註86〕

言下頗有貶答失八都魯而讚察罕帖木兒之意。察罕在軍事上的成就確實高於答失八都魯，但是中央的態度卻明顯地厚愛後者，原因無它，主要還是在於答失八都魯爲蒙古國人，而察罕則爲漢化之色目人，與察罕同時起義兵的李思齊更是不折不扣的漢人。對於蒙元統治者來說，以蒙古人統領軍隊，當然要比交給其他族群來的放心，更何況地方上的叛亂勢力還以族群口號作爲號召，對於蒙古人來說都是一種警訊。

在中央與地方將領之間，這一段時間不僅是中興時期，更是蒙元由中央集權漸漸轉移爲地方分權的的關鍵，脫脫下台以後，中央軍隊衰落，脫脫所率之眾甚至多轉投紅巾軍陣營，答失八都魯與察罕帖木兒兩支軍隊的興起，爲朝廷帶來曙光，但是正因爲地方強中央弱，故中央集權的態勢遂難以維持，完全要依賴將領對朝廷的向心力，甚至連大都的糧食都必須仰賴地方軍的供給，因此 Dardess 教授所謂地方主義的增長確實符合實際的情形。〔註87〕

答失八都魯與察罕並未眞正以兵介入中央政治，但是在中央與他們的互動中，顯現出族群區別的問題。察罕以儒將之姿領軍屢見大功，但是依然屈居答失八都魯之下，雖然察罕本人未曾表示意見，但是對於那些心繫察罕的漢人儒士來說，朝廷的態度可能會削弱他們的向心力。總之兩人死後，後人雖然繼承他們兩人的軍隊，卻沒有完全承繼其對朝廷的忠誠，其中尤以答失

〔註86〕屠寄《蒙兀兒史記》卷129，頁17上，〈答失八都魯、察罕帖木兒列傳〉。
〔註87〕John W. Dardess, *Conquerors and Confucians: aspects of political change in late Yuan China*, pp. 119～146。

八都魯子孛羅帖木兒最爲明顯，他擁軍干預中央政治，儼然割據軍閥。察罕義子擴廓帖木兒雖有心繼承父業，但是卻受到孛羅與朝廷雙方面的牽制，再加上察罕舊屬李思齊等不肯屈居其下，以致擴廓無法遂行其志，因而中興的成果在接下來的短短六年間消失殆盡。

第三節　天下蒼生望謝安——軍閥干政

一、政府軍內鬥

就在天下滿心期待察罕成爲元朝的謝安時，卻傳來噩耗，由於繼任領軍將領之間因爲私仇互相攻擊，再加上朝廷中的皇位爭奪猶未平息，甚至藉由在外軍事將領的奧援增加自己的力量，導致具軍事力量的武將有機會左右朝政，可謂引狼入室，因而使蒙元在最後的七年中轉變成軍閥政治的型態

歷史上所謂的軍閥，指的是私據疆土而不尊中央號令者，甚至以兵力爲後盾影響朝政，至於是否具備窺取神器之心似乎不是必備條件。從此一角度來看，擴廓帖木兒與孛羅帖木兒無疑是具備軍閥的特質與條件，但是與中國歷史上著名的藩鎮相較，最大的不同在於有代元之力而無代元之心。雖然對朝廷不滿，孛羅曾經稱兵二度犯闕，左右政府與皇室事務，跋扈有餘卻無眞正的不臣之心，當然這還牽涉到蒙元體制本身對於臣子的牽制，但是如果孛羅有心，順帝立時就處於不測之地。擴廓與皇太子相結的最初原因是察罕希望藉此消弭來自朝廷的阻力，以達成中興之志。後來則因爲與孛羅之間利益有所衝突，故援引皇太子之力與之相抗，但是在大節上，擴廓對於元朝效忠性比其他任何大小軍閥要來的強烈。除了擴廓與孛羅以外，李思齊等勢力較小將領亦開始爲了私人好惡反對政府詔令，成爲較小股的軍閥勢力。

在答失八都魯、察罕帖木兒相繼死去後，代之而起的是孛羅帖木兒與擴廓帖木兒兩大勢力。察罕在世時，由於其人望與功勳皆爲他人所不及，因此除了孛羅帖木兒因垂涎冀寧而屢屢侵犯察罕駐地以外，其他的大小將領如李思齊等，皆安分地爲朝廷守土討賊而少有微言。但是察罕一死，眾人就開始覬覦察罕之地位，加上擴廓在輩分上的威望不足，因此不僅與孛羅之間相爭不下，連李思齊等人也開始憤憤不平。

最困擾朝廷的就屬孛羅帖木兒與擴廓帖木兒之間的互相征伐。擴廓帖木兒

本名王保保，爲察罕之甥，從其漢名看來顯然色目血統已淡，其外祖父母（察罕之父母）即使皆爲色目人，其母嫁與王姓漢人則已有一半漢人血統，況且察罕家族在河南日久，與漢人通婚也不足爲奇，可能早在察罕父祖輩即已有通婚之事。擴廓爲察罕之養子，順帝賜名擴廓帖木兒，察罕被叛將田豐刺殺，引起軍隊的恐慌，察罕舊屬白瑣住當機立斷，擁察罕子擴廓爲主。倡言：

> 總兵奉朝廷命討逆寇，總兵雖死，朝命不可中止，況今總制官王保保，曾爲總兵養子，朝廷有賜其名擴廓，若立以爲主，總兵雖死猶不死。〔註88〕

白瑣住的的建議立即獲得眾人的附和，也穩定了浮動的軍心，擴廓領軍之後銜哀討賊，以挖掘地道的方式攻破益都，取田豐、王士誠等心生祭察罕，至是魯地皆平。〔註89〕在平定了山東之後，擴廓率其軍隊回駐太原，守其義父舊地，防備孛羅帖木兒軍的侵擾。

答失八都魯死後，朝廷爲彌補孛羅帖木兒，以河南平章授之，領父軍繼續征討。孛羅「剛勇有家風」，在接受朝廷的拜命之後，接連擊敗劉福通等。至正十八年（1358）劉福通分其部爲三軍：一軍以關先生等攻晉寧，一軍以白不信等趨關中，另一軍則爲毛貴據山東，〔註90〕一時之間聲勢大振，對大都形成合圍之勢。幸而晉寧、關中有察罕帖木兒之軍，而毛貴軍則在逼近大都時被太平所擢用之劉哈剌不花所擊退，大都遂轉危爲安。但是關先生一支卻因爲兵敗轉而從晉寧北上，掠大同及興和等塞外諸郡，甚至進一步攻陷上都，焚毀宮室之後又轉佔大寧、侵入高麗，遼陽總管李震戰死。元朝命也速往討，也速爲蒙古人，曾經跟隨脫脫出征徐州，脫脫因其獻計而攻下徐州，在元朝晚期的蒙古將領中素以能戰聞名。在此次戰役中也速以騎兵迂迴其後方，前後夾擊，收復大寧。〔註91〕經過這一次的教訓，朝廷爲了防備紅巾軍等再經大同犯上都，所以將孛羅調往大同駐守，並且實施屯田，也因而使孛羅與察罕的駐地相接壤，爭端遂起。

孛羅與察罕互不相服的原因很明顯。察罕在職務上原本爲答失八都魯之

〔註88〕《庚申外史箋證》卷下，頁113。
〔註89〕《元史》卷141，頁3389，〈察罕帖木兒傳〉；李士瞻《經濟文集》卷5，頁？，〈平山東露布〉。
〔註90〕《庚申外史箋證》卷下，頁88～89。
〔註91〕《元史》卷45，頁945，〈順帝紀八〉，卷142，頁3400～3401，〈也速傳〉；高岱《鴻猷錄》（上海：上海古籍出版社，1992）卷2，頁2，〈宋事始末〉。

屬，但是在答失八都魯死後，察罕明顯地取代了答失八都魯在朝廷眼中的地位，孛羅當然會感到憤憤不平。就察罕一方來說，其所立下的汗馬功勞不亞於答失八都魯，卻因爲身分上爲平民起義軍，所以歸屬官軍性質的答失八都魯節制，其子孛羅無論在輩分上或戰績上都無法與察罕比擬，因此如果還要讓察罕屈居其下，未免強人所難。孛羅爲了取得朝廷的重視，至正十九年（1359）冬天京師大飢，孛羅主動貢糧五萬石。〔註92〕此舉果然贏得中央的青睞，故在孛羅與察罕爲冀寧相持不下時，朝廷會下達將冀寧路讓與孛羅的命令也就不足爲奇。後來察罕亦如法炮製，派其義子擴廓與太子深相結納，再度贏得朝廷的信任，孛羅與皇太子之間也因此有所芥蒂。緊接著察罕東討魯地，與孛羅之間的衝突暫時和緩，但是隨著擴廓班師回駐太原，兩方面又起了更劇烈的爭端。

在兩方人馬的爭執中，中央不僅非居於客觀的調停者地位，反而常常刻意扶植一方打擊另一方，也就是不使一方獨強，以免威脅朝廷。在中央弱地方強的情勢下，此一牽制政策或許無可厚非，但是卻引發政府軍內鬥的嚴重後果，南方群雄也趁機日漸坐大，加上朝廷在皇太子急於謀奪皇位的情形下，更是採取結外援以脅內政的方法，導致地方將領的重要性由軍事上延伸至中央政治上，甚至因爲朝廷的內鬥日益加劇而形成以兵干政的軍閥情勢。當時朝中臣子對此並非全無認知，江西人危素即曾經對御史大夫普化言：

> 養虎者欲其不相搏噬，則各別其牢，今欲兩人（擴廓與孛羅）無鬥，莫若加其職而分地處之，用孛羅帖木兒爲丞相治四川，以廓擴（此處誤，應爲「擴廓」）帖木爾（兒）爲丞相治河南，各責其成功可也。
> 〔註93〕

亦即將其駐地分開，並且各以重賞旌其功績，以收其利而避兩強相爭之害。但是此一建議並沒有被採用，普化曾經將危素的建議上達，但是因爲右丞相搠思監喪妻不出，事遂中寢。〔註94〕孛羅在得知察罕新喪，欲趁機奪取冀寧、晉寧，擴廓一方面請朝廷下詔諭之，一方面以部將白瑣住鎮守益都，自引大軍還駐冀寧，朝廷爲了調處此一僵局，命孛羅肅清襄漢，但是孛羅恐怕遭到擴廓部將李思齊與歹驢的南北夾擊，於是藉口道路不通不便南討，更擅遣其

〔註92〕李繼本《一山文集》（叢書集成續編）卷6，頁2，〈劉則禮傳〉。
〔註93〕宋濂《宋學士文集》（四部叢刊）卷59，頁8上，〈危公新墓碑銘〉。
〔註94〕宋濂《宋學士文集》（四部叢刊）卷59，頁8下，〈危公新墓碑銘〉。

將竹貞入據西安，導致與擴廓的正面衝突，擴廓遣部將李思齊、貊高合攻竹貞，竹貞兵敗投降。孛羅猶不死心，再遣部將烏馬兒、殷祖祖襲冀寧石嶺關，卻被擴廓生擒，經過兩次的失敗，孛羅的軍事力量「由是不振」。〔註95〕在兩雄相爭之中，可以明顯看出朝廷一反當年左袒孛羅的態度，反而以調動孛羅往襄漢以避免兩方的衝突，這樣的方法顯然是比較傾向於擴廓一方，這當然與秉政的皇太子有關，就太子來說，擴廓是自己最大的外援，所以在兩雄相爭之中，自然而然會支持擴廓一方。但是這種不思解決爭端，而徒增雙方仇恨的方法，一方面給予軍人干政的機會，一方面也將中央捲入軍閥的私人恩怨當中。

二、軍閥政治

表4-4：至正後期地方兩大軍事勢力簡表

將領	駐地	主要部將	朝中奧援	備　註
孛羅帖木兒	大同	竹貞（投降擴廓） 烏馬兒（被擴廓所擒） 殷祖祖（被擴廓所擒） 姚伯顏不花（被也速擒殺） 保安（孛羅酒醉後誤殺之）	順帝	順帝在態度上並沒有明顯的偏向何者，但是因為老的沙被太子流放東勝州，順帝密詔孛羅留老的沙於軍中，可謂結孛羅之力消極對抗其子驅除己之近臣行動
擴廓帖木兒	太原	貊高 歹驢 脫因帖木兒（擴廓弟） 關保	太子	與擴廓有舊誼，想藉其兵力問鼎皇位，擴廓雖然在孛羅之亂中迴護太子，但是卻拒絕太子以兵逼順帝禪位的要求

至正廿三年（1363），孛羅敗於擴廓軍，兩大軍閥之間的紛爭暫時平息。隨即又因為朝廷中的鬥爭而再度被引發，事起於皇帝母舅御史大夫老的沙彈劾右相搠思監貪蔽誤國。老的沙「性剛直」，以四方多故頗為憂心，所以希望對於時政有所改革，這當然是出於他作為當今皇帝母舅，身為世戚，命運與國家有著息息相關的聯繫。但在太子的庇護下，搠思監僅僅被奪相印而無其他處置，但是老的沙卻已得罪太子。不久搠思監又再度被任命為右相，老的

〔註95〕屠寄《蒙兀兒史記》卷129，頁9上，〈答失八都魯、察罕帖木兒列傳〉；邵遠平《元史類編》卷41，頁9上，〈孛羅帖木兒傳〉。

沙託疾辭職作為抗議，被順帝所挽留。接著老的沙再度彈劾奇后宮中宦官朴不花姦邪，直接惹怒奇后與太子，太子因此左遷出頭彈劾的監察御史以予警告，卻引來侍御史李國鳳、陳祖仁更直接的批評，兩人亦遭到降職的處分，老的沙仍然力持處置朴不花，奇后與太子遂雙雙譖於順帝，順帝不得已將老的沙封王遣歸故國，在太子的堅持下，最後被安置東勝州。知樞密院事禿堅帖木兒則因為與右丞也先不花有所嫌隙，亦被一起安置東勝州。〔註96〕

　　美籍學者傅樂淑曾經針對日本學者箭內亙所謂「怯薛具有防止宦禍的功能」提出反駁。〔註97〕其所舉的兩個例子之一即為朴不花。事實上元代雖有宦官參與宮廷政爭，卻稱不上「宦禍」，歷代宦禍的必備條件必須是宦官本身具備獨立行使政權的能力，但是朴不花並沒有任何實權，必須完全仰賴奇后與太子的庇護，無法獨立行事，充其量只是太子等謀求皇位的工具，故傅樂淑教授之論點或許過度強調蒙元宦官的影響力。

　　至正廿三年（1363）順帝在皇太子與奇后的強力要求下流放老的沙，卻私下以密詔要求孛羅收留老的沙與禿堅帖木兒於軍中，顯然答應皇太子之要求純為息事寧人。太子得知之後屢次向孛羅索人，但是孛羅因為順帝密旨中要其「匿弗予」，故孛羅不僅不顧太子之要求，更上章澄清老的沙之冤，這顯然亦得於順帝之授意。愛猷識理達臘為此恚怒非常，因此當孛羅帖木兒因為私怨殺其叔父而佯為不知時，皇太子遂藉此以「握兵跋扈」、「匿不軌之臣」、「戕骨肉之親」三大罪名解除孛羅兵權，孛羅以「詔令非出於汗意」，殺使者拒命，歸罪於搠思監所為。至正廿四年（1364）正月令禿堅帖木兒稱兵犯闕，執殺搠思監與朴不花。事後順帝下令以禿堅帖木兒為中書平章，孛羅官復原職加太保，仍守禦大同。此一事件導致皇太子北奔古北口，待兵退始還，如此一來，太子與孛羅之仇恨可謂根深蒂固。〔註98〕事實上當太子決定以解除孛羅兵柄作為懲罰的方法時，儒臣樞密副使李士瞻曾言：「削權事重，宜先調兵以固關輔」，〔註99〕但是顯然太子是赤手空拳而欲去猛虎之爪牙，可說意氣

〔註96〕屠寄《蒙兀兒史記》卷129，頁9下～10上，〈荅失八都魯、察罕帖木兒列傳〉。

〔註97〕傅樂淑〈元代宦禍考〉，《元史論叢》第2輯（1983），頁157～166。

〔註98〕《元史》卷207，頁4603，〈逆臣·孛羅帖木兒傳〉；屠寄《蒙兀兒史記》卷129，頁10，〈荅失八都魯、察罕帖木兒列傳〉。

〔註99〕李士瞻《經濟文集》行狀，頁2下：李士瞻曾於至正廿二年以樞密副使極言時政，其以二十條建議規勸順帝，但是並沒有被接受，見《元史》卷46，頁961，〈順帝紀九〉。

用事，政治手段欠缺技巧。

更令人驚訝的是，在經歷了一次驚心動魄的逃亡之後，皇太子爲了復仇，以詔書命擴廓兵分三路征討孛羅，形成政府公然下令之內鬥。至正廿四年（1364）五月太子以白鎖住軍護衛京師，擴廓與貊高、竹貞分別由大同之南與西面進攻，孛羅繞過擴廓的正面攻擊，反而率精兵由居庸關入大都，敗白鎖住與也速之軍，白鎖住遂奉太子奔冀寧，孛羅本欲從後追擊，爲老的沙勸阻，而入宮覲見順帝，泣訴無辜之情。同年順帝爲了安撫擁兵入京的孛羅，以其爲中書右丞相，老的沙爲中書平章，禿堅帖木兒爲御史大夫，開始了由軍閥秉政的時期。〔註100〕

三、軍閥秉政與政權衰亡

至正廿四年（1364）八月到至正廿五年（1365）六月的期間，中央完全由軍閥孛羅帖木兒所秉持。一開始孛羅有意於圖治，他盡誅皇帝身邊的倚納佞臣，並且罷三宮不急造作，汰宦官省錢糧，停西番僧佛事等等稗政，並且遣使請皇太子還朝，一時之間頗有振作之風。但是擴廓不奉大都所出命令，留置孛羅所遣使者，並且奉太子聲討孛羅帖木兒，因而使孛羅遷怒奇后。他以撓亂國政要求廢后，但是順帝不從，孛羅遂矯制將奇后遷出宮外幽禁。在軍事上其遣禿堅帖木兒討上都黨附太子者，並命也速南禦擴廓，但是也速不肯聽命，大將之一姚伯顏不花更被也速出奇不意擒殺。政治與軍事上的挫敗讓孛羅鬱鬱不樂，遂終日與老的沙以酒色自娛。〔註101〕孛羅低估了順帝的能力，妥懽帖睦爾雖然怠政卻不昏昧，孛羅逼其親子出奔，又不經其同意遷移愛后出宮，更誅殺皇帝近臣，嚴重侵犯順帝之尊嚴，當年順帝容不下伯顏，時至今日更難以容忍孛羅對他的種種限制，因此順帝又採取類似的方法，以突擊性的行動誅殺孛羅。〔註102〕

孛羅或許認爲皇太子密謀皇位，應該爲順帝所不容，但是他忽略了愛猷識理達臘畢竟是順帝的親生獨子，順帝可能會警告他的踰矩，但是卻很難會真正處置他的愛子，在臣子與親子之間，親疏之別判然分明。在脫脫下台之

〔註100〕《元史》卷207，頁4604，〈逆臣・孛羅帖木兒傳〉；屠寄《蒙兀兒史記》卷
　　　129，頁10下～11上，〈荅失八都魯、察罕帖木兒列傳〉。
〔註101〕《元史》卷207，頁4604，〈逆臣・孛羅帖木兒傳〉。
〔註102〕《元史》卷207，頁4604，〈逆臣・孛羅帖木兒傳〉；屠寄《蒙兀兒史記》卷
　　　129，頁11，〈荅失八都魯、察罕帖木兒列傳〉。

後，順帝將權力委託於愛猷識理達臘，使其得以安排黨羽盤據朝廷，以致脫脫與太平等大臣難以對抗太子。即使是奇后，當順帝察覺其有所異志，亦僅只「疏之兩月不見」，〔註103〕更何況太子本人，因此在所謂帝黨與太子黨的政爭中，順帝常常坐視維護體制的大臣被太子所斥，除了身處宮中不理外朝政事，以及大權頗為落於太子之手外，親疏之別也是一個重要的原因。

順帝對孛羅專擅朝政，干涉皇室的種種舉動「積不平」，其身邊的怯薛和尚仰承上意，屢以孛羅無君之狀言於順帝。和尚為威順王寬徹普化之子，封義王從侍順帝左右，順帝因而以其與外朝儒士徐士本密謀，結交勇士刺殺孛羅帖木兒，至正廿五年（1365）七月趁孛羅入奏之際起事，一舉成功。〔註104〕老的沙等人則北遁，據說老的沙曾經在北奔後陰謀擁立北方宗王自立，但是沒有成功，而被益王渾都帖木兒縛送京師處死。〔註105〕學者 Dardess 認為文宗之後，草原的力量已經被逐出漢地的政治舞台，〔註106〕但是從阿魯輝帖木兒問鼎大都，以及老的沙奔草原尋求援助，而被益王執縛大都之事看來，顯然草原地區的宗王與大都還是頗有聯繫，只是因為順帝對西北宗王的猜忌，故使元朝與北地較為疏離，事實上從哈剌章建議朝廷向西北藩王求援的事例來看，草原勢力被削弱之論或有商榷之必要。

同年九月擴廓扈從太子回到大都，順帝命為中書左丞相、太傅、知樞密院事、太子詹事及錄軍國重事等重職，以酬庸其對朝廷的扈翼以及保全儲君的功勞。但是擴廓在朝中驟升高位，卻引來朝中舊臣的妒嫉，主要的原因即在於擴廓並非「根腳官人」，卻與累世舊臣右丞相伯撒里齊位，因而頗招時忌。擴廓本身亦因無法適應文官生活，故不樂於居中用事，二個月後即自請治兵，進取江淮。當時太子屢次向順帝自請督師出征江淮，順帝一方面不願愛子親蹈險地，一方面也恐怕愛猷識理達臘藉兵逼宮，所以一直沒有答應，擴廓之請正好解決順帝的難處，故其下詔賜擴廓為河南王，總天下兵馬，代皇太子出征，給予他和當年脫脫出征一樣的待遇，「鹵簿甲仗亘數十里，軍容甚盛」。〔註107〕李士瞻曾經對此有所議論：

〔註103〕邵遠平《元史類編》卷29，頁7下，〈皇后傳〉。
〔註104〕《元史》卷206，頁4605，〈逆臣・孛羅帖木兒傳〉。
〔註105〕《元史》卷46，頁970，〈順帝紀九〉。
〔註106〕John W. Dardess, *Conquerors and Confucians: aspects of political change in late Yuan China*, p. 20。
〔註107〕《明史》卷124，頁3710，〈擴廓帖木兒傳〉；屠寄《蒙兀兒史記》卷129，

擴廓南征，有詔諸王駙馬悉聽節制，權寵太重，勢將難制。〔註108〕朝廷起初沒有採納李士瞻的意見，後來經過激烈抗辯，遂將詔書改為「以南諸王駙馬」，也就是將擴廓的軍權加以限制。李士瞻所秉持的是儒臣一貫的態度，也就是強調中央集權，但是元朝晚期中央集權的情形遭到破壞，儼然形成地方凌駕中央的態勢，自然引起儒臣的憂慮。事實上就擴廓來說，他對於君臣大義的尊重遠比想像中來的堅定，雖然在政治上幫助太子對抗孛羅，但是這與對順帝的效忠並不相牴觸，這可以從儒士張禎致擴廓的一封書信中窺見擴廓對於皇位紛爭的態度：

> 今燕趙齊魯之境，大河內外，長淮南北，悉為丘墟，關陝之區，所存無幾，江左日思荐食上國，湘漢荊楚川蜀，淫名僭號，幸我有變，利我多虞。閣下國之右族，三世二王，得不思廉、藺之於趙，寇、賈之於漢乎？……然為言大要有三：保君父，一也；扶社稷，二也；衛生靈，三也。……唐肅宗流播之中，怵於邪謀，遂成靈武之篡。千載之下，雖有智辯百出，不能為雪。……孔子曰：「君君，臣臣，父父，子子。」今九重在上者如寄，青宮在下者如寄，生民之憂，國家之憂也，可不深思而熟計之哉。〔註109〕

太子奔擴廓之後，曾經要求擴廓以兵輔之入討孛羅，實際上頗有藉擴廓兵力逼順帝退位之心，張禎遂以倫理君臣大義勸說擴廓，希望他不要重蹈唐朝肅宗靈武故事，以免留下千古污名，擴廓「深納其說」，因此拒絕太子的要求。不久又接到奇后諭旨，令其「以重兵擁皇太子入城，脅汗內禪」，擴廓依然不遵從，只以數騎奉太子入城，因而遭到太子的銜恨。〔註110〕擴廓總制天下兵馬之後，延聘了張翥、李恆等漢人儒士為謀主，〔註111〕顯然從察罕到擴廓皆與儒士之間淵源頗深，並且也影響到他們的政治意識。

　　擴廓總制兵馬之後又面臨一個難題。與察罕齒位相埒的李思齊等對於擴廓總兵頗為反彈，當他接到擴廓的檄書時不禁怒罵：「吾與若父交，若髮未燥，敢檄我耶！」另一將張良弼則因為與察罕父子有嫌，亦拒絕擴廓之命。孔興、脫列伯兩將則自恃功高，欲自為一軍。面對諸將的拒命，擴廓嘆道：

　　　　頁12上，〈荅失八都魯、察罕帖木兒列傳〉。
〔註108〕李士瞻《經濟文集》行狀，頁3上。
〔註109〕《元史》卷186，頁4268，〈張禎傳〉。
〔註110〕屠寄《蒙兀兒史記》卷129，頁12下～13上，〈荅失八都魯、察罕帖木兒列傳〉。
〔註111〕屠寄《蒙兀兒史記》卷129，頁12上，〈荅失八都魯、察罕帖木兒列傳〉。

吾奉詔總天下兵，而鎮將不受節制，何討賊爲！〔註112〕

爲了貫徹朝廷的詔命，擴廓以其弟脫因帖木兒屯濟南，以防止南軍趁虛而入，自領軍入潼關聲討李思齊。李思齊等人併力抵抗擴廓之兵，兩方僵持不下，順帝屢次下詔罷兵，令他們專事江淮，但是擴廓欲先定思齊兵，再東還南下，順帝見詔令不行，遂遷怒擴廓，再加上太子從中運作，群臣譖言擴廓跋扈有狀，因而詔削擴廓左丞相、太傅之職，令以河南王食邑汝南。另以太子立大撫軍院總制天下兵馬，更命擴廓第一大將貊高爲知樞密院事兼平章，總河北軍，並賜號「忠義功臣」，擴廓部將關保亦歸於朝廷。種種舉措皆爲去擴廓兵柄，削弱擴廓實力，朝廷更命李思齊與貊高合攻之，這些舉措引起擴廓很大的不滿，以致盛怒之下引兵據太原，盡殺朝廷所置官吏，與朝廷處於敵對，順帝遂下詔盡削擴廓官爵，命四方之兵討之。當時爲至正廿八年（1368），明兵已經攻下山東並且進薄河南，察罕之父梁王阿魯溫遂以河南降明兵，脫因帖木兒部也不戰而走，明軍如入無人之境。不久貊高、關保皆被擴廓擒殺，順帝大恐下詔歸罪太子，罷撫軍院，並復擴廓官職，令其與李思齊分道南討，但是未及一月，大都就陷於明軍之手，元朝告終。

擴廓在晚元的歷史中，角色頗具爭議，在《元史》中並未立傳，明人郎瑛曾說明其原因：

> 其元史不列傳者，意其曾殺詔使，不受君命，當入逆臣傳，然終于臣節，不降我朝，則又似忠義也，況遠去沙漠，不知所終，此王華川難于筆也歟。〔註113〕

意即擴廓的歷史定位難以界定，究竟他是忠臣還是逆臣？這個問題或許可以由他在關鍵時刻對於朝廷的態度來判斷，當太子因爲孛羅之亂出奔太原時，以他與太子的交情，卻拒絕以兵擁立太子，顯現出對於皇帝的效忠。順帝北奔之後，曾命擴廓收復大都，擴廓遂由雁門關北出，經居庸關攻大都，但是明將徐達、常遇春卻由後直搗擴廓基地太原，以致擴廓不得不回師救援，因而敗於明兵之手，以十八騎北走，李思齊等人則投降明朝，自此「元臣皆入於明」，唯獨擴廓擁兵塞外，成爲明朝西北之大患。〔註114〕

〔註112〕《明史》卷124，頁3710，〈擴廓帖木兒傳〉；屠寄《蒙兀兒史記》卷129，頁12，〈荅失八都魯、察罕帖木兒列傳〉。

〔註113〕郎瑛《七修類稿》（筆記小說大觀）卷13，頁195，〈王保保〉。

〔註114〕《明史》卷124，頁3712，〈擴廓帖木兒傳〉。

「擴廓帖木兒猶守孤忠，保其餘眾居於沙漠」，成為明朝邊患，朱元璋因此下詔招降，試圖以族群意識來打動擴廓，其曰：

> ……其所部將士多為我中土之人，文武智能朕當一一用之，有願還鄉里者聽，其賀宗哲、孫翥、趙□等果能贊其來歸，其功非小。〔註115〕

但是並沒有發揮作用。早在察罕威鎮江淮時，朱元璋即曾經遣使通好，後來因為察罕被刺而作罷。擴廓視師河南時，明太祖又再一次遣使通好，擴廓卻留置其使者，而且對於朱元璋七次致書皆不回應，後明朝遣察罕舊部李思齊為招降使者，最後擴廓斷其一臂遣還之，因而使朱元璋不禁說道：

> 遇春雖人傑，吾得而臣之。吾不能臣王保保，其人奇男子也。〔註116〕

朱元璋甚至冊立擴廓之妹為秦王妃，不無羈縻之意。總之，自始至終擴廓在元明之際的態度非常明顯，他雖然不是蒙古人，但是對元朝的忠誠度不亞於蒙古大臣，其於洪武八年時死於北地，終生未還中原。〔註117〕雖然元朝的族群區別明顯，但是對於擴廓來說，族群問題依然抵不過君臣之義。明儒全祖望撰有〈唐李克用元擴廓論〉一文，對於擴廓的評價頗為中肯。其文中提到世人論擴廓，總是強調他抗詔以及與諸鎮爭勝，以致國勢蹙然，但是事實上元朝末期「其立功者祇擴廓。其不負元者亦祇擴廓」，「以殘元之臣子如此，其餘雖恕之可也」，也就是說在大節上擴廓絕對是元朝的忠臣。〔註118〕

第四節　小　結

從至正十四年到廿八年，朝廷的政爭可以分為兩大問題，一是中央朝廷中帝黨與太子黨的皇位之爭，一是地方上軍事將領察罕、擴廓與孛羅之間為爭取主導權與根據地之爭。而在中央的皇位之爭日益激烈之下，太子積極爭取地方將領為奧援，以致原本不相屬的兩個政爭焦點開始糾結，使政治局勢日趨嚴苛，給予南方群雄坐大的良機。在政爭性質上，皇位爭奪雙方的主要考量不盡相同，贊成內禪人者多為政治投機份子，沒有明顯的政治理念。反對者則多基於制度問題，除了維護蒙元體制以外，也牽涉到忠君觀念，不過

〔註115〕程敏政《皇明文衡》卷1，頁30，〈招諭擴廓帖木兒〉。
〔註116〕《明史》卷124，頁3713，〈擴廓帖木兒傳〉。
〔註117〕《明史》卷124，頁3712，〈擴廓帖木兒傳〉。
〔註118〕全祖望《鮚埼亭集外編》（四部叢刊）卷37，頁898下～899上，〈唐李克用元擴廓論〉。

由於反對者處於被動的角色，因此主導政爭進行的主要動力爲權力之爭奪。在地方軍事將領的互鬥中，領導權與勢力範圍爲爭議焦點，雖然從背景來說，答失八都魯、孛羅帖木兒具備蒙古人的勇武特質，察罕帖木兒、擴廓帖木兒則具備儒學背景，並且幕僚多爲儒士，但是這並不構成兩大軍事集團之間的衝突點，而純粹是因爲個人擴張領地的野心，以及軍事領導權的爭奪而產生糾紛。

總之，從脫脫下台以後，儒治問題以及族群衝突幾乎被劇烈的內禪政爭所掩蓋，所以至正後半期朝廷中政爭的主軸與意識型態的關係並不密切，而主要屬於權力之爭奪。

第五章 結 論

　　總結元朝晚期三十餘年的政爭史，其中有意識型態衝突，有單純的權力爭奪，甚至兩者交疊的狀況。最初是伯顏與唐其勢等人為了爭取政治主導權，爆發所謂的「謀反」公案，但是從順帝以及朝中儒臣的反應來看，所謂的謀反只不過是伯顏血腥清洗政敵的藉口，為奪取政權尋求正當性。在這一次的政爭中，欠缺政治理念的對立，也沒有涉及族群問題，純粹為政治權力之爭奪。

　　伯顏掌握政權之後，對漢法進行一系列的破壞，將漸漸漢化的朝廷拉回蒙古本位的方向，並且強化族群歧視政策，以保障蒙古、色目統治階級的利益。在中央與地方的關係上，伯顏以官僚首長的身分打擊蒙古宗王，顯現出中央集權官僚制的強化。伯顏反漢法引發許多儒臣不滿，以致有人被調職，有人辭官以示抗議。故至元時期，朝中的政爭皆源於伯顏的反漢政策，其挑起漢法與蒙古法的衝突，並衍生出官僚制與家產制的牴觸，還有中央集權的增強。

　　伯顏的政策深刻地影響了民間對蒙元政府的信心，即使到了脫脫主持更化時，百姓的恐懼感依然沒有平息。當朝廷為修史訪求遺書時，發生了這樣的個案：

> 莊蓼塘，家住松江府上海縣青龍鎮。……其家蓄書數萬卷，……至正六年，朝廷開局修宋遼金三史，詔求遺書，有以書獻者，予一官。……其家慮恐兵遁圖讖干犯禁條，悉付祝融氏。……書之不幸如此。〔註1〕

事實上元朝從未有過文字獄，但是卻有如此恐慌性的反應，除了蒙元長期以來的族群區別政策，亦與伯顏主政所造成的負面印象有關。

〔註1〕《南村輟耕錄》卷27，頁340，〈莊蓼塘藏書〉。

　　脫脫主政前後所引發的政爭有意識型態的衝突，亦有權力爭奪，更有私人的報復。從至正元年到至正十四年的政治可以分成三個時期：第一、更化時期。第二、儒治延續時期。第三、政風轉變時期。

　　（一）更化時期：脫脫輔助順帝驅除伯顏，除了不滿伯顏侵犯皇權，更反對伯顏的反漢措施，代表儒士集團對伯顏的反抗。他一上台即針對伯顏的政策進行變革，由政策所體現的意識型態與伯顏可謂南轅北轍，脫脫延續前、中期所實施的儒治政策，並且予以強化。在用人方面，脫脫恢復科舉，並且大量擢用儒士進入中央，並且也給予儒士較寬廣的參政機會。更重要的是蒙元宣示政權性質的重要里程碑─修三史，在脫脫與儒士的努力下順利開局，使得元朝與中原王朝之間的歷史連接性加強，實為更化中最具歷史意義的成就。當然在實際政務上，脫脫與儒士之間還是有所爭執，甚至連許有壬都因而被彈劾逼退。不過在大原則下，至正元年到四年，可以說一反伯顏的政治走向，政府的儒治得到強化，實為意識型態的顛覆。應該說明的是，脫脫的更化並沒有改變蒙元的根本體制，例如用人政策方面，漢人、南人出任中書省官員的比例並沒有超出有元一代的規模，至正前半期，中書省進士出身的官員唯有許有壬、呂思誠與韓鏞三位，南人幾乎難以進入中書省，元朝末期唯有江西人危素曾官至參政，而危素並非科舉出身，他甚至曾經倡言科舉無才的論調。〔註2〕

　　（二）儒治延續時期：脫脫第一次下臺期間，朝廷的政治走向並沒有轉變，除了中書省人事的變動以外，大致延續脫脫主政時期的儒治走向，不過施政重點由中央移向地方。除了延續三史的修撰以外，政府不再側重中央角度的政策，例如開金口河以利漕運等，轉而希望澄清吏治、問民疾苦，將施政深入民間，這也屬於儒家仁政的思想範疇。至於期間發生別兒怯不花對脫脫父子的政治迫害，幾乎無關於政治理念問題，而與別兒怯不花和脫脫之間的陳年舊怨有關。在政策上三史持續修撰與完成、經筵依舊舉行，對儒士同樣徵用禮遇，可以說是更化的餘緒。總之，至正元年到九年，可以說是元朝晚期儒治的一個高峰，前後執政雖有個人的恩怨，但是並沒有影響到政治的走向，主要的原因還是在於執政者皆具備儒治認同。

　　（三）政風轉變時期：脫脫第二次主政之後，在政治走向上產生大幅度轉變。轉變的關鍵並無法確定。從脫脫當年對儒士吳直方的言聽計從，到第

_____

〔註2〕　《草木子》卷4下，頁82，〈雜俎篇〉。

二次執政對龔伯遂、汝中柏等人的寵信來看，脫脫容易受到身邊人的影響，因此吳直方的致仕可說是脫脫對儒治態度開始轉變的關鍵。在更化時期，脫脫恢復科舉的政策即得力於吳直方的爭取，沒有多久吳直方即因年老致仕，脫脫也開始與儒臣產生政見上的衝突。後來下臺後遭受朝中當權政敵攻擊，使脫脫更趨偏激，不僅恩怨無不報，更因為缺乏像吳直方一般的儒士導引，脫脫的政治作風大異於前。脫脫的變鈔顯然是理財派的措施，主要希望以更改鈔法的方式紓解財政困難。開河工程除了有實際上的需要，更可以滿足脫脫提高政治聲望的需求，以洗刷當年開金口新河的挫敗。脫脫身邊充斥的一群以吏出身的幕僚，使他對儒治態度轉趨冷淡，再加上地方叛亂擴大，加強他的危機感，因而開始對漢人、南人明顯排擠。總之，至正元年到十四年先經歷脫脫與伯顏之間意識型態的鬥爭，接著是別兒怯不花因為個人恩怨而打擊脫脫，以致脫脫再度主政之後，採取激烈的報復措施，以兩人為主的政爭與意識型態的關係不大。

　　另外關於 Dardess 教授對元代晚期政治變遷的看法，本文有一些不同的意見，首先是文宗以後草原力量對元朝政治的影響力是否已經衰落，從元廷向草原諸王求救，導致宗王阿魯輝帖木兒興兵問罪，以及順帝北逃之後，朝中還有大臣認為應該向草原諸王借兵之例看來，來自草原的力量事實上還是隨時可以介入大都政治，只是西北諸王與順帝之間的互動問題，順帝對草原宗王心存疑忌，諸王也欠缺干預大都政治的欲望。再者，Dardess 教授認為伯顏下臺以後，元廷在脫脫主政之下走向儒家化。脫脫實行許多強化儒治的政策無庸置疑，但是從實際的用人與政務推動來看，任用儒士的情形雖有增加，但是儒士在決策過程中往往無法發揮影響力，甚至與脫脫持相反立場。科舉被恢復對儒士來說是一件重要的大事，不過根本上科舉制度並沒有人數的增額等改革，進士出身的儒臣也沒有受到特別的重用。脫脫的主政絕對有加強儒化的功效，但是儒家政治思想在元廷取得勝利的說法有待商榷。

　　再者，Dardess 教授認為別兒怯不花、太平等人與脫脫之間具有「保守派」與「改革派」的意識型態差異，屬於儒治集團內部的路線之爭，但是就政策上來看，並無法支持其論點，首先是保守與改革之間沒有明顯的分野，開金口河與奉使宣撫同樣都是積極性的改革措施，只是在立意上有著重中央或著重地方的差別，脫脫與別兒怯不花等人之間的互相報復，純粹起於私人恩怨，並非因為政治理念的差異而打擊對方，所以他們之間所存在的衝突並非意識

型態的差距所引起。

　　值得一提的是，即使更化時期，南人在政治上還是被嚴重歧視，因此揭傒斯曾諷刺道：

　　　　寒向江南暖，飢向江南飽，物物是江南，不道江南好。〔註3〕

揭傒斯曾經任職朝中，是少數擔任中央要職的南人，對於中央政府的情況自然體認深刻，朝中的族群歧視風氣之強烈由此可見一斑。所以在南方的叛亂中，常常可以見到情緒強烈不滿的俚歌，例如：

　　　　天遣魔軍殺不平，不平人殺不平人，不平人殺不平者，殺盡不平方太平。〔註4〕

凡此種種皆爲南方百姓對蒙古主政者長期以來歧視政策的心情反映。

　　至正十四年脫脫正式退出政治舞台，朝廷中也開始了另一番新政局。政爭不僅沒有衰退，反而日趨嚴苛，原因在於以太子和奇后爲中心的政治勢力興起。至正後半期的爭議主軸可以分成兩大範疇，一是帝黨與太子黨的帝位爭奪，一是察罕、擴廓與孛羅之間爲爭奪軍事主導權與屬地的糾紛。兩大政爭後來更交疊糾纏，以致政爭的發展連當事人也無法掌控，元朝遂因而加速敗亡。

　　（一）皇位爭奪：愛猷識理達臘是順帝的獨子，也是高麗奇皇后所生，母以子貴，因而使奇氏成爲中國歷史中最有權力的高麗人皇后，也因此使母子二人更積極於擴張權力，由於順帝日趨怠政，因而有所謂內禪的推動，朝中大臣觀風望色，因爲種種誘因開始選擇依靠太子。另有一些大臣則堅持對順帝的忠誠，不肯黨附秉持朝政的太子，脫脫、太平等皆因而下台。順帝對於太子的行動並非一無所知，但是卻採取半縱容的態度處理，以致太子從未平息想要提早即位的想法。

　　（二）政府軍內鬥：至正十年到廿年之間，可說是元朝軍事中興的時期，主要的原因在於地方上出現了傑出將領，以答失八都魯和察罕帖木兒爲首的兩股軍隊，幾乎廓清了整個淮河以北，一時之間頗有收復江南的氣勢，但是隨著答失八都魯憂死，察罕帖木兒被刺，中興的氣勢因而中挫。繼任者分別爲孛羅帖木兒與擴廓帖木兒，雖然同樣驍勇善戰，但是卻因爲孛羅想要吞併察罕領地，以致兩方人馬從察罕掌軍時期即爭鬥不休，朝廷屢次排解皆無效

〔註3〕《至正直記》卷3，頁111，〈曼碩題雁〉。
〔註4〕《南村輟耕錄》卷27，頁343，〈扶箕詩〉。

用。更有甚者，太子爲了達成內禪的目標，希望藉由軍事力量來脅迫順帝退位，因此積極與地方將領結交，導致軍事介入政治的機會，兩大政爭也開始糾結。

在皇位爭奪與政府軍內鬥的政爭中，以往蒙古法與漢法的意識型態衝突被掩蓋，代之而起的是關於君臣大義的爭議，似乎牽涉到儒家的倫理觀念，但是實際上與蒙元的體制有關。元朝的宰相與皇帝之間的相對弱勢，最主要的原因並不在於皇權，如果是因爲君臣關係，那麼權臣的脆弱化就不會只發生在元朝，最關鍵的原因在於蒙古家產制中的家臣觀念，並以「忠誠」爲維繫點，即梯己奴婢對於主人的效忠。從此一個角度來看，就不難理解爲何元朝晚期順帝不振，愛猷識里答臘作爲唯一的皇子，以及正位掌權的皇太子，卻仍然無法得到大臣的支持，提早即位。在漢人王朝的歷史中雖有君主不賢，被臣下驅逐，或者擁立賢者取而代之的情形，但是在蒙元卻無法實現，蒙古家產制應該可以作爲解釋，因此皇位爭奪的成敗實由此一深沉的意識型態所主導。

必須強調的是內禪爭議本身源於權力的爭奪，忠君觀念的意識型態主要作用在皇位爭奪的成敗上。而政府軍的內鬥亦由於爭取軍事主導權及屬地而起，與意識型態無涉，當兩大政爭範疇互相糾結，政爭轉趨嚴苛而更難以解決，朝廷也無力於處理南方群雄並起的局面，因而加速了蒙元的滅亡。

另外由於地方軍事勢力的興起，中央與地方的關係亦開始產生變化。由於中央軍事不振，依賴地方日深，從伯顏以來強化的中央集權開始衰退，取而代之的是地方勢力的增長，以及軍政合一的制度大行。軍事將領不僅兼管屯田事宜，更襲奪了原來行省單位的職權，連地方臺諫的制度也幾乎被破壞殆盡。

屠寄評論順帝道：「優柔寡斷，縱令悍妻驕子」，[註5] 顯然有幾分眞實性。對於陰謀內禪的主角，順帝從未苛責，也因此造成政治上的混亂局面，其任由皇后及太子因爲私人的欲望，而在重要的軍事問題上左右搖擺，造成軍閥內鬥的情況，故有言：

> 向使孛羅帖木兒、擴廓帖木兒生當成吉思汗、忽必烈時，必能分道揚鑣，各建殊績。[註6]

此一評論或許失於假設，但是在將領至少還效忠於朝廷的情形下，會演變成

〔註5〕屠寄《蒙兀兒史記》卷129，頁17下，〈荅失八都魯、察罕帖木兒列傳〉。
〔註6〕屠寄《蒙兀兒史記》卷129，頁17上，〈荅失八都魯、察罕帖木兒列傳〉。

後來察罕與孛羅相爭，孛羅與擴廓相鬥，孛羅舉兵犯闕，以及擴廓與李思齊等之衝突，還有擴闊殺朝廷官吏以示抗議等結局，皆因中央統治者將私利置於公益之上，將大局置於政爭成敗之下的結果，以致於有能將而尤不能挽國之頹勢。

史家一般都將脫脫的下臺視爲元朝衰亡的契機，例如葉子奇即認爲「元朝之亡，蓋決於此」，[註7] 筆者則認爲察罕之死才是元朝滅亡的關鍵。當時察罕兵威遍及淮河以北，以致朱元璋遣使通好，甚至準備接受元朝的官職，顯然江南地區的群雄皆感受到蒙元中興的趨勢，但是當察罕的死訊傳到南方，朱元璋馬上殺元朝使者，再度故態復萌。雖然擴廓時朱元璋亦有通好之舉，但是其意在於召諭而非投誠，[註8] 由此可見察罕在蒙元晚期中的歷史地位被低估。

元朝的滅亡原因並不單純。從伯顏到脫脫下台這一段時間中，蒙古法與漢法的衝突是政爭發生的主因，其中或有權力爭奪與私人報復，但是大規模的爭議皆導源於此一矛盾。脫脫下台以後，朝中興起的皇位紛爭掩蓋了原有的意識型態問題，而主要偏向權力爭奪，但是意識型態的問題並沒有因而解決。所以如果要總結元朝國祚不永的原因，意識型態衝突是遠因，而權力爭奪則直接造成元廷的癱瘓，以致無力平定南方的叛亂。

元朝的速亡是否爲征服王朝的宿命？蒙元的特質確實對於其政治發展造成許多漢族王朝所無的侷限，但是從至正後半期的的兩大政爭來看，並非由意識型態所主導，也不是只發生於具備特殊性的蒙元政權之下。在漢族王朝的歷史中，皇位爭奪與軍閥內鬥皆曾出現，但是最大的不同是，蒙元的特質使同樣的政爭情勢變得特別嚴酷，因此從長遠的角度來說，征服王朝的特質對於蒙元的速亡絕對有所影響，可能稱不上宿命，但是因爲其營造了一個有利於政爭發展的溫床，以致使政爭的狀況趨於激烈，故間接造成蒙元的速亡。

以往學界對於元朝晚期的政治鬥爭有兩種說法，一是因經濟問題而造成的階級鬥爭，另外則是族群鬥爭。觀察整個蒙元晚期的中央政治，族群差異實爲貫穿元朝政治史的最根本問題，並衍伸出漢法與蒙古法的衝突。也因爲族群文化的差異，導致蒙元施政的偏差，以致歷朝政權滅亡之前皆會出現的經濟問題更爲嚴重，故有階級鬥爭的印象出現。所以貫穿元朝政治史的基本問題不是階級問題，而是族群區別。

〔註7〕《草木子》卷3上，頁43，〈克謹篇〉。
〔註8〕《明史》卷124，頁3712～3713，〈擴廓帖木兒傳〉。

徵引書目

甲、古籍與史料

1. 佚名,《大元聖政國朝典章》(國立故宮博物院景印元本)。
2. 曾國荃,《山西通志》(光緒十八年刊本)。
3. 孔齊,《至正直記》(點校本,上海:上海古籍出版社,1987)。
4. 王沂,《伊濱集》(四庫全書)。
5. 王逢,《梧溪集》(知不足齋叢書)。
6. 全祖望,《宋元學案》(點校本,北京:中華書局,1986)。
7. 全祖望,《鮚埼亭集外編》(四部叢刊)。
8. 危素,《危太樸文集》(劉氏嘉業堂刻本)。
9. 危素,《危太樸文續集》(元人文集珍本叢刊)。
10. 朱元璋,《明太祖御製文集》(國立中央圖書館藏本,明初內府刊本)。
11. 何喬新,《椒邱文集》(四庫珍本)。
12. 余闕,《青陽先生文集》(四部叢刊)。
13. 吳師道,《吳正傳文集》(元代珍本文集彙刊)。
14. 宋濂,《元史》(鼎文本)。
15. 宋濂,《宋文憲公全集》(四部備要)。
16. 宋濂,《宋學士文集》(四部叢刊)。
17. 宋褧,《燕石集》(四庫珍本)。
18. 李士瞻,《經濟文集》(湖北先正遺書本)。
19. 李繼本,《一山文集》(叢書集成續編)。
20. 沈翼機,《浙江通志》(四庫全書)。

21. 邵遠平，《元史類編》（掃葉山房）。

22. 張翼，《農田餘話》（寶顏堂秘笈本）。

23. 柯紹忞，《新元史》（仁壽本）。

24. 胡助，《純白齋類稿》（據金華叢書本排印，北京：中華書局，1985）。

25. 胡翰，《胡仲子集》（金華叢書）。

26. 郎瑛，《七修類稿》（筆記小說大觀）。

27. 孫存吾，《皇元風雅後集》（四部叢刊）。

28. 徐一夔，《始豐稿》（五林往哲遺著本）。

29. 貢師泰，《玩齋集》（四庫全書）。

30. 迺賢，《金臺集》（四庫珍本）。

31. 高岱，《鴻猷錄》（上海：上海古籍出版社，1992）。

32. 屠寄，《蒙兀兒史記》（鼎文本）。

33. 張昱，《可閒老人集》（四庫珍本）。

34. 張翥，《蛻菴集》（四庫全書）。

35. 張廷玉，《明史》（鼎文本）。

36. 脫脫，《遼史》（新校本）。

37. 許有壬，《圭塘小稿》（四庫全書）。

38. 許有壬，《至正集》（元人文集珍本叢刊）。

39. 陳衍，《元詩紀事》（歷代詩史長編，台北：鼎文書局，1971）。

40. 陳基，《夷白齋稿》（四部叢刊）。

41. 陶宗儀，《南村輟耕錄》（中華書局點校本）。

42. 陶宗儀，《書史會要》（四庫全書）。

43. 傅若金，《傅與礪文集》（嘉業堂叢書）。

44. 傅習輯，《皇元風雅》後集（四部叢刊）。

45. 揭傒斯，《揭傒斯全集》（上海：古籍出版社，1985）。

46. 黃溍，《金華黃先生文集》（四部叢刊）。

47. 黃溍，《黃文獻集》（叢書集成初編）。

48. 馮從吾，《元儒考略》（四庫全書）。

49. 楊瑀，《山居新語》（知不足齋叢書）。

50. 萬斯同，《庚申君遺事》（中國野史集成）。

51. 葉子奇，《草木子》（中華書局點校本）。

52. 虞集，《道園學古錄》（四部叢刊）。

53. 虞集，《道園類稿》（元人文集珍本叢刊）。

54. 趙汸，《東山存稿》（四庫全書）。

55. 趙翼，《廿二史箚記》（台北：世界書局，1986）。

56. 劉佶，《北巡私記》（續修四庫全書）。

57. 劉基，《誠意伯文集》（四部叢刊）。

58. 劉仁本，《羽庭集》（中央圖書館藏清抄本）。

59. 劉岳申，《申齋劉先生文集》（元代珍本文集彙刊）。

60. 歐陽玄，《圭齋文集》（四部叢刊）。

61. 歐陽玄，《至正河防記》（中國水利要籍叢編，台北市：文海出版社，1970）。

62. 鄭玉，《師山先生文集》（明刻遞修本）。

63. 鄭元祐，《僑吳集》（明弘治九年刻本）。

64. 鄭麟趾，《高麗史》（台北：文史哲出版社，1972）。

65. 鄭麟趾，《高麗史》（台北：文史哲出版社，1972）。

66. 錢謙益，《國初群雄事略》（筆記小說大觀）三十三編九。

67. 蘇天爵，《國朝文類》（四部叢刊）。

68. 蘇天爵，《滋溪文稿》（中華書局點校本）。

69. 顧嗣立，《元詩選》（北京：中華書局，1987）。

乙、近人中日文研究

【一】專　著

1. 丹尼斯・朗（Dennis H. Wrong）著，高湘澤、高全余譯，《權力：它的形式、基礎和作用》（台北：桂冠圖書公司，1994）。

2. 王承禮主編，《遼金契丹女真史譯文集》（長春：吉林文史出版社，1990）。

3. 王明蓀，《元代的士人與政治》（台北：學生書局，1992）。

4. 李治安主編，《元代的分封制度》（天津：古籍出版社，1992）。

5. 李治安主編，《唐宋元明清中央與地方關係研究》（天津：南開大學出版社，1996）。

6. 李治安主編，《元代的行省制度》（天津：南開大學出版社，2000）。

7. 李幹，《元代社會經濟史》（武漢：湖北人民出版社，1986）。

8. 里昂・巴洛德（Leon P. Baradat）著，陳坤森，廖揆祥譯，《政治意識型態與近代思潮》（台北：韋伯文化事業出版社，1998）。

9. 周良霄，《元代史》（上海：人民出版社，1993）。

10. 周良霄，《皇帝與皇權》（上海：上海古籍出版社，1999），頁 268-269。

11. 牧野修二，《元代勾當官の體系的研究》（東京：大明堂，1979）。

12. 邱樹森，《妥懽帖睦爾傳》（長春：吉林教育出版社，1991）。

13. 邱樹森，《賀蘭集》（南京：江蘇古籍出版社，1997）。

14. 姜一涵，《元代奎章閣及奎章人物》（台北：聯經出版事業公司，1981）。

15. 洪金富，《元代監察制度研究》（台北：國立台灣大學歷史學研究所，1972）。

16. 孫克寬，《元代漢文化的活動》（台北：中華書局，1968）。

17. 張帆，《元代宰相制度研究》（北京：北京大學出版社，1997）。

18. 許凡，《元代吏治研究》（北京：勞動人民出版社，1987）。

19. 陳垣，《元西域人華化考》（台北：世界書局，1989）。

20. 陳高華，《元史研究論稿》（北京：中華書局，1991）。

21. 黃時鑑點校，《通制條格》（杭州：浙江古籍出版社，1986）。

22. 傅海波（Herbert Franke）、崔瑞德（Denis Twitchett）編，《劍橋中國遼西夏金元史》（北京：中國社會科學出版社，1998）。

23. 楊訥、陳高華，《元代農民戰爭史料彙編》（北京：中華書局，1985）。

24. 楊樹藩，《元代中央政治制度》（台北：台灣商務出版社，1978）。

25. 蒙思明，《元代社會階級制度》（北京：中華書局，1962）。

26. 蔡美彪，《中國通史》第七卷（北京：人民出版社，1983）。

27. 鄭欽仁、李明仁編譯，《征服王朝論文集》（台北：稻鄉出版社，1999）。

28. 蕭公權，《中國政治思想史》（台北：文化學院，1980）。

29. 蕭啟慶，《元代史新探》（台北：新文豐出版社，1983）。

30. 蕭啟慶，《元朝史新論》（台北：允晨出版社，1999）

31. 蕭啟慶，《蒙元史新研》（台北：允晨出版社，1994）。

32. 錢穆，《中國文化史導論》（錢賓四先生全集，台北：聯經出版社，1997）。

33. 韓儒林，《元朝史》（北京：人民出版社，1986）。

34. 譚其驤，，《中國歷史地圖集》（上海：地圖出版社，1982）第七冊。

35. 饒宗頤，《中國史學上之正統論》（上海：新華書店，1996）。

36. 權衡著、任崇岳箋証，《庚申外史箋証》（鄭州：中州古籍出版社，1991）。

【二】期刊論文

1. 丁國範，〈元末社會諸矛盾的分析〉，《元史論集》（北京：人民出版社，1984），頁583～600。

2. 丁崑健，〈元代的科舉制度〉，《華學月刊》第124期（1982），頁46～57；第125期，頁28～51。

3. 小㳍是也，〈元代皇位繼承問題研究回顧〉，《廣島大學東洋史研究室報告》

第 15 號（1993），頁 25～36。

4. 中山八郎，〈至正 11 年に於ける紅巾の起事と貫魯の河工〉，《和田博士古稀紀念東洋史論叢》（東京：大安，1961）。

5. 王崇武，〈論元末農民起義的社會背景〉，《歷史研究》第 1 期（1954），頁 53～71。

6. 王靖華，〈元代興亡原因的探討〉（文化大學政治研究所碩士論文，1981）。

7. 王頲，〈斂財之臣與元世祖〉，《元史及北方民族史研究集刊》第 5 期（1981）。

8. 白鋼，〈關於忽必烈"附會漢法"的歷史考察〉，《中國史研究》第 4 期（1981），頁 93～107。

9. 任崇岳，〈略論元代儒士地位演變的歷史過程〉，《社會科學輯刊》第 3 期（1981），頁 88～93。

10. 匡裕徹，〈拜住及其新政〉，《內蒙古社會科學》第 5 期（1984），頁 59～62。

11. 吉川幸次郎，〈元の諸帝の文學〉，《吉川幸次郎全集》（東京：筑摩書房，1984），頁 232～313。

12. 安部健夫，〈元代知識份子與科舉〉，劉俊文主編，《日本學者研究中國史論著選譯》第 5 冊（北京：中華書局，1993），頁 636～679。

13. 江湄，〈歐陽玄與元代史學〉，《北京師範大學學報》第 3 期（1997）。

14. 羽田亨，〈元朝の漢文明に對する態度〉，《羽田博士史學論文集》（京都：同朋舍，1975），頁 671～696。

15. 吳晗，〈元帝國之崩潰與明之建立〉，《清華學報》第 11 卷（1936），359～423。

16. 吳文濤，〈論元代地方監察制度的特點〉，《華中師範大學學報》第 3 期（1993），頁 102～108。

17. 吳海濤，〈賀惟一與元末政治〉，《阜陽師範學院學報》第 1 期（1997），頁 112～117。

18. 吳海濤，〈賀氏興盛與元代政治文化的若干特點〉，《西北民族研究》第 2 期（1997），頁 184～189。

19. 吳海濤，〈元代京兆賀氏與其他漢人官僚家族仕宦之比較〉，《中國史研究》第 2 期（1998），頁 103～109。

20. 李治安，〈元代中央與地方財政關係述略〉，《中國古代史》第 5 期（1994），頁 45～57。

21. 李治安，〈關於元中後期的奉使宣撫〉，《祝賀楊志玖教授八十壽辰中國史論集》（天津：古籍出版社，1994），頁 370～392。

22. 李治安，〈元代行省制的特點與歷史作用〉，《歷史研究》第 5 期（1997），頁 82～99。

23. 周良霄，〈李壇之亂與元初政治〉，《元史論集》（北京：人民出版社，1984），頁 115～128。

24. 周良霄，〈蒙古選汗儀制與元代皇位繼承問題〉，《元史論叢》第 3 輯（1986）），頁 31～46。

25. 周良霄，〈元代的皇權和相權〉，蕭師啟慶主編，《蒙元的歷史與文化——蒙元史學術研討會論文集》上冊（台北：學生書局，2001），頁 343～374。

26. 姚大力，〈論蒙元王朝的皇權〉，王元化主編，《學術集林》（上海：遠東出版社，1999），頁 282～341。

27. 姚大力，〈論忽必烈〉，《元史論集》（北京：人民出版社，1984），頁 100～114。

28. 姚從吾，〈元世祖忽必烈汗：他的家世、他的時代與他在位期間重要措施〉，《姚從吾先生全集》（台北：正中書局，1972）第 6 卷，頁 399～416。

29. 洪金富，〈從投下分封制度看元朝政權的性質〉，《中央研究院歷史語言研究所集刊》第 58 期（1987），頁 483～907。

30. 修曉波，〈大蒙古國及元初政壇上的西域商人〉，《社會科學戰線》第 1 期（1996 年），頁 140～148。

31. 孫克寬，〈元初李壇事變的分析〉，《大陸雜誌》13 卷第 8 期（1956），頁 7～15。

32. 桂栖鵬，〈元代進士仕宦研究〉，《元史論叢》第 6 輯（1997），頁 68～94。

33. 宮崎市定，〈元朝治下の蒙古的官職をめぐる蒙漢關係——科舉復興の意義の再檢討〉，《東洋史研究》第 23 期（1965），頁 428～491。

34. 高橋琢二，〈右丞相脫脫〉，《史學》第 40 期（1967），頁 251～260。

35. 張帆，〈元代經筵述論〉，《元史論叢》第 5 輯（1993），頁 136～159。

36. 張帆，〈元代翰林國史院與漢族儒士〉，《北京大學學報》（哲學社會科學版，1988），頁 75～83。

37. 張廣愛，〈論元代對儒學的崇尚：兼談當時知識份子的地位〉，《文史知識》第 7 期（1993）。

38. 張興唐，〈元代政治得失的研究〉，《人文學報》第 1 期（1970），頁 107～152。

39. 盛奇秀，〈元代宰相制度研究〉，《中國古代史》第 6 期（1994），頁 50～54。

40. 野口周一，〈元代後半期の王號授與について〉，《史學》第 56 期（1986），頁 53～83。

41. 傅樂淑，〈元代宦禍考〉，《元史論叢》第 2 輯（1983），頁 157～166。

42. 舒正方，〈英宗與拜住的勵精圖治〉，《中國古代史》第 9 期（1994），頁 29～35。

43. 黃時鑒，〈元高昌偰氏入東遺事〉，蕭師啟慶主編，《蒙元的歷史與文化—

　　—蒙元史學術研討會論文集》下冊（台北：學生書局，2001），頁 571～569。

44. 黃時鑒，〈眞金與元初政治〉，《元史論叢》第 3 輯（1986），頁 193～204。

45. 愛宕松男，〈李壇の叛亂とての政治的意義：蒙古朝治下じ於ける漢地の封建制とその州縣制への展開〉，《東洋史學論集》（東京：三一書房，1989），頁 175～198。

46. 愛宕松男，〈元朝の對漢人政策〉，《東洋史學論集》（東京：三一書房，1989），頁 31～132。

47. 楊金榮，〈潛邸侍臣與元代二期儒治〉，《江漢論壇》第 8 期（1998），頁 91～95。

48. 楊選第，〈元上都與元代帝位爭奪之關係〉，《廣播電視大學學報》第 2 期（1998），頁 92～94。

49. 雷奎懷，〈政無道"惹紅巾萬千"：元順帝妥懽帖睦爾〉，《貴陽師專學報》第 3 期（1996），頁 24～31。

50. 趙永春，〈元順帝時期的黨爭及其危害〉，《松遼學刊》第 2 期（1994），頁 23～29。

51. 趙經緯，〈元代的天災狀況及其影響〉，《河北師院學報》第 3 期（1994），頁 55～58。

52. 劉豔波，〈略論元順帝時期統治階級內部鬥爭的特點〉，《松遼學刊》第 4 期（1997），頁 16～21。

53. 蕭功秦，〈英宗新政與南坡之變〉，《元史及北方民族史研究集刊》第 4 期（1980），頁 36～46。

54. 蕭功秦，〈論元代皇位繼承問題〉，《元史及北方民族史研究集刊》第 7 期（1983），頁 22～39。

55. 蕭功秦，〈元代理學散論——對蒙古貴族統治時代理學的社會政治作用的考察〉，包遵信等編，《中國哲學》（北京：人民出版社，1985）第 13 輯，頁 21～35。

56. 蕭功秦，〈元代儒臣的反功利思潮〉，《上海師範大學學報》第 1 期（1994），頁 68～77。

57. 蕭啓慶，〈元至順元年進士輯錄〉，《台大文史哲學報》第 52 期（2000），頁 1～30。

58. 蕭啓慶，〈元代科舉與精英流動——以元統元年進士爲中心〉，《漢學研究》第 5 期（1987），頁 129～160。

59. 蕭啓慶，〈元朝的區域軍事分權與政軍合一——以行院與行省爲中心〉，《中國史專題第五屆「國史上中央與地方的關係」討論會》，2000，頁 745～771。

60. 簣安志，〈陝西戶縣賀氏墓出土大量元代俑〉，《文物》第 4 期（1979），頁 10～14。

61. 韓志遠，〈愛猷識理達臘與元末政治〉，《元史論叢》第 4 輯（1992），頁 183～195。

62. 羅賢佑，〈元朝諸帝漢化述議〉，《民族研究》第 5 期（1987），頁 67～74。

63. 羅賢佑，〈論元代畏兀兒人桑哥與偰哲篤的理財活動〉，《民族研究》第 6 期（1991），頁 102～109。

64. 藤島建樹，〈元の順帝とその時代〉，《大谷學報》第 49 期（1970），頁 50～65。

65. 藤島建樹，〈元の明宗の生涯〉，《大谷學報》第 12 期（1970），頁 14～18。

66. 藤島建樹，〈元朝における權臣と宣政院〉，《大谷學報》第 52 期（1973），頁 15～31。

丙、西方漢學研究

1. Boyle, John A., trans., *The Successors of Genghis Khan*（New York: Columbia University Press, 1971）。

2. Chan, Hok-lam, and William Theodore de Bary, eds., *Yuan Thought: Chinese Thought and Religion under the Mongols*（New York: Columbia University Press, 1982）。

3. Dardess, John W., *Conquerors and Confucians; Aspects of Political Change in Late Yuan China*（New York: Columbia University Press, 1973）。

4. Dardess, John W., *Confucianism and Autocracy: Professional Elites in the Founding of the Ming Dynasty*（Berkeley and Los Angeles: University of California Press, 1983）。

5. Endicott-West, Elizabeth. "Imperial Governance in Yuan Times" *Harvard Journal of Asiatic Studies*, 46（1986）, pp. 523～549。

6. Endicott-West, Elizabeth. *Mongolian Rule in China: Local Administration in the Yuan Dynasty*（Cambridge, Mass: Harvard University Press, 1989）。

7. Franke, Herbert. "Chinese Historiography under Mongol Rule: The Role of History in Acculturation" *Mongolian Studies*, 1（1974）, pp. 15～26。

8. Franke, Herbert. *From Tribal Chieftain to Universal Emperor and God: The Legitimation of the Yuan Dynasty*（Munich: Verlag der Bayerischen Akademieder Wissenschaften, 1978）。

9. Franke, Herbert. "The Role of the State as Structural Element in Polyethnic Societies" in *Foundations and Limits of State Power in China*, ed. Stuart R. Schram（London: School of Oriental and African Studies, and Hong Kong: Chinese University Press, 1987）, pp. 87～112。

10. Hok-lam Chan "Chinese Offical Historiography at the Yuan Court: The Composition of the Liao, Chin, and Sung Histories" In *China under Mongol Rule,* ed. John D.Langlois, Jr., Princeton：Princeton University Press, 1981, pp. 56～106。

11. Hucker, Charles O. "The Yuan Contribution to Censorial History" 中央研究院歷史語言研究所集刊, extra vol. 4（1960）, pp. 219～227。

12. Langlois, John D., Jr. "Yu Chi and his Mongol Sovereign: The Scholar as Apologist" *Journal of Asian Studies*, 38（1978）, pp. 99～116。ed., *China under Mongol Rule*（Princeton: Princeton University Press, 1981）。

13. Robert Hartwell, "Demographic, Political, and Social Transformations of China, 750～1550," *Harvard Journal of Asiatic Studies* 42.2: 365～442（December 1982）。

14. Rossabi, Morris, *Khubilai Khan: His Life and Times,*（Berkeley and Los Angeles: California University Press, 1988）。

15. Schurmann, Herbert F. "Problems of Political Organization during the Yuan Dynasty" In vol. 5 of *Trudy XXV Mezhdunarodnogo Kongressa Vostokovedov*（Moscow: Izdatel' stvo Vostochnov Literatury，1963），頁 26～30。

附錄一：元代鎮江路官員族群分析
——江南統治文化的一個樣本——

一、序　論

　　蒙古統治者對於江南的掌控，一向被認為成效不彰，以致最終亡於江南的「農民起義」。在元人的議論中，「貧極江南，富稱塞北」、「內北人而外南人」、「王澤之施，少及於南」等，皆多少反映出蒙元在南北統治態度上的差異，以及南方人對於征服王朝族群區別政策的不滿。〔註1〕南北懸隔的問題，官員背景是一個重要的切入點，可以呈現出中央對於江南的統治態度。日本前輩學者植松正先生曾經就江南三行省（江浙、江西、湖廣）宰執的出身進行統計分析，總共收集了五百七十四位行省宰執，根據氏族、本貫、出身、履歷、敘任年次等，統計宰執族群組成成分。第一期（1273～1306）外族（蒙古、色目）約佔五成三，漢族（漢人、南人）約佔四成五，南人約佔一成二，其餘出身不明。第二期（1307～1332）外族約佔七成，漢族約三成，南人則幾乎付之闕如。第三期（1333～1368）外族則佔五成三，漢族四成六，值得注意的是，在第三期時，漢族中可以確知的南人行省宰執人數超過漢人，而且漢族123人裡有45人不確定是漢人或南人，這使得第三期的統計數字誤差較大，難以作為南人任行省宰執比例升高的有力佐證，但是南人比例上升的趨勢無庸置疑。〔註2〕

　　植松正先生的研究顯示，江南三行省宰執的族群成分，呈現出與人口比

〔註1〕〔明〕葉子奇《草木子》（北京：中華書局，1959），卷三上，頁51，55，〈克謹篇〉。

〔註2〕植松正《元代江南政治社會史研究》（東京：汲古書院，1997），頁185～221。

例不符的畸形發展，族群的區別統治非常明顯。另外分期統計的方式，也可以突顯在不同時期，任官政策的局部變動。中期很明顯的壓抑南人任官機會，並且蒙古、色目族群的比例也大幅上升，此一走勢相應於元朝的政治發展，可以獲得合理解釋。初期由於穩定江南的需要，所以有些南宋降官與江南豪民可以官至宰執，但是元成宗（1265～1307，1295～1307 在位）誅殺朱清、張瑄之後，南人不再受任用，連漢人都受到影響，蒙古、色目人佔據了絕大部分的行省宰執職位，也導致江南官員品質日見低落，後期南人宰執比例升高，則與江南叛亂日益嚴重有關。

本文主要是受前輩學者的啓發，期望對路級以下的江南官員進行考述。路級以下的官員名錄主要資料來源爲地方志，元代方志流傳不多，其中以《至順鎮江志》內容最爲完備，涵蓋的時間也比較長，所以筆者選擇從鎮江路作爲起點，研究鎮江路及其所轄州縣的長官、佐貳官的族群組成，並且就史料提出分析討論。

選擇鎮江路作爲研究對象，除了內容較爲完備之外，鎮江路的重要性也是一個原因。美國學者施堅雅（G. William Skinner）教授利用中心地學說（Central Place Theory）的架構，發展大區域（Macroregions）理論，將十九世紀中後期的中國分成九大自然區域（Physiographic regions），區域都有核心（Core）與邊陲（Periphery）之分，核心區爲農、工、商發達區，邊陲相對於核心來說，經濟上較爲落後。〔註3〕學者郝若貝（Robert M. Hartwell）根據施堅雅教授之區域理論，針對 750～1550 年中國的人口、政治與社會變遷進行研究。〔註4〕在郝若貝教授的論文中，鎮江路所在屬於下揚子江區域中的核心地區（Macroregional core），在宋代當地稱爲丹徒，1080～1290 爲人口快速成長期（Rapid Development），元代到明代中期人口成長趨緩，進入均衡時期

〔註 3〕 G. William Skinner, "Regional Urbanization in Nineteenth-Century China" in *The City in Late Imperial China*, edited by G. William Skinner（Stanford: Stanford University Press, 1977），pp. 211～249。關於施堅雅教授的理論，學界迴響熱烈，相關文章有：Barbara Sands and R.H. Myers, "The Spatial Approach to Chinese History: A Test," *Journal of Asian Studies,* 45:49（1986），PP. 721～743。Daniel Little and J. Escherick, "Testing the Testers: A Reply to Barbara Sands and R. H. Myers' Critique of G. William Skinner's Regional Approach to China," *Journal of Asian Studies,* 48:1（1989），pp. 90～99。馬若孟（R. H. Myers）、墨子刻（Thomas Metzger）〈漢學的陰影〉，《食貨》，10：10.11（1981），頁 29～41。

〔註 4〕 Robert M. Hartwell, "Demographic, Political, and Social Transformations of China, 750～1550," *Journal of Asian Studies,* 42:2（1982），pp. 365～442。

（Equilibrium）。〔註5〕不僅是產糧的精華區，更有舟楫之利，〔註6〕故鎮江路作爲元代地方統治的討論樣本，應是適合的對象。

二、總管府長官、正官族群組成

鎮江路唐時稱潤州，又改丹陽郡，宋爲鎮江府。至元十三年，升爲鎮江路（下路），路下領有一個錄事司，三個縣。〔註7〕倚郭縣爲丹徒縣，也是錄事司所在，另外兩個縣是丹陽與金壇，三個縣都是「中縣」。〔註8〕

元代地方職官一般分爲三大類，首官、佐貳官與首領官，之下就是胥吏。以路來說，首官就是達魯花赤與總管，佐貳官有同知、治中、判官與推官。〔註9〕達魯花赤是監治官，一般稱爲長官，總管爲管民官，稱爲正官。路級的佐貳官有同知、治中、判官，至元二十三年以後，下路不設治中，只留同知與判官。總管之職相當於古代刺守，重要性自是不在話下。至元二年元世祖下詔：「以蒙古人充各路達魯花赤，漢人充總管，回回人充同知，永爲定制。」〔註10〕事實上，達魯花赤之職亦有色目人或漢人出任，但是至元十六年之後，出任達魯花赤幾乎是蒙古或色目人的特權。但是關於總管與同知是否堅守忽必烈的成制，則較少受人注意。

【表一】鎮江路達魯花赤〔註11〕

姓　名	籍　貫	族屬	任職時間	履　　　歷	附註
忽剌出	蒙古	M	至元十二年	蒙古萬戶行江陰鎮江安撫使司達魯花赤	
李占哥	女眞	H	至元十二年	壽州等處招討使、行江陰鎮江安撫使司達魯花赤	
昔剌罕	蒙古	M	至元十三年		次日去任

〔註5〕Robert M. Hartwell, "Demographic, Political, and Social Transformations of China, 750～1550", p. 375, 430。

〔註6〕《元史》卷65，頁1633，〈河渠二〉，「鎮江運河全藉練湖之水爲上源，官司漕運，供億京師，及商賈販載，農民來往，其舟楫莫不由此。」。

〔註7〕《元史》卷62，頁1495，〈地理五〉。

〔註8〕根據江淮以南的劃分標準，戶口數在兩千以上、六千以下爲中縣。《元史》卷91，頁2318，〈百官七〉。

〔註9〕張金銑《元代地方行政制度研究》（合肥：安徽大學出版社，2001），頁209。

〔註10〕《元史》卷6，頁106，〈世祖三〉。

〔註11〕以下各【表】未註出處人名，皆據《至順鎮江志》卷15，頁594～600，614～618，〈刺守〉；卷16，頁630～632，634～636，640～642，644～646，〈宰貳〉之題名資料。

嚴忠杰	東平路	H	至元十三年	虎符昭勇大將軍兼管軍萬戶，十五年改授江東道宣慰使	
馬薛里吉思	也里可溫	S	至元十五年	虎符懷遠大將軍，同年再降金牌，改授明威將軍、副達魯花赤	
張炤	中書彰德路	H	至元十五年		以足疾辭
史桓	中書眞定路	H	至元十六年	嘉議大夫	
札剌兒丁	回回	S	至元二十年		
忻都察	回回	S	至元二十二年		
帖哥尤	畏吾兒	S	至元二十六年	太中大夫	
撒的迷失	畏吾兒	S	至元二十八年	昭武大將軍	
斡魯勸牙里	畏吾兒	S	元貞元年	中議大夫	
卓馬兒	回回	S	大德元年	中議大夫	
烏馬兒	回回	S	大德四年	少中大夫	
狗兒	畏吾兒	S	大德七年	太中大夫	
廉都魯迷失海牙	畏吾兒	S	大德十年	少中大夫	以侍親去
闊里吉思	也里可溫	S	至人元年	少中大大	
太平	也里可溫	S	皇慶元年	嘉議大夫	有去思碑
亦剌馬丹	回回	S	延祐三年	亞中大夫	
朵兒只	畏吾兒	S	延祐六年	中大夫	
兀魯失海牙	畏吾兒	S	至治二年	武德將軍	
答合納	康里	S	泰定二年	安遠大將軍	
明里答失	畏吾兒	S	天曆元年	中大夫	
狗兒	畏吾兒	S	至順二年	嘉議大夫。初以也可怯薛速古兒赤，授承務郎、中書省直省舍人。歷承直郎、尚乘寺丞，奉訓大夫、尚乘寺少卿，奉議大夫、萬億廣源庫都提舉，朝列大夫、眞定路冀州達魯花赤，中憲大夫、武備寺少卿，授今職。	

【表二】鎮江路達魯花赤族群統計 [註12]

	初期	中期	後期&時期不明	總計&比例	
蒙古、色目族群	7	13	0	20	83%
確定蒙古人【M】	2	0	0	2	8%

[註12] 【表二】分期是以元朝統治時期的習慣分法，忽必烈時期爲初期，順帝時期爲後期，其餘則爲中期。以下各統計表分期皆準此。

確定色目人【S】	5	13	0	18	75%
漢人、南人	4	0	0	4	17%
確定漢人【H】	4	0	0	4	17%
確定南人【N】	0	0	0	0	0%
小　　計	11	13	0	24	100%

　　根據【表一】、【表二】所示，共有24位達魯花赤，蒙古人2人，漢人4人，其餘皆為色目族群。資料中最引人注目的是色目人擔任總管府達魯花赤的比例相當高，尤其是在元朝中期，清一色為色目人，如果根據忽必烈的定制，應以蒙古人充各路達魯花赤，但是從鎮江路的實際情況來看，元世祖的定制並未被貫徹，甚至相違。

　　此外，初期有4位漢人出任達魯花赤之職，這與元代初立的政治情勢有所關連，擔任達魯花赤的漢人幾乎皆為漢軍世家出身，背景與一般漢人不可等同視之，但是至元中期之後漢人就鮮見於鎮江路的達魯花赤中，而代之以色目人，色目族群與北方漢族群之間的政治消長，在鎮江路的總管府中有所顯現。

【表三】鎮江路總管表

姓名	籍貫	族屬	任職時間	履歷	附註
石祖忠〔註13〕	河南江北汝寧府光州固始	N	至元十二年 至元十三年	宋武經大夫，總管拱衛軍馬、權知鎮江府事，至元十二年以城降，行省授以銅印，充江陰鎮江招討使，入朝授昭勇大將軍，虎符銅印，江陰鎮江安撫史，知鎮江府事	歸附
孫民獻〔註14〕	中書營州	H	至元十七年		桑哥黨？
安震亨	也里可溫	S	至元二十年		
劉忙古歹（煒）〔註15〕	西夏	S	至元二十三年	二十八年改湖州路總管	
夾谷忽都虎	女眞	H	至元二十八年		

〔註13〕《元史》卷8，頁163，〈世祖五〉；卷127，頁3105，〈伯顏傳〉；卷129，頁3149，〈阿塔海傳〉。《至順鎮江志》卷15，頁594～595，〈刺守〉。

〔註14〕《至順鎮江志》卷15，頁595。《元史》卷17，頁375，〈世祖十四〉。

〔註15〕〔乾隆〕《浙江通志》（中國省志彙編，乾隆元年刊本）卷116，頁24下，〈職官六〉。

楊孝友〔註16〕	中書般陽路	H	至元三十一年	傑只哥次子，兄孝先。同年以病辭總管	另說爲大都路寶坻人
百家奴〔註17〕	蒙古札剌兒氏	M	元貞元年	嗉都子，以管軍總把從軍平宋，遷福建宣慰使，至元三十年健康路總管	至大四年卒
廉達石海牙	畏吾兒	S	大德二年		
齊詢〔註18〕	中書廣平路	H	大德五年	至元中知中山府	爲官廉明公愼，聲譽重於時
史燦	中書眞定路	H	大德八年		
王謙〔註19〕	中書東平路	H	大德十一年	至元十六年溧水州縣尹？	
石哈剌不花	中書東平路	H	至大元年		
段廷珪（成珪）〔註20〕	中書濟寧路	H	皇慶二年		字君璋，士民懷之，爲立去思碑
文伯要歹	西夏	S	延祐三年	五年除宣政院副使	
李汝楫	河南江北汴梁路	H	延祐五年	至治三年母憂去職	字濟川
毛莊〔註21〕	大都	H	至治二年	大德八年秘書監秘書郎，至治三年改除都水監	字敬甫
牛也先	大都	H	泰定元年	二年丁母憂	
郭珪	中書高唐州	H	泰定三年	至順元年病致仕	
脫因	兀羅歹氏	M	至順元年	國子生員，蔭。岳州路總管府判官、衡州路判官、江西等處榷茶都轉運判官。至順三年丁母憂去	號林庵（菴），祖三島，父八兒思不花
兀都馬沙	木速魯蠻	S	至順四年	同知兩浙都轉運鹽使司事	
李侯〔註22〕	大都	H	至正八年以前	監察御史，淮東肅政廉訪使	字安世

〔註16〕《元史》卷152，頁3594，〈楊傑只哥傳〉。

〔註17〕《元史》卷129，〈嗉都子百家奴〉，頁3153～3155。張鉉《至正金陵新志》（至正四年刊本）卷6，頁67上，〈題名〉。

〔註18〕〔嘉靖〕《眞定府志》（四庫存目）卷4，頁27下，〈官師表〉。

〔註19〕《至正金陵新志》卷6，頁82下，〈題名〉。

〔註20〕《至順鎮江志》卷15，頁599～600，〈刺守〉。

〔註21〕高榮盛點校《秘書監志》（杭州：浙江古籍出版社，1992）卷10，頁198，〈題名〉。

〔註22〕〔元〕蘇天爵撰，陳高華、孟繁清點校《滋溪文稿》（北京：中華書局，1997）

【表四】鎮江路總管族群統計

	初期	中期	後期&時期不明	總計&比例	
蒙古、色目族群	2	5	0	7	33%
確定蒙古人	0	2	0	2	9%
確定色目人	2	3	0	5	24%
漢人、南人	4	9	1	14	67%
確定漢人	3	9	1	13	62%
確定南人	1	0	0	1	5%
小　　計	6	14	1	21	100%

　　【表三】、【表四】包括了蒙元初期與中期約六十年歷任鎮江路總管的資料，可以提供一個觀察南方路級正官的背景窗口。根據蒙元的制度，總管一職是由漢人出任，以表中總共 21 位路總管來說，13 人爲漢人，5 人爲色目人，漢人出任總管的政策並未徹底實施，但是顯然符合以漢人任總管的取向，漢人的比例確實明顯較高。唯一的南人石祖忠籍貫在長江北岸，籍貫所在本屬漢人，但其爲南宋官員，應以南人視之，可以出任總管之職，是因爲石氏以轄地降元有功，實爲特例。

　　兩位蒙古人總管爲百家奴與脫因，百家奴之父嗦都是征服雲南、交趾的功臣，百家奴本人則曾從元帥阿尤攻襄陽，後隸伯顏麾下進攻南宋，屢立戰功，故襲其父招討使之職，很明顯的是武將出身。〔註 23〕《至順鎮江志》是在脫因任上所撰，因而與同在中期出任總管者相較，脫因的家世與經歷記載特別詳細。脫因是由蔭出身，應爲官宦世家，與百家奴不同的是，脫因雖然是蒙古人，但是以文治取勝。

　　在成宗大德二年（1298）以前，有資料可稽者，石祖忠、楊孝友、百家奴皆爲武將出身，其餘人等出身不明於史，但是武將出身的可能性很大，應與江南新附局勢有關。武將統治主要訴求在於防止叛亂，但是在文治上面，或許要到中期之後才進入狀況。至元二十五年，曾有「行中書省爲鎮江路揔管府忙古歹，爲頭遲滯行移文字，不曾畫字，推稱去大司農計稟公事。」〔註 24〕但是劉忙古歹並未因此受到任何行政處置，此一事件顯示出作爲管民官的總管，在一

　　　　卷三，頁 42～44，〈鎮江路新修廟學記〉
〔註 23〕 《元史》卷 129，〈嗦都子百家奴〉，頁 3153～3155。
〔註 24〕 《元典章》（景印元本）吏部卷之七，〈官暫事故詣宅圓押〉條。

般政務上的表現，並非最受關注的能力。在中期的總管中，事蹟較顯者爲段廷珪、李汝楫與毛莊。其中尤以段廷珪政績最受讚揚，對於理財派經理江南田土之舉「抗辭建訴」，並向宣撫使臣力陳民瘼，因而使當地人民可以免去增益之賦稅，另外，在勸農、恢復織工生計、訴訟與勸化上頗有政聲，因此當地人民爲建「去思碑」。〔註25〕李汝楫在總管任上，因儒學教授朱天珍的建議，大力促成丹徒縣學之重建。〔註26〕毛莊則建議疏浚鎮江之練湖，以湖中淤泥築堤，著眼於民生經濟層面。總之，中期的總管，在扮演管民官的角色上，顯然不再強調防止叛亂，而著重增進人民生計，以及文治方面的加強，反映蒙元統治的階段性變化。

三、路級的佐貳官

鎮江路是下路，佐貳官設同知、判官與推官。蒙元佐官的職權不同於漢人王朝，元人俞希魯言：

> 元稽古建官，軍民之職不相統屬，而列郡參佐之權益重，⋯⋯。雖曰參佐，然皆圓坐府上，事無大小必由判官而上，一一署押，然後施行，非若前代刺守，得專其任也。〔註27〕

顯然佐貳官雖爲長官、正官下屬，卻有輔佐政務以及制衡首長權力的雙重作用。以同知來說，位在總管之下，但是根據蒙元的族群制衡政策，特別指定以「回回人充同知」，與蒙古、漢人共同治路，顯然同知的設置在本質上不僅僅是幕僚的角色。判官與同知並列爲佐貳官，擁有署押權，並參與圓坐，除了管理地方治安，也參與一般事務的決策。推官專掌刑獄，職權較爲有限，對於職權範圍內之事務才有署押之權，其餘政務皆不參與圓坐。〔註28〕

本節將就路級的佐貳官族群成分進行整理分析。

【表五】鎮江路同知總管府事

姓 名	籍 貫	族屬	任職時間	履 歷	附註
舍里甫丁	回回	S	至元十三年	十五年改同知建康路	

〔註25〕《至順鎮江志》卷15，頁599～600，〈刺守〉。
〔註26〕《至順鎮江志》卷11，頁451～452，〈學校〉。
〔註27〕〔元〕俞希魯《至順鎮江志》（南京：江蘇古籍出版社，1999）卷15，頁603，〈參佐〉。
〔註28〕張金銑〈元代地方圓署體制考略〉，《江海學刊》第4期（1999），頁119。

王讓	中書東平路	H	至元十五年		字讓甫
苫思丁〔註29〕	回回	S	至元十八年	皇慶二年鎮江錄事司達魯花赤	
高散哈	中書晉寧路	H	至元二十年	改嘉興路同知	
史伯甫	河南江北海寧州	H	至元二十一年		
耶律忽都不花	契丹	H	至元二十六年		
伯顏	西夏	S	至元二十九年	以疾卒	
井德常	中書東平路	H	大德三年		
沙必	蒙古	M	大德六年		
宋瑛	懷州	H？	大德十年		字伯玉
孛蘭奚	蒙古	M	至大三年		
暗都剌瓦薛	木速蠻	S	皇慶二年		
西京撒里〔註30〕	畏吾兒	S	延祐三年	慶元路治中	
蕭處默〔註31〕	中書廣平路	H	延祐六年	延祐元年秘書監著作郎	
哈散〔註32〕	回回	S	至治三年	至大三年慈溪縣達魯花赤，至順二年象山縣達魯花赤？	字敬之
懷闍	回回	S	泰定三年		
也先帖木兒	蒙古	M	天曆二年	以伯父蔭，曾任利用監資用庫提點、衛輝路同知	
速兒哈散	哈兒魯氏	S	至順三年	大德十一年仁宗潛邸，嘗為速古兒赤，延祐二年太醫院上都回回藥物局達魯花赤，五年上都太府監內藏庫提點，泰定元年安豐、廬州等處打捕提舉	怯薛

【表六】鎮江路同知族群統計

	初期	中期	後期＆時期不明	總計＆比例	
蒙古、色目族群	3	8	0	11	61%
確定蒙古人	0	3	0	3	17%
確定色目人	3	5	0	8	44%

〔註29〕《至順鎮江志》卷16，頁630～631，〈宰貳〉。
〔註30〕《延祐四明志》（宋元地方志叢書）卷2，頁22上，〈職官考上〉。
〔註31〕《秘書監志》卷10，〈題名〉，頁193。
〔註32〕《延祐四明志》卷3，頁9下，〈職官考下〉。《至正四明續志》（宋元地方志叢書）卷2，頁18上，〈職官〉。

漢人、南人	4	3	0	7	39%
確定漢人	4	2	0	6	33%
確定南人	0	0	0	0	0%
疑似漢人、南人		1		1	6%
小　　計	7	11	0	18	100%

　　據表【五】、【六】，鎮江路的同知比起總管來說，色目人的比例確實較高，18 人裡面有 8 位是色目人，但是卻無法突顯忽必烈所定下「回回人充同知」的特色，因爲擔任同知的漢人人數亦相近於色目人。

　　總管之職在品級上高於同知，達魯花赤又監臨於總管之上，這樣的政策，很符合蒙古統治利益，漢人對於漢地統治的熟悉，是其他族群所缺乏的優勢，所以在漢地，漢人還是出任管民長官的最好人選，蒙古人負責監視，色目人負責制衡。南人因爲最後歸附，忠誠度受到質疑，從鎮江路的狀況來看，江南的統治還是倚重北方的漢族群。

【表七】鎮江路判官

姓　名	籍　貫	族屬	任職時間	履　歷	附　註
劉東	河南江北淮安路	H	至元十三年		
侯禎	中書晉寧路	H	至元十五年		
郭甫	中書益都路	H	至元十八年		字唐臣
駱鑄	河南江北廬州路	H	至元二十年		字希顏
郭天錫〔註33〕	中書大同路	H	至元二十三年		
魏有翼	河南江北海寧州	H	至元二十九年		字鵬舉
卜元英	中書益都路	H	元貞二年		字彥才
聶從政〔註34〕	中書晉寧路	H	大德三年	六年知南豐州	任官以清苦自守，修水利、盡地利，旱飢有備。

〔註33〕 此一郭天錫非元代書畫家郭畀。郭畀，字天錫，號雲山，京口人。著有《客杭日記》一卷，爲元代書畫家。〔元〕陶宗儀《南村輟耕錄》卷七，頁 81，〈趙魏公書畫〉條。〔清〕錢泳撰，張偉點校《履園叢話》叢話十（北京，中華書局，1979），頁 283。

〔註34〕 〔明〕李賢《大明一統志》（西安：三秦出版社，1990）卷 53，頁 10 下，〈名宦〉。《古今圖書集成》（鼎文本）氏族典，卷 550，頁 4775 中，〈聶從政〉。

李秉彝	中書高唐州	H	大德六年		
劉文規	四川夔州路開州	H	大德九年		
久住〔註35〕	西夏	S	至大四年	延祐五年秘書監校書郎	
納昔兒	回回	S	延祐三年		
瞿仲	中書濟寧路單州	H	延祐六年		
王按攤不花	中書廣平路	H	泰定二年		字耀卿
楊完澤	河南江北南陽府	H	天曆元年	二年丁憂去	字孝先
趙禹圭〔註36〕	河南江北河南府路	H	至順元年	至元間爲鎮江路大司農司管勾，至順三年致仕	字天錫，汴梁人
王杰（傑）〔註37〕	中書晉寧路澤州	H	至順四年	以蔭授潞城主簿，延祐中爲聞喜縣尹，仕至冀寧路治中。	父王思忠，歷警巡院副使，超授桓州知州、改雲州。

【表八】鎮江路判官統計

	初期	中期	後期＆時期不明	總計＆比例	
蒙古、色目族群	0	2	0	2	12%
確定蒙古人	0	0	0	0	0%
確定色目人	0	2	0	2	12%
漢人、南人	6	9	0	15	88%
確定漢人	6	9	0	15	88%
確定南人	0	0	0	0	0%
小　　計	6	11	0	17	100%

　　同知雖名爲佐貳官，但是政治性較濃，首要任務在於制衡總管權力，判官的事務性高於政治性，負責實際的參佐職責，通管路事。〔註38〕在【表七】、【表八】中可以發現幾乎都是漢人出任判官，唯有中期 2 位色目人，南人依然被屏除在外，上至總管下至判官，鎮江路總管府亦無法看到科舉出身者的

〔註35〕《秘書監志》卷 10，〈題名〉，頁 204。
〔註36〕〔元〕鍾嗣成撰，王綱校訂《校訂錄鬼簿三種》（鄭州：中州古籍出版社，1991），頁 70。
〔註37〕〔成化〕《山西通志》（四庫存目）卷 9，頁 96 下，〈人物〉。
〔註38〕《元典章》刑部卷之十三，〈捕盜州判兼管捕盜〉條。

蹤影。

　　與江南三行省宰執的族群成分相較，鎮江路總管府蒙古、色目族群的比例較弱，而漢人則佔據著相當重要的地位，突顯路級以下的官員族群成分愈難堅守族群原則。路級建置最明顯的特點是分割性強，總管府是統轄州縣的管民機關，比起南宋的路來說，地狹戶寡。〔註39〕蒙元藉由路的設置來加強對地方的控制，採用族群制衡的方式來分配總管府的官員職務，亦為容易理解之舉。總之，從實際的官員族群組成來看，所謂的世祖定制並未貫徹，以漢人治南人的趨勢則很明顯。

【表九】鎮江路推官

姓名	籍　貫	族屬	任職時間	履　　　　歷	附　註
孟慶祥	河南江北海寧州	H	至元二十三年		
李介	中書東平路	H	大德四年	承務郎	字士特
許好義	中書眞定路	H	大德六年	承務郎	字士達
程良佐	中書順德路	H	大德九年	承務郎	
姚英	河南江北汝寧府	H	至大元年	承務郎	字仲杰
龐謙	中書廣平路	H	至大四年	承務郎	字居仁
王恪	無爲		延祐元年	承直郎	字景伯
杜良臣	中書東平路	H	延祐五年	承直郎	丁父憂去職
李謙	中書益都路	H	至治元年	承直郎	字謙夫
趙允恭	中書晉寧路	H	泰定元年	承務郎	字子敬
李恕	中書益都路	H	泰定四年	承務郎	字仁甫
孔世英	中書東平路	H	至順元年	歷順德路唐山縣主簿、度支監知事、晉寧路武鄉縣尹、千斯倉監支納、詹事院怯憐口都總管府總歷，承德郎。	字伯祥，宣聖五十五代孫。

【表十】鎮江路推官族群統計

	初期	中期	後期&時期不明	總計&比例	
蒙古、色目族群	0	0	0	0	0%
確定蒙古人	0	0	0	0	0%

〔註39〕張金銑《元代地方行政制度研究》（合肥：安徽大學出版社，2001），頁 198～199。

確定色目人	0	0	0	0	0%
疑似蒙古、色目	0	0	0	0	0%
漢人、南人	1	11	0	12	100%
確定漢人	1	10	0	11	92%
確定南人	0	0	0	0	0%
疑似漢人、南人	0	1	0	1	8%
小　　計	1	11	0	12	100%

　　推官是路級最低佐貳官，已不見蒙古、色目人，但是也無南人蹤影，推官主掌刑訟案件，在民務上的角色重要，適合了解地方民情者擔任，但是實際上官員的出身幾乎皆爲北方漢族，其中名爲王恪者，應該亦爲漢人，而非南人。

四、錄事司與縣達魯花赤

　　錄事司是蒙元統治底下的特殊都市制度，管理路的城市，對總管府來說，錄事司的地位跟所領的州、縣相同，其治所就設置在路治所在，以鎮江路來說，錄事司就設在丹徒城內。《元史》稱「若城市民少，則不置司，歸之倚郭縣」，顯然丹徒縣城的人口有相當的數量。〔註40〕總之，鎮江路的總管府，錄事司與丹徒縣的官署都設在丹徒縣城中，但是丹徒縣尹並不過問城中事務，倚郭縣與錄事司的職權區域劃分相當明瞭。

　　日本前輩學者愛宕松男教授曾經針對錄事司進行研究，愛宕氏認爲元統元年進士錄所載都市出身者的籍貫，都以錄事司呈現，反映了在州縣制度中，市制已經確立成爲一種等同於州縣的行政建置。〔註41〕所以論及縣層級，也必須將錄事司列入分析。

　　鎮江路所領的三個縣，都是中縣，亦皆設有達魯花赤爲監，本節將就錄事司與鎮江路轄下三縣之達魯花赤背景進行討論。

【表十一】鎮江路錄事司達魯花赤

姓　　名	籍　　貫	族屬	任職時間	履　　　歷	附　　註
侯景安	蒙古	M	至元十三年		

〔註40〕《元史》卷91，頁2317，〈百官七〉。
〔註41〕愛宕松男〈元代的錄事司〉，《日本學者研究中國史論著選譯》（北京：中華書局，1993），頁616～617。

田愿	中書眞定路	H	至元十五年	進義校尉	
忻都	畏吾兒	S	至元二十年	進義副尉	
亦剌馬丹	回回	S	至元二十四年		
火你赤	蒙古	M	至元二十八年	將仕佐郎	
麻合馬	回回	S	元貞元年	保義校尉	
不魯罕	回回	S	大德二年	進義校尉	
馬合麻	回回	S	大德二年	進義校尉	
托普花	蒙古	M	大德九年	將仕郎	
兀都蠻	回回	S	至大元年	保義副尉	
苫思丁	回回	S	皇慶二年	敦武校尉	
兀魯失不花	畏吾兒	S	延祐三年	將仕郎	
伯顏	蒙古	M	延祐六年	將仕郎	
伯籃	欽察	S	至治二年	將仕郎	
哈剌哈孫	蒙古	M	泰定二年	修武校尉	
薩都剌〔註42〕	答失蠻氏	S	泰定五年天曆元年	弱冠登泰定丁卯進士第，應奉翰林文字。出爲燕南經歷，擢御史於南臺。以彈劾權貴，左遷鎮江錄事，歷閩海廉訪司知事，進河北廉訪經歷。	字天錫，別號直齋。祖父以勳留鎮雲代，遂爲雁門人。
獲獨步丁	回回	S	至順二年	至順元年進士，將仕郎	字成之

【表十二】丹徒縣達魯花赤

姓　　名	籍　　貫	族屬	任職時間	履　　歷	附註
蒼博都察	察剌溫	S	至元十二年	忠翊校尉	
伯牙兀歹	西夏	S	至元十四年	敦武校尉	
阿老瓦丁	回回	S	至元十四年	忠顯尉	
亦速福鐵直	回回	S	至元二十一年	修武校尉	
帖木海牙	畏吾兒	S	至元二十五年	承務郎	
阿里	阿魯渾	S	至元二十六年	太中大夫	
苫速丁	回回	S	至元二十九年	忠顯校尉	
禿千帖木兒	畏吾兒	S	至元三十一年	敦武校尉	

〔註42〕《元詩選》（台北：世界書局，1982）戊集，頁1，〈薩經歷都剌〉。〔元〕薩都剌著，島田翰校《永和本薩天錫逸詩》（太原：山西古籍出版社，1993），頁9～10。日本學者島田翰考證薩都剌左遷鎮江錄事時間爲1328年，本表薩都剌任職時間據島田氏之考證補上。

馬奧剌憨	也里可溫	S	元貞二年	忠翊校尉	
速羅阿的迷釋	別失八里	S	大德二年	承事郎	
塔海	阿剌溫	S	大德九年	修武校尉	
扎馬剌丁	回回	S	至大元年		
添受	唐兀	S	至大四年	昭信校尉	
禿魯迷帖木兒	畏吾兒	S	皇慶二年	承務郎	
亦的不花	畏吾兒	S	延祐五年	承事郎	
阿都赤	西夏	S	至治元年	進義校尉	
萬家奴	乃麻歹	S	至治三年	忠顯校尉	
木忽必	回回	S	泰定四年	承務郎	
斡羅思	也里可溫	S	天曆二年	承務郎	
哲里野台	蒙古脫托歷	M	至順三年	至順元年登進士第	字子正

【表十三】丹陽縣達魯花赤

姓　　名	籍貫	族屬	任職時間	履　　　　歷	附註
張振		N？	至元十二年	進義副尉，十四年金壇縣達魯花赤，十五年丹徒縣尹	
烏馬兒	回回	S	至元十四年	敦義校尉	
火者赤	回回	S	至元十八年	進義校尉	
木斜飛	回回	S	至元二十五年	進義校尉	
忽辛	回回	S	至元二十九年	進義校尉	
忻都	回回	S	元貞元年	敦武校尉	
玉倫赤海牙	畏吾兒	S	大德元年	忠勇校尉	
忻都	畏吾兒	S	大德五年	敦武校尉	
兀都歹兒	蒙古	M	大德八年	進義副尉	
祝兀眞	蒙古	M	大德十年	忠顯校尉	
黑的兒	回回	S	至大二年	忠顯校尉	
不只海	蒙古	M	至大四年	承務郎	
贊壽	欽察	S	延祐四年	忠顯校尉	
拔都兒	蒙古	M	至治二年	忠顯校尉	
索羅帖木兒	蒙古	M	泰定二年	忠顯校尉	
忽先			泰定四年	忠翊校尉	
受納八兒思	畏吾兒	S	至順二年	承務郎	

【表十四】金壇縣達魯花赤

姓　　名	籍貫	族屬	任職時間	履　　　歷	附註
亦黑迷失			至元十三年		
張振		N？	至元十四年	十二年丹陽縣達魯花赤，十五年丹徒縣尹	
沙不丁	回回	S			
愛速丁	回回	S	至元十九年	敦武校尉	
眾家奴			至元二十年	承務郎	
拜降			至元二十二年	承事郎	
要斜不			至元二十三年	敦武校尉	
亦不列因	蒙古	M	至元二十八年	忠翊校尉	
阿散	回回	S	至元三十一年	承事郎	
阿老瓦丁	回回	S	大德二年	敦武校尉	
兀都蠻			大德六年	敦武校尉	
火者			大德九年	承事郎	
拜住			至大三年	忠翊校尉	
阿思蘭也奴	畏吾兒	S	皇慶二年	承務郎	
定童	蒙古	M	延祐三年	忠翊校尉	
羅里	回回	S	延祐六年	承事郎	
雲童			至治二年	承務郎	
哈剌不花	蒙古	M	泰定二年	承務郎	
阿赤	河西	S	天曆元年	承務郎	
李察罕	河西	S	至順二年	承德郎	

【表十五】錄事司、丹徒、丹陽、金壇縣達魯花赤族群統計

	初期	中期	後期＆時期不明	總計＆比例	
蒙古、色目族群	24	47	0	71	96%
確定蒙古人	3	11	0	14	19%
確定色目人	17	31	0	48	65%
疑似蒙古、色目	4	5	0	9	12%
漢人、南人	3	0	0	3	4%
確定漢人	1	0	0	1	1%
確定南人	0	0	0	0	0%
疑似漢人、南人	2	0	0	2	3%
小　　　計	27	47	0	74	100%

在錄事司與縣級的達魯花赤中，可以清楚看到蒙古、色目人佔了絕大多數，漢人不僅少，而且都是在平定南宋初期的特殊狀況下出任，其中名為張振者，先後擔任丹陽縣與金壇縣的達魯花赤，疑為南宋降官，即使張振為南人出身，也是特例，在南人仕進上的意義不大。

就達魯花赤應由蒙古人出任的制度來看，色目人在縣級的達魯花赤人數上佔有很高的比例，確定為蒙古人出身者，才二成不到，假設身分不明者都是蒙古人，比例一樣遠低於色目人。因此在縣級的達魯花赤任命上，可說明顯違背忽必烈的族群任官制度，合理的解釋應為蒙古族群人數較少，無法因應大批的基層官員需求，因此以色目人取代蒙古人任大部分的監治官，亦可達到族群制衡的政治效果。

值得一提的是，元朝中期末，出現了數位科舉出身的達魯花赤，錄事司達魯花赤薩都剌、獲獨步丁；丹徒縣達魯花赤哲理野台皆為右榜進士人。雖然還無法說明越近晚期，越到基層，地方的文治傾向越明顯，卻是值得注意的現象，尤其牽涉到達魯化赤一職本身的文化特殊性。

五、錄事與縣尹

主管一縣之長官為縣尹，是元朝最基層的臨民正官，本節以錄事司的錄事與三縣縣尹為對象，進行族群背景的分析。

【表十六】錄事司錄事

姓　　名	籍　　貫	族屬	任職時間	履　　歷	附　　註
張雄	大都	H	至元十三年	明威將軍管軍千戶兼錄事	
安杰（傑）	中書太原路	H	至元十五年		
邱（丘）安仁	中書濮州	H	至元二十年		
于淵	中書東平路，	H	至元二十二年	十八年金壇縣尹	
吳景輝	中書濟南路	H	至元二十九年		
董清〔註43〕	河南江北歸德府	H	元貞元年	浙東道宣慰司都元帥府都事	徐州人
張貢	中書懷慶路	H	大德二年		
徐良	中書眞定路	H	大德五年		
馬驥	中書河間府	H	至大元年		
史坦	中書眞定路	H	至大四年		

〔註43〕《延祐四明志》卷2，頁17上，〈職官考上〉。

姓名	籍貫	族屬	任職時間	履歷	附註
仝忽都答兒	中書大都路	H	延祐元年		
韓德茂	中書保定路	H	延祐六年		
余寄生	江浙寧國路	N	至治元年		
程朵羅碍	河南江北揚州路	H	泰定元年		
丁戽〔註44〕	河南江北揚州路	H	泰定四年	至治二年象山縣主簿	泰州人
陳伯奎〔註45〕	江浙台州路	N	至順二年	後至元初遷銅陵縣尹	銅陵縣尹任上興學育才，士德之。

【表十七】丹徒縣尹（倚郭縣）

姓名	籍貫	族屬	任職時間	履歷	附註
蔣忠	江浙崇德州	N	至元十三年		歸附
張振		N？	至元十五年	至元十二年丹陽縣達魯花赤，十四年金壇縣達魯花赤	
黃興	河南江北邳州	H	至元十九年		
劉敬					
王彥深			至元二十三年		
李升			至元二十七年		
王成	四川重慶路	H	至元三十年		
孫繼榮	河南江北南陽府	H	元貞間		
魏佑	大都	H	大德二年		
何必闍赤	中書益都路	H	大德五年		
韓思聰					
趙明〔註46〕			大德十一年	至治間上猶縣尹	民立棠陰碑紀其政績
梁澤	中書東平路	H	至大二年		
趙孝祖〔註47〕	中書眞定路	H	至大四年	延祐六年定海尹	
張希賢	中書眞定路	H	延祐元年		

〔註44〕《至正四明續志》卷2，頁18下，〈職官〉。
〔註45〕《安徽金石略》（新文豐石刻史料新編）卷4，頁23上，〈元銅陵縣尊賢堂記〉。〔嘉靖〕《銅陵縣志》（天一閣藏明代方志選刊）卷5，頁2上，〈官師篇〉；卷7，頁1下，〈人物篇〉。〔嘉靖〕《池州府志》（天一閣藏明代方志選刊），卷6，頁14上，〈官秩篇〉。
〔註46〕《大明一統志》卷58，頁20下，〈名宦〉。
〔註47〕《至正四明續志》卷2，頁16下，〈職官〉。

衛良弼	大都	H	延祐四年		
張斌〔註48〕	中書廣平路	H	延祐七年	大德十年溧水州判官	
田偕			至治初		
董仲良（守思）〔註49〕	中書眞定路	H	至治三年	溧陽州判、丹徒縣尹、威州知州，元統二年無錫知州，漢中廉訪僉事	守思，字仲良，士選第六子。廉能公恕，自奉澹泊，治民去豪強，植微弱，威惠兼著。
游德宣	江浙湖州路	N	泰定三年		
劉琪受					
樊樞	大都	H	天曆二年		
趙文謁	中書晉寧路	H	至順間		
吳舉〔註50〕			至正		請修鎮江廟學

【表十八】丹陽縣尹

姓　名	籍　貫	族屬	任職時間	履　　歷	附註
楊塤		N	至元十二年	宋咸淳七年任丹陽縣令，德祐元年降元，仍爲本縣尹	歸附
李應龍			至元十四年		
李從善			至元十八年		
陳天輔			至元二十一年		
趙鑒（鑑）			至元二十六年		
吳叔堅			至元三十年		
田愿	中書眞定路	H	元貞元年	至元十五年鎮江路錄事司達魯花赤	
焦簡〔註51〕	中書保定路雄州	H	大德二年	後遷餘姚知州	父德裕
王守寧			大德五年		

〔註48〕《至正金陵新志》卷6，頁85下，〈題名〉。

〔註49〕《至正金陵新志》卷6，頁80上，〈題名〉。《元史》卷156，頁3679，〈董文炳子士選〉。〔洪武〕《無錫縣志》（四庫珍本）卷3下，頁4下，〈州署〉。《大明一統志》卷10，頁15下，〈名宦〉。〔成化〕《重修毗陵志》（天一閣藏明代方志選刊續編）卷11，頁29，〈職官三〉。〔成化〕《南畿志》（四庫存目）卷22，頁6下，〈宦蹟〉。〔清〕王梓材《宋元學案補遺》（叢書集成續編）卷92，頁79下。《江蘇金石志》（新文豐石刻史料新編）卷24，頁20下，〈無錫州官題名記〉。

〔註50〕根據《滋溪文稿》卷3，頁43，〈鎮江路新修廟學記〉補。

〔註51〕《元史》卷153，頁3618，〈焦德裕父用〉。

馬麟			大德五年		
梁璧			皇慶二年		
完顏薛徹堅	女眞	H	延祐三年		
史孝德			延祐五年		
馬天瑞〔註52〕	河南江北汴涼路祥符	H	延祐七年	至大中爲中山府推官	廉潔無私
王迪吉			泰定二年		
張銓〔註53〕	中書眞定路臨城	H	天曆元年		至大中舉人
錢遵〔註54〕	江浙常州路	N	至順二年	延祐四年吳江州判官，江寧縣尹	
薛觀〔註55〕	慶元路鄞縣	N		覃恩授平江路常熟州教授，仕至鎮江路丹陽縣尹致仕	至治三年鄉舉

【表十九】金壇縣尹

姓 名	籍 貫	族屬	任職時間	履 歷	附 註
戴京	江浙鎮江路	N	至元十二年		
傅文剛			至元十六年		
于淵	中書東平路	H	至元十八年	至元二十二年鎮江路錄事司錄事	
田安			至元二十年		
趙良輔〔註56〕（1247～1318）	中書彰德路安陽	H	至元二十二年	金壇縣尹，平江路推官，新喻、醴陵知州，建昌路同知，潭州路同知致仕	字良卿，延祐五年卒，年七十二
宋彧〔註57〕	中書東昌路莘縣	H	至元二十六年	江淮省掾，祁門尹，信州路判官	
張謙			至元二十九年		
李惟能			元貞元年		
徐克敏			大德二年		

〔註52〕〔嘉靖〕《眞定府志》卷4，頁29上，〈官師表〉。

〔註53〕〔嘉靖〕《眞定府志》卷5，頁44上，〈仕籍表〉。

〔註54〕《至正金陵新志》卷6，頁87下，〈題名〉。嘉靖吳江縣志17／5下

〔註55〕根據《至正四明續志》卷2，頁27下，〈人物〉補。

〔註56〕〔元〕許有壬《至正集》（元人文集珍本叢刊）卷52，頁10（趙公墓誌銘）。胡祇遹《紫山大全集》（四庫全書）卷6，頁19～21上，（送趙良卿問事畢還燕）。〔清〕柯劭忞《新元史》（台北：藝文印書館，1955）卷229，17下～18上，〈趙良輔傳〉。

〔註57〕〔元〕戴表元《剡源戴先生文集》（四部叢刊）卷17，頁1～2下，（宋氏墓表）。

劉渥澤			大德五年		
黃中			大德八年		
李益			大德十一年		
韓拱	中書益都路	H	至大二年	轉尹增城	父政
李珪			皇慶元年		
張天祥			延祐元年		
劉澄			延祐四年		
李居義			延祐六年		
孫瑞〔註58〕	大都	H	至治二年		
趙詁〔註59〕			泰定二年	大德間清河縣丞	
盧鑄顏			泰定四年		
劉繼祖〔註60〕			至順元年	江寧縣尉？	

【表十七】、【表十八】、【表十九】整理了鎮江路所轄三縣之縣尹名錄資料。其中丹徒尹吳舉、丹陽尹薛觀皆為《至順鎮江志》無載，根據其他史料補充。錄事與縣尹的職責、層級相當，只是管理對象以城中人民為主，因此在以下的統計表中，錄事也視同縣尹一同計算。

【表二十】鎮江錄事、丹徒、丹陽、金壇三縣縣尹族群統計〔註61〕

	初期	中期	後期＆時期不明	總計＆比例	
蒙古、色目族群	0	0	0	0	0%
漢人、南人	25	52	2	79	100%
確定漢人	10	27	0	37	47%
確定南人	3	4	1	8	10%
疑似漢人、南人	12	21	1	34	43%
小　　計	25	52	2	79	100%

【表十六】最大的特色，在於漢人佔錄事的絕大多數，值得注意的是南人在錄事這個職務上有所發展，但是也僅有余寄生、陳伯奎兩人，任職時間

〔註58〕《志順鎮江志》卷17，頁654，〈司屬〉。此處存疑，由縣尹轉任巡檢似乎於理不合。
〔註59〕〔嘉靖〕《清河縣志》卷2，頁5下。
〔註60〕《至正金陵新志》卷6，頁89上，〈題名〉。
〔註61〕【表二十】疑似漢人、南人是以姓名判斷，誤差值應不大。

為元朝中期末，陳伯奎治理地方頗有政聲，其餘資料不詳，無法進一步分析。而且初期與中期也無蒙古、色目人出任鎮江錄事，元人蘇天爵言：

> 郡之錄事司及附郭之縣則尤任其煩勞者也。蓋上有憲府、郡治之按臨，下有達官、朝使之迎候，繼以賦役訟訴之煩，加以民庶飢寒之苦，茲其所以不易為也。然而制其煩簡之宜，達乎通變之道，獨不在夫有能有為者乎！〔註62〕

蘇天爵所言為真定路錄事司的狀況，但鎮江路錄事司的職責也大同小異。愛宕松男教授認為錄事司反映出元代對於都市的特殊看法，蒙元政府對於農業地區的土地稅模式並不熟悉，所以徵稅是以戶口為單位，在財政掠奪的意義上，控制都市對於蒙古人來說，最容易達到其要求，因都市正是戶口集中的地方。〔註63〕愛宕氏這種說法顯示出在征服王朝之下，都市在蒙元政治架構中的特殊性質，以及錄事司制度所體現的征服王朝特質。

但是如果說是要加強都市的財政掌控，錄事似乎應該會有很大比例由蒙古、色目人來擔任，鎮江路的實況卻是漢族群佔壓倒性的比例。比較合理的解釋，或許可以從游牧民族對於農業地區的定居型態較為陌生，在基層的行政管理上，只能倚重漢人，對於都市的臨民管理，應當更是需要熟悉漢地者來協助，而且錄事司之上還有總管府，所以錄事即使大部分由漢人出任，也不至於影響蒙元對都市的掌控，況且錄事司亦有由蒙古、色目人擔任的達魯花赤監治。

從資料中亦可發現三縣縣尹完全沒有蒙古、色目人。縣尹是元代地方行政體系中，臨民性最高的地方長官。與路層級的官員成分相比，鎮江路轄下的縣正官，族群成分之單純性比預想中要高得多。從鎮江路的各縣來看，蒙古征服王朝特性對於基層統治之影響，似乎沒有想像中大，達魯花赤作為監治官員，強嵌於漢地的制度上，但是真正處理鎮江民務的官員，則以漢人居多。

再者，南宋的歸附較晚，故《至順鎮江志》所涵蓋的初期時間只有中期的一半左右，如果把初期的官員數乘上兩倍，可以發現初期與中期的官員數相當接近，顯然兩個時期中官員的任職狀況均勻，每一位任職時間亦不長，大約在二到三年左右。由於資料限制，目前這些官員的遷轉是否有地域性，還無法判讀，但就可以找到資料的縣尹來說，大部分遷轉都限於江南地區。

〔註62〕《滋溪文稿》卷30，頁515～516，〈題諸公贈真定錄事司監野先明道詩後〉。
〔註63〕愛宕松男〈元代的錄事司〉，《日本學者研究中國史論著選譯》，頁610～611。

　　南人出任縣尹的比例還是偏低，值得注意的是因為疑似人數相當高，所以南人的比例是否確實遠低於漢人無法確知，但是蒙古、色目人在此一層級的官員比例為零則很確切。

六、縣的主簿

　　丹徒、丹陽、金壇三縣為中縣，佐貳官有主簿與縣尉，但是縣尉的職責「專一捕盜」，達魯花赤、縣尹、縣丞、主簿才是主掌全縣之政者。〔註64〕中縣不設縣丞，所以縣的佐貳官以主簿為首，縣尉職權低而窄，本節略而不論，只就主簿進行討論。

【表廿一】丹徒縣主簿

姓　　名	籍　　貫	族屬	任職時間	履　　歷	附　　註
廖子通	江浙鎮江路	N	至元十二年		歸附
朱富	河南江北通州	H	至元十三年		
張允恭	中書眞定路	H	至元十八年		
張鎔	江浙常州路	N	至元二十年		號雲心，有文集
李恪	河南江北南陽府	H	至元二十四年		
秦憲文	中書眞定路	H	至元三十一年		
李浩	大都	H	大德元年		
劉伯牙兀歹〔註65〕	西夏	S	大德三年	至治二年武義縣達魯花赤	
范夢魁	河南江北廬州路	H	大德六年		
楊夢高	江浙溧陽州	N	大德九年		
高謙	中書眞定路	H	至大二年		
符珍	河南江北邳州	H	至大四年	大德三年西安縣尉	
靖惠	西川	H？	延祐元年		
張翼	河南江北邳州	H	延祐四年		
教化	河南江北南陽府	H	延祐七年		
馬榮祖	中書順德路	H	至治三年		
蕭士寧	中書廣平路	H	泰定三年		
王文祥	中書濟南路	H	天曆二年		

〔註64〕張金銑《元代地方行政制度研究》，頁225。
〔註65〕〔萬曆〕《金華府志》（中央圖書館藏明萬曆六年刊本）卷13，頁19下，〈官師三〉。

【表廿二】丹陽縣主簿

姓　名	籍　貫	族屬	任職時間	履　　歷	附　註
趙大均	江浙鎮江路	N	至元十二年	至元二十年鎮江路錄事司判官	
李顥〔註66〕			至元十八年	遷溧陽州錄事	
王昕〔註67〕	河南江北歸德府	H	至元二十六年	初試浙東宣慰司令史，考滿授將仕郎、轉承務郎。二十六年丹陽主簿，江浙省掾、檢校，晉陵縣尹，至大間杭州路推官	字明之，睢陽人，母韋氏。以儒飾吏。
龐洎			至元二十九年		
張鑒			元貞元年		
張誼			大德二年		
席貴			大德五年		
陶鑄			大德八年		
王良臣			大德十一年		
馬元中			至大二年		
費守	浙鎮江路金壇	N	皇慶二年		
阿里		S	延祐二年		
郭文進〔註68〕			延祐四年	泰定元年溧水判官	
杜世學〔註69〕	江浙慶元路	N	延祐七年	慶元路學錄、學正，丹陽主簿，至大三年山長	字孟傳
高桂	河南江北高郵府	H	至治二年		
程燧〔註70〕	江浙徽州路婺源	N	泰定三年	延祐五年蔭新城主簿，丹陽主簿，遷清江鎮征官，陞侯官縣尹，建寧路推官，至正七年調太平路推官	字德明，龍孫
馮昌大	江浙集慶路	N	天曆二年		

〔註66〕《至正金陵新志》卷6，頁77上，〈題名〉。

〔註67〕〔宋〕林景熙《霽山先生文集》（知不足齋叢書）卷4，頁10下～12上，〈王氏家譜記〉。鄧文原《巴西鄧先生文集》（北京圖書館古籍珍本叢刊），頁3下，〈送王明之推官北上序〉。《宋元學案補遺別附》卷2，頁68下。

〔註68〕《至正金陵新志》卷6，頁86上，〈題名〉。

〔註69〕《剡源戴先生文集》卷13，頁5下～7上，〈送杜孟傳之石門洞序〉。《延祐四明志》卷2，頁28〈職官考上〉。

〔註70〕〔明〕陶安《陶學士先生文集》（北京圖書館古籍珍本叢刊）卷14，頁20下～21，〈送程推官序〉。〔元〕宋本〈績溪縣尹張公舊政記〉，《國朝文類》（四部叢刊）卷31，頁316～318。

【表廿三】金壇縣主簿

姓　名	籍　貫	族屬	任職時間	履　歷	附　註
詹福			元初		
王宏道					
王公亮					
阿老瓦丁〔註71〕		S		至元十四年丹徒縣達魯花赤，大德二年金壇縣達魯花赤，大德三年金壇縣宰	
劉祺			至元間		
郭薛飛			至元二十三年		
馮浩〔註72〕			至元二十八年	至元十七年象山縣主簿	
艾去病〔註73〕	江浙鎮江路丹徒	N	至元三十年	仕宋承信郎，鎮江府節制司，至元十四年金壇縣尉，至元二十三年溧水州主簿，武康簿，除承事郎，衢州路龍游縣丞。	字安叟，歸附初授西津巡檢，掩骼埋胔以千數計道傍病餓者給以粥藥全活甚眾。子堅，試郡曹。大德丁未歲飢疫，奉府檄賑飢民、瘞遺骸，具著勞績。塈丹陽縣儒學教諭，以父廕入仕。
九十不花	畏吾兒	S	元貞二年		
張炳			大德三年		
尹正			大德七年		
楊文			大德十年		
高不要歹	女真？	H？	至大二年		
亦剌馬丹	回回	S	至大二年		
謝思齊〔註74〕			皇慶元年	至順三年遷上高縣尹，後至元四年尹鄞縣	
韓坊			延祐元年		
王元慶			延祐四年		
劉益			延祐七年		

〔註71〕《至順鎮江志》卷13，〈公廨〉，頁536：卷16，〈宰貳〉，頁634，645。

〔註72〕《延祐四明志》卷3，頁15上，〈職官考下〉。

〔註73〕《至順鎮江志》卷19，頁759，〈仕進〉。《至正金陵新志》卷6，頁83上，〈題名〉。

〔註74〕〔崇禎〕《瑞州府志》（崇禎元年刊本）卷14，頁22上，〈秩官志一〉。《至正四明續志》卷2，頁7下，〈職官〉。

裔從政			至治三年		
杜士朴			天曆元年		
江淵	江浙杭州路	N	至順二年	溧陽縣提控案牘	至正金陵卷六官守

表【廿一】、【廿二】、【廿三】爲三縣之主簿資料。由於鎮江路轄下三縣皆不設縣丞，故主簿兼縣丞之職。主簿有圓坐的權力，縣尹雖爲一縣之尊，不能專斷自爲，佐貳官可以「參裁可否」，甚至在守令外出或未到任時，代理主持縣務。〔註75〕根據元人的記載，縣丞「事長必盡禮，遇吏卒必以誠，不拘於勢，酌中可否，使上下勿爲嫌。」〔註76〕從中可以看出，主簿擔任著長官、首領官與胥吏之間的橋樑，其位不似首長高高在上，與首領官和胥吏接觸密切，又可以參與圓署會議，在政務流程中，主簿對於縣政的掌握度較長官更有優勢。

【表廿四】丹徒、丹陽、金壇主簿族群統計

	初期	中期	後期＆時期不明	總計＆比例	
蒙古、色目族群	1	4	0	5	9%
確定蒙古人	0	0	0	0	0%
確定色目人	1	4	0	5	9%
疑似蒙古、色目	0	0	0	0	0%
漢人、南人	17	34	0	51	91%
確定漢人	5	10	0	15	27%
確定南人	4	6	0	10	18%
疑似漢人、南人	8	18	0	26	46%
小　　計	18	38	0	56	100%

從【表廿四】中可以發現，有少數色目人出任主簿一職，但沒有蒙古人。這些色目人的背景不詳，可能是蔭（任子），或者是吏出職。色目人擔任如此基層的佐貳官，或許制衡長官的功能大於事務上的襄贊，與路的同知角色類似，但數量上又不是太多，是矛盾之處。可以確認的南人主簿，比例也有所上升，同樣地，不確認籍貫的漢族數量也頗高，所以漢人與南人之間何者比例較高無法得知，可以肯定的是，漢人、南人在佐貳官確實有壓倒性的數量。

〔註75〕張金銑《元代地方行政制度》，頁265。
〔註76〕朱晞顏《瓢泉吟稿》（四庫全書）卷4，頁2，〈送歸安縣丞沙德潤序〉。

七、結　論

由於元代亡於江南的割據政權，因此學界普遍認為蒙元對江南的掌控並不理想，導致叛亂一起就無法弭平。事實上，蒙元無法平定江南的亂事，原因很多，就遠因來看，少數統治導致了族群對立，尤其是南人受到歧視的心理反撲。近因則是先天上文化差異強化意識型態的紛爭，從元朝立國開始，蒙古本位派與漢法派之間的明爭暗鬥就不斷上演，並蔓延至元朝晚期，導致政局不穩，南方叛亂一起，對蒙古統治者來說，更加強漢族群叛亂的印象，因此意識型態的紛爭更如野火燎原，中央陷於政爭，並參雜皇位繼承的權力鬥爭，南方叛亂日益坐大以致無法收拾也是自然之事。〔註77〕

但是要進一步理解蒙元對於江南統治，必須檢視基層的狀況。本文對鎮江路的官員族群組成進行探討，即是一個初步的嘗試。

根據鎮江路的官員族群成份，可以得出幾點初步結論：

（一）「以蒙古人充各路達魯花赤，漢人充總管，回回人充同知」之詔令並未貫徹，甚至常常被違背。達魯花赤層級以色目人居多，層級越下漢人所佔的比例越高。

（二）少數統治的特質在達魯花赤層級（監治官）較能夠顯現，路級以及縣級的管民官員、佐貳官則「以『漢』治漢」色彩較濃。

（三）南人仕進的艱難體現在鎮江路官員的族群成份中，即使是品級較低的錄事、縣尹與縣主簿，南人官員依然較少，顯見南北懸隔的實況，以及征服王朝對南人仕進的阻滯。

另外，鎮江路的官員有資料可循者，少數出於蔭，大部分人或許都是出於吏，循序遷轉任官。由吏出身是元代官員主要的仕進方式，尤其是漢人與南人，受限於史料，大部分官員家世不明，顯然都不是出於根腳家族，因此由吏出仕應為合理推測。其中比較明顯的例子為丹陽縣主簿王昕，被形容為「以儒飾吏」，並且清楚記載其以吏考滿之後遷轉為基層官員，這是元代特有的「儒吏制度」之著例。

總之，鎮江路的官員族群組成，各級達魯花赤無庸置疑是蒙古、色目族群的天下，尤其是色目人最多。正官與佐貳官則以漢人為主，除了同知一職因為元世祖的族群制衡考量，故色目人比例較高。從鎮江路達魯花赤的族群

〔註77〕 洪麗珠〈元代晚期朝廷的政爭——權力爭奪或意識形態衝突〉（碩士論文，新竹市：國立清華大學，2001）。

成分來看，征服王朝的少數統治相當明顯，只是難以貫徹以蒙古人出任之原則；從正官與佐貳官的族群背景來看，「以『漢』治漢」才是統治的主軸，尤其是用北方漢族群來幫助治理南方，以達到防範南人的目的，深刻反映出征服王朝的性格。蒙元的「以『漢』治漢」與少數統治雖然強烈突顯蒙元的征服文化，但是另外一方面，也表現出少數統治想在基層扎根的侷限性。

　　值得進一步思考的是：在以漢人官員爲主的基層社會，所謂的殖民政策，是否可以被貫徹？漢人官員的統治理念與文化背景，對於征服王朝的殖民統治是否構成一種潛在的反動力量？這都是未來體現江南基層統治的重要課題。

附錄二：居官必任吏——儒吏地方官的治民要術

一、前　言

　　本文透過元代特有的制度變化，探討其發展與影響。科舉大部分時間被廢止，是蒙元漢族士人政治與學術上的最大挑戰，宋代以來因為科舉大盛所帶來的種種變遷也因此暫時逆轉，「唯『才』是用」的內涵也因現實而有所轉變。

　　在蒙元混一南北之後，除了某些高級官職由各色權貴壟斷之外，官員由吏出職成為主流，是一個不爭的事實。而這種發展對於南、北儒士任官的阻礙，在現實與心理上的打擊程度有所差異。余闕（1303～1358）指出：

> 我國初有金、宋，天下之人惟才是用之，無所專主，然用儒者為居多也。自至元以下，始浸用吏，雖執政大臣，亦以吏為之。由是，中州小民麤識字，能治文書者，得入臺閣共筆箚，累日積月，皆可以致通顯，而中州之士見用者遂浸寡。況南方之地遠，士多不能自至於京師，其抱材蘊者又往往不屑為吏，故其見用者尤寡也。及其久也，則南北之士亦自町畦以相訾，甚若晉之與秦不可與同中國，故夫南方之士微矣。〔註1〕

余闕是居於南方的儒化色目人，出身科舉，對於南士在元代制度中面臨的出仕困難自然關注。其論述中指出科舉不行，儒士不再是選官的主要人才庫，具備吏術者仕宦前途大展，遷轉講究循資而不以科舉出身為尊，在在指出選

〔註1〕 李修生主編，《全元文》第49冊，頁132～133，余闕〈楊君顯民詩集序〉。

官制度的重要變化。南、北儒士共同的挑戰是任官「門檻」不同以往，「士」的優勢被削弱；南士更因政治中心的轉移、士尊吏卑的固有心態不願屈就吏職，因此見用日寡。但蒙元統治漢地、江南，漢族士人與政治的共生關係難以排除，在務實需求下如何用儒，就成為儒吏選拔的背景。儒吏的考選雖無科舉之名，卻頗有科舉之精神，是在大原則下開放給儒人的專利管道。此一制度以往皆被置於吏員出職的研究之下，使其重要的意義黯然失色，這與明代儒士修纂元代史料的心態，以及後人研究過度簡化吏員選任的內涵有關。

美籍華人學者劉元珠的〈蒙元儒吏關係：延祐之開科與抑吏〉，〔註 2〕是首先注意到這個問題的文章。她指出《元史·選舉志》的內容偏離元代制度的真正核心，因為修史南儒刻意將很少舉行的科舉排於卷首，並且著墨甚多，淡化了蒙元選舉制度的真正特色。〔註 3〕元代的選任制度模糊了儒、吏界線，使儒士產生貶抑之感，即使在元代，漢族士人官員通常致力於抑制吏員在仕宦上的發展，例如限制吏品與呼籲重開科舉，但是這些針對用吏的「反動」，卻矛盾的面臨打擊自家人（由儒轉吏者）的問題，因此帶來了儒學思維的內部考驗。不過劉文始終認為蒙元的選任制度只是暫時打破了中國固有的秩序，並無長久的影響，她點出了幾個重要的問題，但討論不深。文章的主旨把延祐開科舉與抑吏政策作為儒士對儒吏制度的回應，但這只是極少數依然有政治影響力的漢族士人官員的反應，這些人是變局下的幸運兒，因聲望與特別際遇依然保有前朝儒士的尊榮，因此可以自負的秉持「抑制用吏」的立場。但是面對丕變的環境並且被迫調適的是多數的一般士人，這些人有各種原因去「屈從」吏職，而也是從這些人身上，才能真正體現制度改變的影響。

因此，在既有的基礎上，本文透過歷代「吏觀」的發展作為背景，論述元代儒吏選拔的方式，吏術與儒學之間的關係如何被討論，儒學校育的內容是否有所改變，而儒吏地民官如何用「學」致治，最終希望可以初步解釋元代的選任制度可能為後世帶來何種影響。

二、儒、吏合流與考選制度

胥吏是中國政治結構中特殊的一環，其內在具有複雜的層次，外部上大

〔註 2〕〔美〕劉元珠，〈蒙元儒吏關係：延祐之開科與抑吏〉，收入《慶祝王鐘翰先
　　　生八十壽辰學術討論會論文集》（瀋陽：遼寧大學出版社，1993），頁 432～440。
〔註 3〕〔美〕劉元珠，〈蒙元儒吏關係：延祐之開科與抑吏〉，頁 432。

致有官、吏；吏、役兩方面的關係。有學者指出，制度上官、吏的分途，或者說歷史上的儒、吏分途，在漢代就已經開始。〔註4〕本文所指之吏爲所謂的「刀筆吏」或「文法吏」等，具有一定的學識程度，其公務範疇爲文書案牘、簿書期會、刑名賦稅等爲主的文職吏員，元朝政府選拔儒吏，也是出任這一類的吏職。元人徐元瑞謂：「夫吏，古之胥也、史也，上應天文，曰土公之星；下書史牒，曰刀筆之吏，得時行道，自古重焉。」〔註5〕因此《吏學指南》中被期待重振「吏道」者，指的也是此類刀筆吏。元世祖（1215～1294）至元後期朝廷中的漢儒曾批評：「天下習儒者少，而由刀筆吏得官者多」，〔註6〕因此建議開科舉取士，清楚說明了刀筆吏是非科舉時代儒士任官的強力競爭者，儒者也把刀筆吏視爲一種與業儒截然不同的出身。刀筆吏的學養背景是被區隔於正統儒學之外，被認爲著重在「術」的訓練，而非道德文章的涵養，儒吏就是希望結合兩者的優勢，選拔德術兼備者，但實際上儒士不知吏術、吏人不習儒學，是既定的印象與常態，其間的矛盾與調和之道，自然在儒吏制度下成爲重要的討論課題。

刀筆吏、文法吏等作爲「吏」的一員，常與其他胥吏混論，導致在詞彙的分合之間產生模糊地帶。實際上要分辨史籍中提到的吏究屬何類，並不算太困難，通常可從工作內容來判斷，與「儒」拿來對等討論的，通常是案牘文吏。另外，官、吏用字常常混雜不清，例如漢代的循吏、法吏，指的是官，但官、吏兩種身分群體在意識上的分化，基本在唐代中期已經成形，唐代的「胥吏性惡說」，以及胥吏管理政策的制定，都顯示出胥吏已成一特定團體。〔註7〕因此吏所長與官所長，自然也成爲不同的學識範疇。漢薛宣曾謂：「吏道以法令爲師」；〔註8〕唐的羅威被形容「達於吏道卻伏膺儒術」。〔註9〕可見「吏道」與「儒學」隨著官、吏分途而成相對概念。因此，唐代有所謂「公卿大臣，當用經術明於古義者，此則固非刀筆俗吏所可比擬。」〔註10〕據說房玄齡也是刀筆吏出身，被封爲邢國公時因出身而招致非議，唐太宗則援引

〔註4〕 葉煒，《南北朝隋唐官吏分途研究》（北京：北京大學出版社，2009）。
〔註5〕 徐元瑞著、楊訥點校，《吏學指南（外三種）》，頁3，〈習吏幼學指南自序〉。
〔註6〕 《元史》卷81頁，2018，〈選舉一‧科目〉。
〔註7〕 葉煒，《南北朝隋唐官吏分途研究》，頁25。
〔註8〕 《漢書》（新校本）卷83，頁3397，〈薛宣朱博傳〉。
〔註9〕 《舊唐書》（新校本）卷181，頁4693，〈羅弘信附子威傳〉。
〔註10〕 吳競編撰，《貞觀政要》（北京：中華書局，2003）第七卷，頁189，〈崇儒學第廿七‧第四章〉。

蕭何之例爲解，[註11] 可證刀筆吏在士人眼中因出身不佳易有學養不足之慮，故升遷上應該受限。

宋朝作爲科舉時代的象徵，進士出身更是強化了官、吏的分野。吏基本上不能參加科考，向上流動的機會很少。[註12] 也因前途有限，故吏必須憑藉自身的行政專才與特有的治理知識，成爲官員不可或缺的左右手，並深化在地勢力，因此出現吏有封建之說。在地方治理的影響上，吏扮演著比流官更爲關鍵的角色，是目前學界的普遍看法。因此官、吏無論在身份上、形象上都有著不同的色彩。

「用吏」與「用（進）士」，也常被視爲相對性的政治風氣。在金代「用吏」的另一面就是「抑士」，故有「用胥吏，定行貨賂混淆；用進士，清源也」；「進士受賕，如良家女子犯姦也；胥吏公廉，如娼女守節也」之論，[註13] 亦即儒學教養通常代表著較高的道德觀與較寬的政治眼界。在科舉正途的理論之下，吏或許有貧有富，教養程度有高有低，身在公門也使其具有特定的政治力量，但進士出身的官員們以非常清楚的群體意識，刻意的與吏職劃清界線，士人以吏職出身爲恥、以從事吏職爲卑，也就成爲普遍的心態。[註14]

到了元代，制度上由吏出職取代科舉成爲用人主流，學而優則仕的大原則沒變，但是儒士無法不面對應吏之選的現實，「學」的內容被迫有所調整，即使恥爲刀筆吏依然出現於儒士的言談之中，但同時更符合現實的「居官必任吏」的說法，也慢慢的在士人圈中發酵。

關於元代胥吏的地位與職務變化的研究，日本學者勝藤猛的〈元朝初期の胥吏について〉指出蒙元的胥吏突破了前代的通性，與官員系統合流，成爲上級與下屬的關係，動搖了士大夫的傳統觀念。[註15] 牧野修二的《元代勾當官の體系研究》則論證元代臺、省、部、院的吏員前途頗佳，地方吏員出職通常

[註11] 吳兢編撰，《貞觀政要》第三卷，頁84，〈論封建第八・第一章〉。

[註12] 林煌達，〈唐宋州縣衙吏員之探討〉，收入黃寬重主編，《基調與變奏——七至廿世紀的中國》③（台北：政治大學歷史學系，2008），頁143～148。祖慧，〈宋代胥吏的選任與遷轉〉，《杭州大學學報》第27卷第2期（1997），頁72～73。

[註13] 劉祁，《歸潛志》卷7，頁73～76。

[註14] 林煌達，〈宋代堂後官初探〉，《漢學研究》第21卷第1期（2003），頁225～252。文中指出宋代爲提升堂後官素質，訂立了鼓勵士人任職的種種優厚條件，卻無法有效推行，主因即在於士人以吏職爲恥的心態。

[註15] 收入《東洋史研究》第17卷第2號（1958），頁1～18。

由七品以下地方官敘起，而中央吏員出職品級最高可從六品，〔註16〕比起許多地方官員遷轉要快得多。另外牧野氏也提及胥吏入流的開啓，使吏職趨於專業化與系統化。〔註17〕大陸學者許凡的《元代吏制研究》則討論了吏員的各種名目與職責、出職的制度、吏員的選用以及元代吏制與其社會的關係。其中關於儒士任吏、儒吏來源，歲貢儒人等制度皆有陳述，但結論僅在於由吏入仕對官員素質的影響與優缺點。〔註18〕

這些著作共同證明了蒙元時期吏的政治地位之提升，以及官吏合流的制度轉變，尤其都討論了吏制對於官員素質的影響。元代的官員素質一向受到負面評價較多，主要由於蒙古元朝的任官與升遷並不重視相對客觀的科舉制度，而研究者的思維也被儒家角度的論述所引導，因此用吏似乎就代表政治上的向下沉淪，但如果說用吏是官員素質低落的主因，那麼就肯定了儒學教養者較不易貪污腐敗。其間的因果關係是否如此簡單？官員的行政效率、政治道德與官員所受的教育當然大有關係，但是很清楚的是歷代的儒學教育與行政實務一向存在脫節問題，儒學可以培育良好官員（德術兼備）的觀點，就如同認爲萬里長城在歷代都是具體存在的建築一樣，迷思大於現實，並且是長期發展而成的概念，在科舉社會中扎根甚深，而元代儒吏合一的意義，就掩蓋在這樣的思維之下。

許凡先生將元代職責相對較爲重要的吏分爲十種：蒙古必闍赤、回回必闍赤、令史、通事、譯史、知印、典史、宣使、奏差、書史、司吏。〔註19〕其中司吏設置於路、府、州、縣，其餘九種吏職則普遍設置於中央、地方軍政（除了路府州縣之外）與監察機構。除了大多爲案牘文史之外，較爲特殊的是以翻譯爲主的譯史與通事，譯史從事文字翻譯，通事則爲口譯人員，人才來源主要由學校培育以及長官選保，升遷前景頗佳。〔註20〕根據蕭啓慶師的研究，「必闍赤」（bichechi）所指即爲譯史或令史，通事則稱爲「怯里馬赤」（kelemechi），〔註21〕故十種吏職中所謂的蒙古必闍赤、回回必闍赤，或可包

〔註16〕《元史》卷83，〈選舉三・銓法下・省部令史、譯史、通事等〉，頁2069。
〔註17〕牧野修二，《元代勾當官の體系研究》（東京：大明堂，1979）。
〔註18〕許凡，《元代吏制研究》（北京：勞動人民出版社，1987）。
〔註19〕許凡，《元代吏制研究》，頁2～3。
〔註20〕蕭啓慶師，〈元代的通事和譯史〉，《元朝史新論》（台北：允晨出版社，1999），頁383。
〔註21〕蕭啓慶師，〈元代的通事和譯史〉，《元朝史新論》，頁334。

含在「譯史」一類。在《吏學指南》中關於〈吏員〉的分類，亦沒有將回回、蒙古必闍赤獨立出來。〔註22〕

　　吏職任官在金、元時期稱為「出職」。進士出身、歷仕七位大汗的許有壬（1287～1364），曾不滿的說：「今通事等（出職），天下凡三千三百二十五名，歲餘四百五十六人。玉典赤、太醫、控鶴，皆入流品，又路吏及任子（廳）其途非一。今歲自四月至九月，白身補官受宣者七十二人，而科舉一歲僅三十餘人。」〔註23〕玉典赤、控鶴皆屬宿衛，而由吏出職的官員數量最為顯著。且某些吏職的升遷相當不錯，故有「由吏致位顯要者常十之九」的說法。〔註24〕這一類吏通常就是所謂的「省掾」、「臺掾」、「部掾」等，即牧野氏所指之中央吏職，或稱令史。

　　「儒吏」一辭是元代史料常見用語，可以是泛指胥吏的背景，也可以是專有名詞。儒吏選拔是為習儒者所開啓的「專屬公職管道」，學者分為「歲貢儒人」與「諸生充吏」兩種。〔註25〕忽必烈初期，六部急需處理刑名、賦稅、銓選等事務的令史，又考量到這些事務性質需要相當的學識程度，在至元六年（1269）下詔：

　　　各部所掌銓選、戶差、刑名等事尤為繁劇，各得實材，以辦其事。
　　　今擬上都等處周歲額保令史兩名：秀才一名、司吏一名。北京等處
　　　周歲額保一名：或儒或吏科一名，其所保秀才，務要洞達經史，通
　　　曉吏事。〔註26〕

「秀才」是官方對於漢族士人的通稱，司吏是路、府、州、縣的吏員，後者背景較雜，屬於吏職的內部升遷。從「秀才」中挑令史，則很清楚的是儒吏考選，史料中也可以看到，儒與吏確實被清楚區別，故對於習儒者要求必須通曉吏事，而由吏遷轉者，並不需具備洞達經史的條件。也就是說，「通曉吏事」才是政府取才儒吏的真正需求，至於從儒中選吏，當然不是看中經史學養，而是提供給儒人的保障名額，可以說是儒戶特權的一環。

　　元中期初，儒吏成為一種制度化的選拔，並且有固定的徵選「程式」：

〔註22〕徐元瑞著、楊訥點校，《吏學指南（外三種）》，頁25，〈吏員〉。
〔註23〕《元史》（新校本）卷142，頁3405，〈徹里帖木兒〉。
〔註24〕《元史》（新校本）卷185，頁4255，〈韓鏞傳〉。
〔註25〕許凡，《元代吏制研究》，頁73～96。
〔註26〕《大元聖政國朝典章》（景印元本）吏部卷之6，頁433，〈儒吏・隨路歲貢儒吏〉。

> 元貞二年（1296），諸路有儒知吏事、吏通儒術、性行修謹者，各路
> 薦舉廉訪司試選。每道歲貢二人，省臺立法考試，<u>必中程式</u>，方許
> 錄用。如所貢不公，罪及選舉官司，欽此。〔註27〕

此即爲歲貢儒吏，由各路總管府推薦，各道監察機構篩汰，再貢舉至行省、御史臺依照既定「程式」加以考試，既是儒吏，就必須兼通吏事與儒術。這樣的選拔過程，結合了薦舉與科舉的元素，兼顧了用儒與用吏的優點，可說是符合蒙元政治精神的創制。

官學諸生也是儒吏的來源之一。《元史・選舉志》說：「自京學及州縣學以及書院，凡生徒之肄業於是者，守令舉薦之、臺憲考覈之，或用爲教官，或取爲吏屬，往往人材輩出矣。」〔註28〕取爲吏屬者就稱爲諸生充吏。許凡先生將儒吏選拔分爲「歲貢儒人」與「諸生充吏」兩項，細讀史料，或許需要再度釐清，所謂「守令舉薦之、臺憲考覈之」，與《元典章》之儒吏考試程式，所指爲同一規定，《元典章》在歲貢儒吏條之下提到：州縣學諸生是從儒戶中「有餘閑年少子弟之家」，選入地方官學讀書，再由教授加以考試，將「行義脩明、文筆優贍、深通經史、曉達時務」者解貢。〔註29〕也就是說所貢之儒吏或選自民間，或來自官學，因此「諸生充吏」似爲「歲貢儒人」之下的一個來源。

諸生充吏是一種頗值得注意的選拔制度，放在近世的教育史發展上來看，更可謂非比尋常。宋代科舉以詩文經術選才，儒學是仕宦的敲門磚，至於任官之後需要接觸的吏事，可以等到中舉之後到州縣擔任幕職官和曹官再學習。元代考選儒吏，在任職之前就有學習吏術的必要性，官學中亦開設了吏事科目，這不僅使元代的官學教育深具特色，也改善了經術與治事之間的疏離。蒙古、色目統治者沒有科舉至上、儒學獨尊的觀念束縛與指導，因此凡事由需求而設制，「應用學科」與「專業分工」才能符合各種政務人才的需要，雖然儒吏選拔並非元代考選制度的唯一，卻是一般漢族士人重要的出仕管道，學術與教育因此有了內、外在的變化。范仲淹請胡瑗辦學；王安石曾經想以學校教育取代科舉，分設經術與治事二大學科，這些理念在某種程度上透過了儒吏制度得到實現。

儒戶子弟通常是由官學、書院中學習吏學課程，但這部份的史料與研究

〔註27〕《大元聖政國朝典章》吏部卷之6，頁436，〈儒吏・儒吏考試程式〉。
〔註28〕《元史》卷81，頁2033，〈選舉一・學校〉。
〔註29〕《大元聖政國朝典章》吏部卷之6，頁434，〈儒吏・隨路歲貢儒吏〉。

皆罕見，民間也有私人的職業學校（近似於今日的補習班）可以選擇，爲了「出路」，「爲吏以事進取」的狀況日增，〔註30〕《習吏幼學指南》的應運而生也就不令人意外。儒士在前代本是未來的官員，吏是業儒無成的選擇，但時勢所趨，居官先任吏成爲一種主流，「儒吏起家」成爲元代特有的詞彙。目前的元代教育研究，通常較著重於書院官學化、政治變動下的儒學理想延續問題，但是對於儒吏制度對教育內涵與學術的影響，則較爲忽略，官學的教育科目究竟如何安排，目前並不清楚，但是從事教育的士人對於儒吏問題議論不少，因此可以透過士人圈的觀點，討論儒吏制度在教育與學術上的效應。

三、儒吏論與「致君澤民可用律」

　　元代士人中，特別關注儒吏問題者，較具代表性的有陸文圭（1252～1336）與程端禮（1271～1345）。陸文圭生於南宋末，江陰人，人稱「牆東先生」，曾中宋代鄉舉，入元又兩中鄉舉，但是應延祐開科時會試失利，即不再競逐科場，晚年應聘在容山縣學教授生徒。〔註31〕他曾提出〈儒學吏治〉之論，就是應儒吏制度而發。其中指出「學」（讀書）與「仕」（工作）本來就應該是一體，故三代所習「無非『有用』之學」，儒、吏之分更不存在，陸文圭將儒、吏兩字視爲「學」與「用」的代用詞，認爲學用疏離的關鍵是在「以儒術飾吏治」之語，肇始於漢代，雖說相輔，卻是一種刻意區分，目的只爲替漢、唐名臣中由刀筆吏出身者如蕭、曹、丙、魏等人「開脫」，最終影響到學術的發展。陸氏認爲儒、吏本都是「學」，古之吏非同今之吏；今之「秀才」（讀書人）也不同於古代儒者，區分儒、吏只會造成儒者迂腐、吏者不學的結果。〔註32〕

　　儒、吏分途造成「吏俗儒拘」的負面趨勢，陸氏批評這種發展是唐人愧於漢，而宋人又愧於唐。「腐儒」就是腐，何來儒；俗吏就是「俗」，而非吏。〔註33〕最終陸氏認爲當政者取吏於儒，確實是拯救吏弊的良方，但是設制者並未提出堅實的理論基礎來支持儒吏制度，故才有此文。這篇〈儒學吏治〉的議論，特別之處在於指出吏之「學」亦爲儒學的一種，「吏術」應有與其他儒學內容一樣的地位。

〔註30〕申萬里，《元代教育研究》（武昌：武漢大學出版社，2007），頁261。
〔註31〕王逢，《梧溪集》（適園叢書）卷3，頁4上～5下，〈避亂綺山謁子方先生陸公墓〉。《元史》卷190，頁4345，〈儒學二‧陸文圭、梁益〉。
〔註32〕李修生主編，《全元文》第17冊，頁453～454，陸文圭〈儒學吏治〉。
〔註33〕李修生主編，《全元文》第17冊，頁455，陸文圭〈儒學吏治〉。

而一生從事教育的程端禮則有〈儒吏說〉：

> 儒爲學者之稱，吏則仕之名也，名二而道一也。儒其體，吏其用也，
> 學古入官，古之制也。……周官九兩始曰儒、曰吏，亦因其得民以
> 道與治而言之耳。自李斯嚴是古非今之禁，一以吏爲師，儒吏雖分
> 而道法裂。……嗚呼！章句儒與文法吏其獘等耳，……雖以（張）
> 湯之深文舞法，已能鄉上意，取博士弟子補廷尉吏，傳大義、決大
> 獄矣，奚俟於（兒）寬哉。……士生今日者，可不自知其幸歟，誠
> 能讀其書而眞修實踐焉，以儒術而行吏事，於從政乎何有？若於此
> 猶或以語言文字求之，而無自得之實，一旦見案牘之嚴密，其能不
> 疑爲政之道在彼而不在此者，幾希！子夏曰：「仕而優則學、學而優
> 則仕」，然則儒、吏果二道而有所輕重於其間哉！？〔註34〕

這是程端禮藉勉勵將以儒任吏的友人，抒發自己對於儒吏的觀點。透過解釋
儒、吏本一的歷史淵源，論證元代儒吏合一制度的歷史延續性與合理性。事
實上程氏之論雖然認爲道法本一，但是以儒術行吏事，基本上還是把儒術與
吏事視爲兩種不同的領域，儒學爲體、吏事爲用的概念中，儒學是吏事的指
導原則，並不脫歷代儒術緣飾吏治的精神，因此程氏之論實有矛盾之處。程
氏較爲突出之處在於指出儒以道、吏以治（法），只是治民形式不同，道、法
皆可致治，而不同於一般法是成就道的低階手段，隱約與陸文圭之吏術亦爲
學相呼應。

程端禮認爲士人應該慶幸時代給予儒士機會，展現習儒的優勢。他排除
了唐、宋、金以來官（儒）、吏分途的發展，直接上溯「三代傳統」來護航儒
吏制度，「法亦有道」正是他的核心論點，這可以說是元代最典型的儒吏論，
元人的儒吏討論基本上都無法跳脫程端禮的論述架構。程氏在元代擔任的都
是學職，從縣教諭、山長、州儒學教授到路教授致仕，仕宦時期幾乎與元朝
國祚相始終，他所制定的《讀書分年日程》在明代被奉爲圭臬。〔註35〕因此
其觀點不僅具有代表性，也必然透過教育影響了不少習儒者。著名的政論家
鄭介夫則較爲傳統的以「儒術飾吏治」來支持儒吏制：

> 古者任官之法，由儒而吏，自外而內，循次而進，無有僭踰。……

〔註34〕李修生主編，《全元文》第 25 冊，頁 525～526，程端禮〈儒吏說〉。
〔註35〕黃溍，《金華黃先生文集》（四部叢刊）卷 33，頁 9 下～12 上，〈將仕佐郎台
　　　州路儒學教授致仕程先生墓誌銘〉。

> 夫吏之與儒，可相有而不可相無。儒不通吏，則為腐儒；吏不通儒，
> 則為俗吏，必儒吏兼通，而後可以蒞政臨民。《漢書》稱儒術飾吏治，
> 正謂此也。〔註36〕

事實上，這些儒吏論並不能證明論者的學術內涵已經有所轉化，也可以解釋為儒士們在非科舉時代的迂迴生存策略，因為無法逃避政治上用吏的現實，故強調吏由儒任的優點，可以在輿論上對儒士的仕宦多些支持。鄭介夫同樣上溯漢代儒學、吏術的相輔傳統，闡釋儒、吏應相有的理論。這樣費盡唇舌的說明儒、吏的關係，根本原因還是在於元代士人不免受宋人之影響，對吏職具有成見，因此，儒吏論者通常不太評論宋人的官、吏觀，陸文圭也只說宋代促成了這種趨勢。

元代文集中送某某人任吏的序數量龐大，其中著名畫家朱德潤（1294～1365）亦有，他是少見直指儒、吏相悖是受宋代影響者。朱氏在元代曾任縣教諭，受趙孟頫之薦出任國史院編修官、征東儒學提舉，後因推動儒治改革的英宗被弒而棄官南歸，元末亂起曾任江浙行省吏職、暫攝長興州事，元亡之前去世。〔註37〕他在送友人充儒吏的序中說：

> 讀書所以知天下之有道，讀律所以識朝廷之有法。士之出處窮達，
> 夫古今事勢，非道無以統體，非法無以輔治，于斯咸依焉。故君子
> 必讀書為吏，然後燭理明，見事果。近世士風不古，以謂學儒則悖
> 吏，學吏則悖儒，遂使本末相乖，彼此失用。……吾友明之李君，
> 自儒為吏，以素守而入變通，以學業而知法律，蓋亦士之所難能
> 也。……然法物有度而民情無窮，故臨事也不得不詳，用法也不得
> 不慎。……君能導之，使易治之，俗變中州之厚，則君之惠也，又
> 奚止簿書期會而已。〔註38〕

朱德潤的道／法；儒／吏論點與程、鄭二人差異不大，但他批評儒、吏分途；道（儒學）、法（律學）分裂是因為「近世士風不古」，所謂的近世或許不專指宋，但絕對包含宋在內。再者，從以上數篇儒吏論中也可以發現，吏與律學的關係，幾乎等同於士與儒學的淵源，那麼居官必先任吏對於律學在元代

〔註36〕 李修生主編，《全元文》第 39 冊，頁 26，鄭介夫〈太平策‧任官〉。
〔註37〕 朱德潤，《存復齋文集》（四部叢刊）附錄，頁 2 下～5，周伯琦〈有元儒學提
　　　　舉朱府君墓志銘〉
〔註38〕 李修生主編，《全元文》第 40 冊，頁 513，朱德潤〈送李明之充吳江州儒吏序〉。

的發展，應該就有促進的作用，「致君澤民可用律」之說也隨之而出。

元代的雲夢縣尹石抹允敬在爲《吏學指南》所寫的序中說道：

> 吏人以法律爲師，非法律則吏無所守。然律之名義，不學則不知也，
> 不知則冥行而索途，奚可哉！我本府同知公（按：河南江北行省德
> 安府同知，名穆虎彬），慮吏輩之不知也，乃刻徐氏所編《吏學指南》
> 以示之，俾熟此可以知厥名義，而進於法律，以爲政焉。此吾儒大
> 學，所以欲明明德于天下，必先之以致知格物，以爲脩齊治平之本，
> 顧不美歟！雖然《漢史》爲循吏作傳，不爲能吏作傳，《禹範》云好
> 德爲福，不云好才爲福，此又爲吏者之所當講，亦我同知公之刻書
> 美意。□能乎此，則庶乎非鞅、斯厝之□（律？能？）名，則駸駸
> 然入於當陶、稷、契之德化矣。致君澤民，孰有加于此者。〔註39〕

由此觀之，《吏學指南》刊行的主要宗旨之一，是要宣揚律法亦可致君澤民，德治與法治並不對立，法律不僅不是德治的阻礙，更是臻於「德化」的幫手，澄清「律法」長期以來與「酷吏」之間的曖昧性，提高重法的正面意義。下一節將會以儒吏地方官的治風，來映證這些討論如何呈現在具體的齊民要術中。

《吏學指南》正式名稱爲《習吏幼學指南》，〔註40〕透過此書可以很直接的了解吏道的內容與變化，雖是吏事指導書，更是吏欲近儒的教養書。〔註41〕《吏學指南》的作者徐元瑞指出致君澤民之學不脫「律」與「書」：

> 嘗聞善爲政者必先於治，欲治必明乎法，明法然後審刑，刑明而清，
> 民自福矣。所以居官必先任吏，否則政乖，吏之於官，實非小補。……
> 夫讀律則法理通，知書則字義見，致君澤民之學，莫大乎此。〔註42〕

徐元瑞的生平並不很清楚，據說是胥吏出身，極有可能是儒吏。〔註43〕他與儒吏論者相同，認爲此種發展具有歷史傳統的支持，並非元代所獨創。他處處從官、吏合流的好處著眼。居官爲何必須「任吏」呢？因爲「明法審刑」是善政的先決條件，而律法是吏學的菁華，因此先任吏對於明法有幫助，吏

〔註39〕徐元瑞著、楊訥點校《吏學指南（外三種）》，頁4，〈吏學指南序〉。
〔註40〕徐元瑞著、楊訥點校，《吏學指南（外三種）》（杭州：浙江古籍出版社，1988），頁1～154。
〔註41〕岡本敬二著、葉潛昭譯，〈吏學指南的研究〉，《大陸雜誌》第39卷第5期（1964），頁148。
〔註42〕徐元瑞著、楊訥點校，《吏學指南（外三種）》，頁3，〈習吏幼學指南自序〉。
〔註43〕宮崎市定，〈宋元時代的法制和審判機構〉，劉俊文主編《日本學者研究中國史論著選譯》（北京：中華書局，1992年）第8卷，頁252～312。

在元朝「得時行道」，恰好推動了重新重視律法的風氣，以此致君澤民亦順理成章。徐元瑞的論點當然過於簡化，吏的種類很多，也不必然皆習律，習律亦不必然「明法審刑」。因此，居官必先任吏可至善政，致君澤民之道莫大於律學，都過於強調任吏與成為好官的因果關係，但是顯然的這些論述的邏輯是儒吏制度所帶來的影響。

東漢以後趨於衰微的律學再度鮮活正面的活躍於元人的議論中，律學所代表的「能」與經學講究的「德」從分途對立到再度融合，可以說是異族統治下一個出人意料的「隔代延續」。士人對於征服王朝統治的變局，必須用不同的方式來維繫其道統，儒吏論與致君澤民可用律，正是一種迂迴前進的方式，然而意料之外的效應就是，因為儒加入吏的行業，吏職本身的歷史淵源與正面的專業性受到較多注意，律學也在學術討論上被提至與道學對等的地位。

四、地方官的治民要術

制度影響了教育與儒士的學術觀，但是在實務上儒吏出身的官員，又如何治民呢？這是更為具體的觀察點與通常較少被研究的部份。理論上兼具儒學與吏術的儒吏出職為官後，其「治民要術」如何展現？德治與法治之間如何拿捏分寸？本節將主要以儒吏出身的地方官員為例，探討居官必任吏對於治民風格的影響。

《秋澗大全文集》作者王惲（1227～1304）就是儒吏出身，在《元史》中有傳，元初即選為前景頗佳的省掾。王惲的家世特別之處在於祖、父都有律學背景，其「祖父諱宇，亡金衛州刑曹孔目官（衙前吏），精於文法」，「考諱天澤，資剛明決」，以律科進士入仕，終於戶部主事，[註44]因此律學實為王氏家學。他雖未任過縣級官員，但是關心吏治是他的著作核心，亦可作為觀察儒吏如何致君澤民的窗口。王惲早聞名於漢人政要圈，姚樞、史天澤都曾聘用過他，元初需要「能理財的儒吏」時，王惲獲得推薦，最高仕至按察使、翰林學士，秩正二品，[註45]升遷相當順遂。至元五年由七品首領官出職為監察御史（七品），根據神道碑內容將其仕宦歷程整理為【附表一】。

王惲主要任職於監察體系，唯一的地方民政官經歷則為處理上報刑獄案件

[註44] 王惲，《秋澗先生大全文集》（四部叢刊）附錄，頁1～3，〈翰林學士王公神道碑銘并序〉。

[註45] 《元史》卷167，頁3935，〈王惲傳〉。

為主的路判官。除了【附表一】中的公領域層面，家居生活提到的惟有二事：「先公所得俸給，均之家人，惟恐失所若，稍越規矩，即治之如法，故皆悅服而不敢犯。女侍生二子，善加撫育，無異己出。」〔註46〕此神道碑的撰寫者是王惲之子，碑後論定父親特質時，強調學術造詣、清廉持重與著作，銘辭亦未及任何與明法、決獄有關的贊頌，唯一相關的幾句話是：「遇不平事，及惡之可疾者，憤然必窮治」，〔註47〕顯然王惲的性格似乎頗為嚴厲，家居亦凡事講法。在整篇碑銘中，並無德化、德治的字眼，而再看王惲的施政作為，【附表一】的 b-1、b-3、b-4 與 b-5 為息訟、興利、崇儒與增益戶口，可歸為德化作風；d-3、d-4 為軍政，本就需要紀律與明令；其餘的事蹟，明顯都是用法致治的描述。其中如 c-4：「南宮弭筆者號尹庫，因告訐曾蒙賞賚，沮嚇官府，肆凶佟利。或言其擅殺耕牛，歷數奸惡，（惲）痛校之而死，萬口稱快。」當時王惲為提刑按察副使（提刑按察司後改稱肅政廉訪司），負責巡行管轄區域，具有彈劾姦邪非違之權，卻沒有擅殺之柄，但是他對於違法的權勢人物，採取「痛校之而死」的雷霆手段，雖「萬口稱快」，順情、順勢，但是說來卻不順法，而是曲法以求治。另外幾件決獄事蹟，亦是「明法審刑」之風。其子在內容上詳盡的描寫王惲的種種「法治」政績，但蓋棺論定卻完全不提王惲出身儒吏、家學與律法之間的關聯，這是與正史本傳矛盾之處，兩者恰可互為補充對照。總之，王惲的施政風格可以稱得上儒法兼俱、明法審刑，而其職務大多為監察、刑獄範圍，這都成為神道碑中具有詳盡而豐富法治事蹟的主因。

再看儒吏出身餘杭徐泰亨，仕至青陽縣尹，「性篤厚而遇事警敏，少嗜學，能為詞賦，既又從師受經，用舉者試吏平江」。徐泰亨名氣沒有王惲那麼大，平生輾轉州縣，仕宦不算順遂，卻與大儒黃溍有所淵源，並在身後得到其所撰寫之墓誌銘。黃溍詳細描述其律學造詣以及以法輔德、儒法兼用的事蹟，在平江路的司吏任上：

> 軍校有不法，事在郡府，君視其牘，議不少貸。漕運官屬，恃其品級已高，尤恣橫，凡姦私殺虐，執事者率畏憚，不敢竟其獄，君一一具上，論如律。民間以匿朱、張財物，多無辜坐逮者，君力為辨析，免男女為奴婢者若干人。憲府以時所引用斷例不一，求文學吏

〔註46〕王惲，《秋澗先生大全文集》附錄，頁5，王公孺〈贈學士承旨王公神道碑銘〉。
〔註47〕王惲，《秋澗先生大全文集》附錄，頁6上，王公孺〈贈學士承旨王公神道碑銘〉。

整比之，君定自中統訖大德，爲之綱目，條分理貫，簡而易求，約
而可守，覽者便之。〔註48〕

其中描述其不畏權貴，以律爲先，卻不窮法弊民，用法之彈性在於順情。最
重要的是徐泰亨在律學上的造詣相當突出，他曾經替廉訪司（憲府）整理世
祖一朝三十年的斷例，作爲官府正式的參考文書，而其彙編的斷例可以「條
分理貫，簡而易求，約而可守」，這並非一般吏員皆具備的能力。

路司吏考滿之後，他調任歸安縣典史（首領官），循法辨冤之事多不勝數，
黃溍筆下所描繪的治民事蹟活靈活現，整理爲【附表二】。其中四項政績皆爲對
案件的用法不貸與訪實察冤的執著，例如第2案，徐氏除了取得冤獄犯人証
詞之外，爲求慎重，還喬裝賣卜者查訪物證，才下定論。對於已經定罪的案件，
察覺有疑，也親自訪求新證，保全冤獄者的性命。第4案更證明了徐泰亨查
案之「術」頗有名氣，因此嫌犯只聽說他要「蹤跡其事」，就因驚懼而自首了。
除了善於求證偵查的專業技術之外，徐泰亨亦有德治之風，在天災發生時，他
不分日夜拯救災民，希望預防犯罪於未然，自陳：「無以法害吾仁也」，這句話
強調了他雖然具備了傑出的「術」，但是術的目的在澤民，不在陷民於法。

在平陽州與漕運萬戶府的提控案牘（首領官）任內，因爲能聲四播，再
次負責編修經理法（稅法），並得到中書省採用，頒行天下，因此破格擢爲七
品縣尹，任職青陽（江浙池州路）。縣官時期治績如下：

爲治務教養其民，縣人方某爲割地以廣學宮，章某爲捐地以建惠民
局。有司歲徵民輸荒田租，爲田千四百頃，人甚苦之，君實爲之限，
募民墾闢，教以修方置閘，而覈見田歸其實。行視它民田之阻山瀕
江者，俾因地勢爲蓄泄，以備旱澇。歲饑則出己俸，倡衆以賑之，
民有告四十人同發其廩粟者，吏欲準強盜論，君曰：「吾方憂其死而
食之，彼乃以求生而抵重禁，當用法外意可也。」悉笞而遣之，旁
郡邑事類此，有庚死者。……鄰縣銅陵人爭魚池三十年，君數語而
決。……滿代而歸，留居吳之閶門，無復仕進。〔註49〕

他出職爲父母官之後，治風似乎爲之一變。例如教民養民，使人民自動向化；
輕徭薄賦，將民衆之苦放在政府的賦稅績效之前，順情先於順法；防災利民，
賑濟時爲民表率，其中最值得注意的是當災民違法取糧，在法應以強盜論罪

〔註48〕李修生主編，《全元文》第30冊，頁290，黃溍〈青陽縣尹徐君墓誌銘〉。
〔註49〕李修生主編，《全元文》第30冊，頁292，黃溍〈青陽縣尹徐君墓誌銘〉。

時，徐泰亨卻說：「當用法外意」，故略示薄懲即放人，這與他任吏時窮法究治的作風看似截然不同，但探其實，卻是德、法因治理對象而有先後。他窮法究治的主要對象是具有特殊身分者，例如軍人、僧侶，但是對一般老百姓，則是爲愼刑防冤，對於弱勢如災民者，更講不以法害仁、用法外意。因此，黃溍所描寫的徐泰亨，可以說是貫徹以法、德相輔的儒吏典型，這也表述了黃溍自己對儒、吏合一的看法。

還有由學職出身、轉吏入官的縣級官員汪汝懋。汝懋之父斗健是宋代太學生，淳安人，入元後曾從蛟峰先生（方逢辰）講學於石峽書院。汪汝懋自幼從儒士「學治經」，以《春秋》試江浙鄉闈落榜，考官以爲遺珠之憾，推薦爲丹陽縣學教諭，又遷青陽。後受蒙古貴人的推舉，以儒士舉爲浙東帥府令史，又調都事（首領官），沒多久就出職爲慶元路定海縣尹，任縣尹五年之後致仕。其墓誌銘爲元明之際著名士人戴良所撰，汪汝懋治理定海縣時，與戴良「朝夕過從，甚相好。」〔註50〕戴良對於汪汝懋治績的描述因而也非常詳盡，簡單概括爲以下九事：1. 御吏有道；2. 不以賦役疾民；3. 興利除弊；4. 興學教化；5. 辨冤活民；6. 以禮化訟；7. 明察秋毫（驗治三歲兒，盡得〔案情〕隱伏）；8. 察冤獲盜；9. 誤殺減死等等。他與徐泰亨同樣有類似的高超偵查能力，茲引例證之：

> 一嫗有布在機，夜失去，嫗愬外人盜。君往視之，獨鞫其婿，使首服，後果得布。人問之，君曰：「吾視其實，不可以容人，而室中他器無所取，故知非他盜。」聞者皆歎服。〔註51〕

其墓誌銘還記載三則汪汝懋的「神奇」：

> 縣多虎，或入市郭爲民害，君齋戒禱之神，明日衆見虎浮江往他境。嘗宿南鄉廣嚴寺，聞虎咆哮，君衣冠夜起，禱之如前時，詰朝有樵入山，見虎伏地卧，集衆逐之，乃死虎也。事傳京師，翰林丞旨張公翥爲作贊。歲比旱，君行赤日，禱雁潭，見雙雁飛舞導前，有雲勃勃起潭所，雨乃旋作。後復禱十龜潭，有龜浮水出，其雨亦大至。〔註52〕

這類禱驗的事蹟，其眞實性可姑且不論。儒家雖敬鬼神而遠之，但是也講爲

〔註50〕 李修生主編，《全元文》第 53 冊，頁 527，戴良〈故翰林待制汪君墓誌銘〉。
〔註51〕 李修生主編，《全元文》第 53 冊，頁 528，戴良〈故翰林待制汪君墓誌銘〉。
〔註52〕 李修生主編，《全元文》第 53 冊，頁 528～529，戴良〈故翰林待制汪君墓誌銘〉。

民「禱其所當禱」，氣所感召，理之固然，通常想突顯的是儒士的正氣感物動天。例如元代號稱「北方三俊」之一的張養浩（1270～1329），〔註53〕也是由儒從吏，但非經由儒吏制度考選，而是透過推薦任吏再出職。擔任縣尹時，「人言官舍不利，居無免者，竟居之。」又「首毀淫祠三十餘所。」〔註54〕這是為破除迷信以安民；赴任西臺御史中丞途中，「關中大旱，饑民相食，……道經華山，禱雨于嶽祠，泣拜不能起，天忽陰翳，一雨二日。」〔註55〕迷信與感應之間，差別只在於禱神者的身分（儒士）與所禱的目的（公）、對象（正神）。因此在許多史料中，祈禳、禱雨、辟邪的施行，似乎也成為官員偶爾需要的治民之「術」了。

汪汝懋的神奇，自然也是因為道可感天。他的墓誌內容有幾點特色，第一、事件始末描述詳盡，這與撰寫者的文風以及與墓主的交情有關；第二、特別強調墓主「審刑」、「察冤」的能力；第三、墓主辨獄從嚴、定刑從寬，以法輔德的治風明顯，亦是相當符合儒吏正面形象的一例。

元代的儒吏實際上相當多，南士尤其人多必須從吏，但是碑銘中直接說是儒吏的較少，這或許與南方士人對於由吏出身的心理障礙較強有關。南士中最具代表性的官員程鉅夫（1249～1318）曾經感嘆：「吏不儒，吾無責於吏也。儒而吏，吏幸也。苟俸祿、累日月、隨群而入，逐隊而趨。儒乎、儒乎，如斯而已乎！」〔註56〕這是典型的對吏職的負面印象，儒士站在高處看吏，憂慮儒而吏對於「儒風」的削弱與「士氣」的斲喪。

以上數例或有見樹不見林之疑，但是這些例子都很能夠映證儒吏論與致君澤民可用律之說。儒、法兼用的正面效果，必然是被撰寫者所承認，法治與德治相容相輔的作用被強調，可以說是元代居官必任吏的背景下，律法能力與種種實務技術受到較高的肯定。

浙東學派的代表人物、與修過宋、遼、金史的袁桷（1266～1327），也記載過一位儒吏，出身於金代彰德大家族，名叫邢德玉：

> 風度皎峻，展君所行，整暢為儒吏，……至元四年，銓選格行，授將
> 仕郎、博州路錄事。遷潞州判官。再遷從仕郎、陽翟縣尹。又遷承事

〔註53〕〔美〕劉元珠，〈蒙元儒吏關係：延祐之開科與抑吏〉，頁434。
〔註54〕《元史》卷175，頁4090，〈張養浩〉。
〔註55〕《元史》卷175，頁4092，〈張養浩〉。
〔註56〕李修生主編，《全元文》第16冊，頁123～124，程鉅夫〈送朱芾序〉。

郎、藁城縣尹。其涖博州，調征南軍，不使富民委役於貧。<u>潞州有疑</u>
<u>獄，立剖之而讞</u>。陽翟獄尤著，民王氏有婢，竊其簪珥酒壺以逃，盜
不可得，註誤相連坐，乃密詢其素所往來，或曰：「王氏姪誘婢他之，
度不可俱行，因殺之以利財。」後卒獲其姪，一訊輒引服，縣人大驚，
爭持酒穀以賀。在藁城，會真定無極縣軍隊長匿戍卒鏹二萬五千緡，
詒言室中夜遇盜。告于官，三年不能獲，捕盜官多受罪，挾疑似坐獄
者三十餘人。府以白樞密院，咸曰：「<u>是能決陽翟疑獄者</u>」，檄君以問。
入其室，左右視驗，實無有盜跡。呼其孥二人別居之，所對皆異辭，
遂直入其室，發床下，軍鏹咸在，即日獄具。〔註57〕

德玉因為陽翟縣尹任內解決疑獄，得到中央的注意。藁城延祐三年的疑案，就由樞密院下令派邢德玉來偵查，而他顯然也沒讓樞密院失望。事實上，案情本身或許並不複雜，但牽涉到軍官，一般的民政官員必須與管軍官約會審案，其中人事的紛雜使案子難以大白。而邢德玉一方面有疑案高手之聲望，一方面又是樞密院特別委派，具有雙重的震懾力，才能快速破案。邢德玉與王惲都是北方的士人，對照徐泰亨與汪汝懋兩位南士官員，治民風格隱約可以觀察到不同之處，南士無論律法能力多強、實務技術多麼突出，最終都很明確回歸了「德治」的基本面，吏術是用來緣飾德治的。而王惲與邢德玉的事蹟中，嚴於法、善決獄等是他們最突出的能力，但這些「術」與德治是可以並行，具有獨立的價值，兩者皆可致治。

德玉之子仁甫也是儒吏出身，先任省掾，後為撫州尹，任內「興學禮士，盜不敢入境。治廣平亦以善理冤獄有能名，郡民立去思碑以祝之。」〔註58〕興學教化與善理冤獄，前者以德後者以能，皆可澤民。邢德玉一生仕宦幾乎也是輾轉州縣，各任的治蹟卓著，「決疑獄」則是其中之要。事實上，決疑獄本來就是地方官應該具備的的治民要術，但在宋代，「術」畢竟是治民的較低層次手段，如果可以無訟，更能彰顯地方官的治績。但在元代的時空下，儒吏地方官的治民要術在士人的論述中，已經不再只是甄於德化的附屬品，也是可以獨立存在的致治之道。

如果要用書寫的角度來看，這些碑銘內容如此記載的可能性有二：一是教化興學是地方官常作之事，而以法治見長者還是較為少見，因罕見而記載；

〔註57〕李修生主編，《全元文》第 23 冊，頁 599，袁桷〈邢氏先塋碑銘〉。
〔註58〕李修生主編，《全元文》第 23 冊，頁 599，袁桷〈邢氏先塋碑銘〉。

但不可否認的更是書寫者認同儒吏合一、德法兼用的優勢，也看到吏術在治理上的效果。總之，科舉考試本來保障了儒士的出路，但是制度的變遷迫使士人必須重新定位吏與吏術的價值，吏術中最重要的律法能力，也在治民要術中與德治分庭抗禮，這或許是治風中最明顯的內在變化。〔註59〕

最後值得一提的是由吏出身，曾任縣級官員的王與（1261～1346）。他所著《無冤錄》與宋代《洗冤錄》、《平冤錄》並稱法醫三錄，自稱東甌（今溫州）人，生平資料很少，《全元文》只收錄其一篇序文。生於宋末、卒於元後期，據稱「少有成人志度，劬學不輟，尤注意於律」，歷任浙江數縣司吏、佐貳官，後曾任錄事、縣尹。〔註60〕王與將自己的書齋稱為「儒志山舍」，是否為儒士可能難說，但顯然以學儒為志，由吏入官則毫無疑問。他可說是秉持致君澤民可用律的典型人物，曾經寫道：

> 漢張釋之為廷尉，天下無冤民；于定國為廷尉，民自以不冤。蓋獄重事也，治獄固難，斷獄尤難。然獄之關於人命者，唯檢屍為至難。毫釐之差，生死攸繫，苟定驗不明，雖治獄斷獄者，亦未如之何也已。〔註61〕

這是王與為《無冤錄》所寫之序。地方官可以作到「無冤獄」，可說是澤民的最高境界，無冤的前提是明於斷獄，尤其是人命官司所涉尤重，因此他提出檢屍是斷獄的基礎學。元代的人命官司基本上不能由縣級官府決斷，縣級官吏的職責在於上報證據與相關案由，但第一線人員提供的資料對於最終如何斷獄則具有關鍵影響。因此王與認為儒家的「無刑之期」必須從重視檢驗學這樣的基礎作起。但是這種「專業」對傳統儒學來說，既非教育內容，也不是所謂的「學問」。研究司法檢驗的學者認為王與的《無冤錄》雖以《洗冤錄》為藍本，但是其內容輯錄了元代前、中期的官吏章程、條格，並對《洗冤錄》、《平冤錄》進行駁正與補充，對於法醫學的體系與理論有完善之功。〔註62〕事實上，此書不僅是法醫書，也是法律書。而從中更可以觀察到王與在檢屍專業上的精通，他注意到了檢驗用度量衡沒有統一，甚至還隨便的用了營造尺，影響檢驗精確度；

〔註59〕 劉子健著、劉靜貞譯，〈宋人對胥吏管理的看法〉，《食貨月刊復刊》第 14 卷第 2 期（1984），頁 135。

〔註60〕 閻曉君，《出土文獻與古代司法檢驗史研究》（北京：文物出版社，2005），頁187。

〔註61〕 李修生主編，《全元文》第 35 冊，頁 226，王與〈無冤錄序〉。

〔註62〕 閻曉君，《出土文獻與古代司法檢驗史研究》，頁 189。

又提到驗毒用的銀釵關係到案情至重，卻都臨時借用，銀的成分不明，如用了偽銀，如何辨明是否中毒。驗屍尺與銀釵都是所謂的「法物」，是用來落實國家的「法」，因此必須由官方完全掌控製作與使用。〔註63〕

王與如何習得這些專業知識與技術不得而知，但是可以確定的是《無冤錄》必然具有市場性。因爲在歲貢儒吏的考試「程式」中，除了撰寫問案的「府司勘責到逐人文狀」規則；偵查賊盜案的「收毉事件」之外；「抄白追會事件」所考內容就是命案的相關蒐證與審理的流程，包含驗屍、驗傷、驗病、驗物、驗蹤等等。〔註64〕每一種程式都是一門專業技術，應考者不可能全通，可以精熟其中一種，就有了很高的錄取機會。也因此，士人要從儒吏出仕，不能不正視學習這些細瑣技術，而學習的過程中，必然會慢慢的發現「吏術」亦爲「學」的道理，儒、吏合流的價值與潛在影響也在於此。

五、餘　論

以上透過儒吏制度看元人的儒吏觀；儒吏合一對於致君澤民之學的影響；以及儒吏官員在治民要術上評價的轉變。識律、善決獄並非只出現在元代儒吏官員的身上，歷代地方官都被期許具備這樣的能力。宋代州縣官本有獄空之理想，善決獄可以在效率上達到獄空，但宋儒更推崇的是無訟而獄空的境界，決獄畢竟是末、流於術，但說穿了，無訟卻是務虛。元人也談獄空，「化行俗美，無訟而獄空者，上也」，「有司廉明，隨事裁決而獄空者，次也」，不同的是元人對達致善政較具彈性與務實的態度，故曰「苟不得其上，得其次，斯亦可矣。」〔註65〕談到興訟，也說「雖五帝三王之世，不能無訟，人有不平，形之於訟，情也然。」〔註66〕因此，吏術對於決獄既然有比德治更顯著的效果，那麼當然致君澤民可用德，也可用律了。

元代士人在吏治的思維上，上溯古代，找出官、吏本一，儒、法兼具的傳統，更發展吏術亦爲學的論點，善政內容不再只有法爲德輔，而是法、德皆可爲致治之道。

接著可能要問的問題是，元代的這種變化對於後世有無影響呢？這很難

〔註63〕閻曉君，《出土文獻與古代司法檢驗史研究》，頁191～192。
〔註64〕《元典章》吏部卷之6，頁436～461，〈儒吏·儒吏考試程式〉。
〔註65〕蘇天爵，《國朝文類》（四部叢刊）卷42，頁11上，〈雜著·獄空篇〉。
〔註66〕蘇天爵，《國朝文類》，卷42，頁8下，〈雜著·訴訟篇〉。

有明確的答案。宋濂（1310～1381）曾在明初京畿鄉試的策問中，以「儒、吏」為題：

> 問儒、吏之分，古無有也。蓋儒守道藝，吏習法律，法律固不出乎
> 道藝之外也，奈何後世岐而二之？……然而儒之與吏，各以才顯者
> 亦眾矣。以儒言之，有以明經為郎，出守河南，而民以殷富者；有
> 以明經入仕，刺舉無所避，而加光祿大夫者。以吏言之，有以治獄
> 才高，而舉為侍御史者；有以治律令，而升封為博陽侯者，其果何
> 脩而致此歟？豈皆以儒術緣飾吏事者歟？……誠使儒而不迂，吏而
> 不姦，皆良材也，不知何以擇而用之歟？方今聖天子提三尺劍，平
> 定天下，如漢高帝發政施仁，孜孜圖治過唐太宗……其所以然者，
> 欲使儒術革吏弊，而臻夫太平之治也。……諸君子讀往聖之書，負
> 真儒之學，生平立志，恥與俗吏為伍，其必講之有素矣。〔註67〕

提問同時也表述了宋濂自己的看法。他的破題與儒吏論者並無二致，透過比
擬朱元璋與劉邦，亦是異曲而同工的上溯漢代尋求理論依據。儒／吏、道／
法、明經／律令的對比，與陸、程等人有同樣的論述邏輯，宋濂並未出仕過
元朝政權，其論述主要是傳達自己的理念，而他的思想則來自元代吳萊、柳
貫、黃溍等大儒之影響，因此他對於儒吏的看法是一種學術上的傳承，而非
政治上的延續。

最後，透過元人言志之詩，作為餘論之小結。袁桷有詩云：

> 三章結漢網，清淨歌元元，後世益以密，姦慝日云繁。治法如理絲，
> 眾棼政多端，一絲不得直，萬緒何由完，虛心納眾口，至理藏片言，
> 永念死者哀，更推生者寃，汴州古循吏，三獄成平反，天道詎幽遠，
> 于公有高門。〔註68〕

此詩不僅為律學受到批評提出辯護，並認為法亦為道，故決獄、用法亦可為
循吏，可以說是致君澤民可用律的思想濃縮。無獨有偶，王惲之詩似乎也有
相近的意涵：

> 朝家一革舊官空，整整新除示至公，善政擬超循吏上，寬恩（都在）
> 詔條中。如君悃愊無虛譽，所至弦歌有實功，馬首快驅紅旆去，百

〔註67〕 宋濂，《宋濂全集》（羅月霞主編，杭州：浙江古籍出版社，1999）第一冊，
頁544，〈京畿鄉試策問〉。
〔註68〕 袁桷，《清容居士集》，卷3，頁18下，〈題汴梁推官周子明三獄詩卷〉。

　　泉花柳待春風。〔註69〕

以往學界常說蒙元政治的特色是務實，但務實在何處？此小文或可爲一佐
證。最後要強調的是，法治與善政無論是在哪一朝代，本就不是對立的，法
治並非在元代的治民要術中已經凌駕德治，畢竟元朝立國甚短，也受中國歷
史發展大原則的形塑。較明確的說法是，元代以前，尤其是宋人，對於如何
趨於善政，是將德治作爲一種必經要道，德治的意義較爲寬泛而包擁，德治
也是儒士的專長，因此許多其他的「要術」都是爲德治而存在，或者掩蓋於
德治之下；而元代士人面對居官必先任吏的制度變遷，習儒同時也要學吏，
吏術與儒學成爲並行不悖的教育內容，吏術被賦予了與儒學相對的學術性，
致君澤民的路不再是一元觀，吏術的專業價值也得到較多肯定。

居官必任吏附表

【附表一】王惲的仕宦經歷

時　　間	官　職	事　　　　蹟
至元五～九年 （1269～73）	監察御史（7A）	a-1. 獻書曰：「憲臺執法，糾正邪枉，今無法可守，取人無路，宜講法制，以立紀綱。設科舉以取人材，體用既明，朝廷不勞而肅矣。」 a-2. 憲僚爲首，前後申明典制，彈劾姦邪幾一百五十餘章，讜直敢言，不畏強禦，於政體多所裨益。 a-3. 劾劉（晸）都水（3B）怙勢作姦，陷公儲四十萬石，權貴爲側目。
至元九～十三年 （1273～77）	平陽路（晉寧）判官（6A）	b-1. （臨汾）吏風盛，民囂於訟，（公）威嚴肅吏屬，作勸論文二：一則勉飭州縣、革弊勤政；一則諄告百姓，務本畏法。致吏、民感化，奉約束惟謹，歷二考如一日。 b-2. 絳兵卒陳姓者殺同產兄，社獄因鬻緩逮，繫者三百餘人，延滯至五年之久，遠近爲憤惋，省檄鞫問，廉得實跡，一問即服。時晉絳久旱，是夕大雨霑足，咸謂伸理冤抑所致 b-3. 各路設辦課官，例分門下，平陽所轄院務幾百。按籍點差，終任不易，藩府採姑射山文石，藉夫匠力，闢山蹊爲坦途者六十里，西山伏利由之而出，土人刻石紀其事。 b-4. 大起府學，敦勉師生傳授，暇率吏屬聽講，風俗爲一丕變。又復田車嶺孔子廟、首陽山二賢祠。 b-5. 修建廨傳遞鋪以間計者千數，增戶餘三千，敕使過晉者，以政績上聞，至蒙奉公勤政之諭。
至元十三年	試官	考試河南五路儒士，以通文學第之。

〔註69〕王惲，《秋澗先生大全文集》，卷17，頁3下，〈送高飛卿尹順德〉。

至元十四～十八年（1278～82）	燕南河北——山東東西道提刑按察副使（4B）	c-1. 嘗諭僚屬，監司職在繩愆糾繆，肅清政務，惟自治而後可以治人。 c-2. 按治州郡，褰帷具瞻，有風動百城之目。部內府尹恃占名鷹房，恣爲不法，公納賄賂，莫敢誰何，即按劾罪狀以聞，蒙杖而黜焉，近爲肅然。 c-3. 冀州監從人因造作，掊聚利甚夥，與監逸去事白曰：行司巡歷動經歲時，俟獲而治，則姦人得計矣，質其田宅償其民。 c-4. 南宮弄筆者號尹庫，因告訐曾蒙賞賚，沮嚇官府，肆凶僥利，或言其擅殺耕牛，歷數奸惡，痛校之而死，萬口稱快。 c-5. 辨釋德平民劉氏疑獄。
至元十八～廿六年（1282～1290）	行臺治書侍御史（4A）	不赴。
	山東東西道提刑按察副使	一年疾歸。
	左司郎中	不赴。
至元廿六～廿七年（1290～1291）	福建閩海道提刑按察使（3B）	d-1. 黜官吏貪污不法者，凡數十人。 d-2. 察繫囚之屍滯者，決而遣之。 d-3. 戒戍兵無得寓民家，而創營屋以居之。 d-4. 請立主帥、專號令，巨賊潰滅。
至元廿七～卅年（1291～1293）	翰林學士（3A）	以疾北歸。 上萬言書。
元貞元～大德八年（1295～1304）	知制誥同修國史（3A～2B）	奉旨纂修世祖實錄。 榮歸，優游鄉里，贈翰林學士承旨（2A）

※以上內容整理自《秋澗先生大全文集》附錄，〈贈學士承旨王公神道碑銘〉與《元史·王惲傳》。

【附表二】徐泰亨治績

1. 白雲宗僧沈某冒名爵、凌官府，有牾其意者兩人，將置之死地，兩人之怨家私鄰女不得，殺以滅口，棄尸桑林中。事覺，陰使以他辭引兩人，傅致其罪。君將直其冤，吏持不可曰：「此沈公意，孰敢拒也？」君盡立墓吏于前，語之曰：「吾能死，不能濫殺以求媚於人。」會使者行部，君卒白出之。
2. 沈之徒有僧某者，通民家婦，爲其夫所毆而銜之，適有遭刧殺者，賊弗得，僧爲飛書誣其夫及有他怨隟者七人，故以書墮邏卒家，七人中或以罪黥，卒得之，曰：「此警跡也」，因捕治不疑。君察其冤，而七人者苦卒虐，莫敢易辭，君命去其杻械，始垂泣自言，令以左驗已具難之，君服弊衣，佯爲賣卜至其處，悉得七人以己物實贓狀，取其家餘絲布數升，析縷以比，無不合，金竃及他物存者，又合，僧乃服罪，七人者得直。已而獲眞賊於武康，人始歎服焉。
3. 縣獄舊有以兄醉死、弟自經死誣平人者，獄已成。君親爲訪求其實，悉生之。
4. 鄰縣安吉有逐其妻之子，而夜死於盜者，意其子也。巡官捕繫而煅煉成獄，且取它衣物爲證。君爲蹤跡其事，或驚懼，以實自首，乃出其子而坐巡卒及行貨者。
5. 屬歲大侵，君夙夜施其拯救之術，凡所給寧過厚。曰：「無以法害吾仁也。」

※以上內容整理自李修生主編，《全元文》，第30冊，頁291，黃溍〈青陽縣尹徐君墓誌銘〉。